AF493593

RAPPORTS DE LA DÉLÉGATION

ENVOYÉE

A L'EXPOSITION COLOMBIENNE

DE CHICAGO

PAR LE MINISTÈRE DE L'INSTRUCTION PUBLIQUE

— 1893 —

ENSEIGNEMENT SUPÉRIEUR

PAR

GABRIEL COMPAYRÉ

RECTEUR DE L'ACADÉMIE DE LYON

PARIS

LIBRAIRIE HACHETTE ET Cie

79, BOULEVARD SAINT-GERMAIN, 79

1896

RAPPORTS

DE LA DÉLÉGATION

ENVOYÉE

A L'EXPOSITION COLOMBIENNE DE CHICAGO

PAR LE MINISTÈRE
DE L'INSTRUCTION PUBLIQUE

— 1893 —

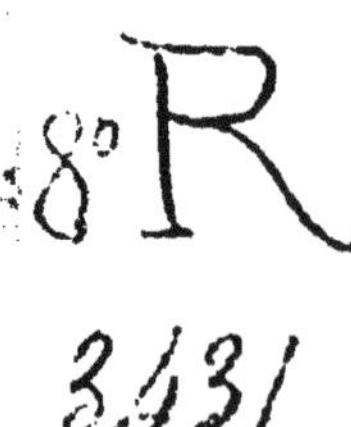

Ces rapports forment trois parties, divisées en trois volumes :

Enseignement supérieur, par M. G. COMPAYRÉ.

Enseignement secondaire, par M. G. COMPAYRÉ.

Enseignement primaire, par M. B. BUISSON.

Coulommiers. — Imp. PAUL BRODARD. — 381-95.

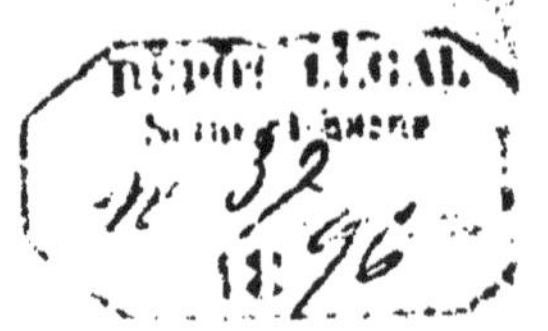

GABRIEL COMPAYRÉ
RECTEUR DE L'ACADÉMIE DE LYON

L'ENSEIGNEMENT SUPÉRIEUR AUX ÉTATS-UNIS

PARIS
LIBRAIRIE HACHETTE ET Cie
79, BOULEVARD SAINT-GERMAIN, 79

1896

L'ENSEIGNEMENT SUPÉRIEUR AUX ÉTATS-UNIS

CHAPITRE I

Considérations générales sur les Universités des États-Unis.

Multiplicité des Universités aux États-Unis. — Les Universités foisonnent aux États-Unis. Si nous n'en avons pas en France, et si même les projets de reconstitution de notre enseignement supérieur ne nous en promettent qu'un petit nombre, on peut dire que les Américains en ont trop, du moins en apparence. Le mot « Université » a perdu là-bas sa aute signification. Une institution quelconque, pour peu qu'elle ait de prétentions, et qu'on y enseigne du latin et des athématiques, n'hésite pas à s'intituler pompeusement « Uni-ersité ». Ce grand nom est devenu banal, presque avili par e grand nombre et par la médiocrité de quelques-uns des établissements qui s'en affublent. De là tant de pseudo-universités, qui n'ont rien ou presque rien de commun avec l'enseignement supérieur. Dans la statistique publiée en 1889-90 par les soins du Bureau d'éducation, et où sont catalogués tous les établissements appelés *Colleges and Universities*, nous n'avons pas compté moins de 125 Universités[1] : Universités de tout ordre,

1. Depuis 1889, le mouvement de création n'a pas discontinué : trois u quatre Universités nouvelles ont été fondées. — « *The number of col-*

protestantes de toutes les confessions, catholiques ou laïques (*non sectarian*); tantôt réservées aux seuls garçons, tantôt ouvertes aux deux sexes; Universités de blancs, de nègres [1]; qui comptent les unes plus de 200 professeurs et plusieurs milliers d'élèves, les autres cinq ou six professeurs à peine et moins de cent élèves [2]. Dans son *American Commonwealth*, M. Bryce parle d'une Université de l'Ouest où la Faculté, c'est-à-dire le corps professoral, n'était composé que du président et de sa femme [3].

Il suffit de jeter les yeux sur la liste de ces 125 ou 130 prétendues Universités pour reconnaître que la distinction entre l'enseignement secondaire et l'enseignement supérieur n'est pas nettement établie. Une Université représente simplement une institution scolaire d'un caractère un peu relevé. Pour la baptiser ainsi, on ne s'inquiète pas de savoir si l'enseignement qu'elle donne est simplement secondaire, technique, agricole, industriel, — ou supérieur, dans le sens que nous attachons en Europe à ce qualificatif. Et cela est si vrai que quelques-unes des véritables Universités d'Amérique, de celles qui, par l'importance de leur population scolaire aussi bien que par le niveau de leurs études, mériteraient le mieux de s'appeler des Universités, comme Columbia College, à New York, comme le Collège de New Jersey, à Princeton, préfèrent se contenter

leges and Universities in the United States is constantly increasing », dit M. Harris dans le *Report* de 1888-89.

1. Le mot « Université » a été appliqué fréquemment depuis la guerre de sécession à des institutions très modestes, réservées aux nègres.

2. Citons, par exemple, et au hasard, l'Université de New Mexico : 4 professeurs et 100 élèves; celle de Saint-Lawrence (État de New York) : 8 professeurs et 87 élèves; celle de Galesville (Wisconsin) : 4 professeurs et 61 élèves; etc.

3. Le passage mérite d'être cité : « Je me rappelle avoir rencontré dans le Far West un président de collège — je l'appellerai M. Johnson — qui me fit un long exposé de sa jeune Université, créée, d'ailleurs, et subventionnée par l'État. C'était un homme actif et ardent (*an active and sanguine man*), et en m'exposant ses plans, il faisait de fréquentes allusions à sa « Faculté » : elle faisait ceci, elle projetait de faire cela.... A la fin, je lui demandai de combien de professeurs se composait cette Faculté. « En ce moment, me répondit-il, la Faculté est bien au-dessous de son effectif normal, mais ses membres ne tarderont pas à devenir plus nombreux. — Et, en ce moment, combien de membres? ajoutai-je. — En ce moment elle ne comprend que Mme Johnson et moi-même. »

odestement de leur vieille appellation de « collèges »[1]. C'est ulement en janvier 1887 qu'un *act* de l'assemblée générale e l'État du Connecticut a substitué le titre de « Yale Univer-ity » au nom traditionnel de « Yale College ».

Si l'on procède à un triage, pour distinguer dans cette mul-ilude d'Universités nominales celles qui ne sont en réalité que e toutes petites maisons d'enseignement secondaire, ne com-renant que le *preparatory* et le *collegiate department*, et celles ui se rapprochent plus ou moins des conditions que nous xigeons en Europe des véritables Universités, il reste pour-ant encore un très grand nombre d'établissements qui aspi-ent à donner tout ou partie de ce que nous appelons en rance « l'enseignement supérieur » : la théologie, le droit, la édecine, la haute culture scientifique, littéraire et philoso-hique; en y joignant parfois, dans des conditions et dans des roportions très variables, les enseignements techniques qui ont réservés chez nous aux écoles spéciales.

Absence d'un type commun. Universités libres. — La iversité, la multiplicité indéfinie des formes, l'absence d'un ype commun, voilà ce que révèle un premier coup d'œil jeté sur es Universités transatlantiques. Il y a d'abord des Universités libres », comme nous dirions en France, et les plus puissantes, 'ailleurs, les plus riches, comme Harvard, Yale, Columbia llege, Princeton, qui datent du XVIIe et XVIIIe siècle, telles que rnell, Johns Hopkins, qui sont de fondation récente, telles core que l'Université Clark, l'Université de Chicago et l'Uni-rsité Leland Stanford en Californie, qui sont nées d'hier. Là, ns ces institutions qui ne doivent rien ou presque rien aux uvoirs publics, qui sont indépendantes de l'État ou des États, ui proviennent toutes des libéralités de simples particuliers t de fondations généreuses, qui sont des corporations et des ropriétés privées, les unes laïques (*non sectarian*), les autres ux mains d'une Église, d'une confession distincte, — il est natu-

1. La confusion persistante de l'enseignement secondaire et de l'ensei-ement supérieur est manifeste dans les statistiques du *Bureau d'édu-tion*. Sous la rubrique *Superior and professional instruction*, on range collèges d'enseignement secondaire, *colleges of liberal arts*, dont elques-uns, d'ailleurs, s'intitulent Universités.

rel que la libre initiative, les inspirations originales du fondateur qui a fait les frais de l'établissement, ou de l'association d'hommes qui le dirige, se donnent carrière et diversifient à leur gré le programme des études. On y adaptera l'enseignement au but poursuivi, qui n'est évidemment pas le même dans des Universités affranchies de toute tutelle religieuse et toutes pénétrées d'esprit scientifique, comme le sont Johns Hopkins ou Clark, où il ne sera pas question, par conséquent, d'enseignement théologique, et dans des Universités méthodistes ou baptistes, comme celles de Boston et de Chicago. On y conformera les études choisies aux besoins locaux, aux milieux différents : ici, à Cornell, l'instruction professionnelle aura le dessus; ailleurs, à Harvard, à Yale, ce sera la vieille instruction classique. On attendra, pour constituer une section nouvelle d'enseignement, qu'une libéralité appropriée en donne les moyens, et suivant les ressources plus ou moins larges dont on dispose, on organisera un ensemble plus ou moins complet de Facultés distinctes. En un mot, chaque Université se constitue à sa guise, n'étant nullement obligée de reproduire un modèle unique et uniforme, se pliant avec une admirable souplesse à la variété des circonstances, ayant chacune sa physionomie propre, ses allures et son originalité; quelques-unes où est marquée l'empreinte du temps, et qui, tout en essayant de se régénérer et de progresser, obéissent a des traditions séculaires, tandis que d'autres, créées du jour au lendemain et improvisées à coups de millions, peuvent, dans la pleine indépendance de leur jeunesse et de leur nouveauté, innover librement et inaugurer un régime d'expériences hardies et d'essais inédits.

Universités d'État. — A côté des Universités libres, il y a les Universités d'État, *State Universities* (au nombre de 28 en 1889-90), qui sont entretenues aux frais du trésor public, et qui, après les écoles primaires et les *high schools*, complètent et couronnent le système national d'instruction. Là encore règne une assez grande diversité [1]. Point de règles fixes, point

1. « *Each separate State has its own organisation. There is not even a consensus as to the province of the « State universities »*, disait M. Gilman,

de programme commun. En l'absence d'un pouvoir central imposant sur toute l'étendue du territoire la même réglementation, chaque État, aussi bien que chaque corporation libre, agit à sa façon, distribue les études comme il l'entend, restreint ou accroît, comme il peut, le nombre des sections d'enseignement et des diverses Facultés. Prenez la liste des 28 Universités d'État, cataloguées dans le *Report* du Bureau d'éducation, vous constaterez qu'il y en a de très riches; il y en a de très pauvres. Ann Arbor, dans le Michigan, a un budget de 274 272 dollars, tandis que les Universités des États de la Nevada, de l'Orégon, et d'autres encore, n'atteignent pas ou ne dépassent guère un revenu annuel de 30 000 dollars. Ici, vous rouverez un état-major de 107 professeurs (Université du Minesota); ailleurs, le personnel enseignant se réduit à 14 ou 15 maîtres, à moins encore (Universités du Mississipi, de la Louisiane, etc.). D'une population de 1885 élèves à l'Université du Michigan [1], vous passez à des effectifs de 195, de 124 dans les Universités de la Virginie de l'Ouest, du Colorado. Telle de ces Universités a dans sa bibliothèque plus de 50 000 volumes, telle autre n'en a pas 2000. Et ce n'est pas seulement par l'importance et par l'étendue des ressources que ces institutions diffèrent les unes des autres : c'est aussi par les cadres de leurs enseignements. Les unes possèdent l'équivalent, ou à peu près, de nos grandes Facultés de droit, de médecine, des sciences et des lettres. D'autres, par exemple, les Universités de 'Indiana, de la Louisiane, du Nébraska, ne sont que des collèges 'enseignement secondaire; d'autres, un peu plus avancées, ont ne école de médecine, mais n'ont pas d'école de droit, par exemple, l'Université du Colorado; ou l'inverse, — par exemple, 'Université de la Caroline du Nord. Il est vrai qu'elles arrivent toutes à se compléter peu à peu, et que si elles ne sont pas encore de plein exercice, pour ainsi dire, cela tient plutôt à l'insuffisance de leur dotation qu'à une préméditation d'originalité.

président de l'Université Johns Hopkins au congrès de Chicago, *Proceedings*, etc., p. 94.

1. Nous donnons les chiffres du *Report* de 1889-90, mais actuellement ces chiffres sont sensiblement dépassés. Déjà, en 1891-92, le catalogue de l'Université Ann Arbor porte un total de 2 692 élèves.

Assurément nous ne prétendons pas que cette diversité soit en elle-même un mal. Quand elle est due à une intention, à un ferme propos de développer plus spécialement une partie de l'enseignement supérieur sans négliger les autres, elle serait plutôt un bien. Même quand elle ne dérive que du hasard des circonstances, elle a l'avantage de faire rayonner sur toute l'étendue du territoire quelques parcelles au moins de la haute culture. En France, où nous souffrons du mal contraire, nous demanderions volontiers à introduire un peu plus de souplesse et de variété dans les cadres rigides de nos Facultés traditionnelles. La question a été posée et résolue dans ce sens, tout récemment, en octobre 1894, au congrès de Lyon[1]. Il faut pourtant reconnaître que la décentralisation excessive de l'Amérique présente des inconvénients graves, et qu'elle aboutit à la dispersion des efforts et à un véritable gaspillage de forces. A part un tout petit nombre d'établissements, sept à huit au plus, qui possèdent réellement tous les instruments de la haute éducation, les Universités américaines ne sont généralement que des commencements inachevés, des tronçons d'Universités; les diverses parties de l'enseignement supérieur sont, pour ainsi dire, émiettées, disséminées dans une multitude d'institutions séparées, de sorte que les professeurs comme les élèves sont en nombre insuffisant dans la plupart d'entre elles. Ce sont les conséquences nécessaires d'un système de liberté, d'initiative à outrance. Chaque État, chaque ville veut avoir son Université; et il se produit alors le contraire de ce qui se passe en France, où nous avons parfois la chose sans avoir encore le mot : on a les apparences, le décor, sans la réalité substantielle et solide. En Amérique, on bâtit d'abord une ville, on ouvre les rues, on aligne les trottoirs, on allume les becs de gaz ou les lampes d'électricité; et puis les habitants viennent, s'ils peuvent! Je dois ajouter qu'ils viennent, en général, et très nombreux. Mais le même procédé appliqué à la fondation des Universités ne leur réussit pas toujours. On

1. C'était la troisième question soumise au congrès de l'enseignement supérieur, en ces termes : « Des moyens de soustraire les Universités françaises à l'uniformité des programmes, en favorisant le développement de chacune, selon ses aptitudes, ses tendances et le caractère de la région ».

installe les édifices, on rédige les programmes, on appointe les professeurs;... puis on attend les élèves, mais il arrive parfois que les élèves ne se pressent pas d'affluer.

Écoles de droit (schools of law). — Songez que l'enseignement du droit est donné en Amérique dans 52 écoles (*schools of law*) [1], et vous n'aurez pas besoin de parcourir la statistique qui va suivre, pour comprendre combien cette dissémination excessive est préjudiciable aux études, ni les professeurs capables, ni les étudiants, n'étant assez nombreux pour constituer, en aussi grande quantité, des centres d'enseignement solides et vivants.

Sur les 52 écoles de droit des États-Unis, en 1888-89, 8 mptaient moins de 10 élèves : l'Université de Pauw, 7; l'Unicrsité Tulane, 8; l'Université du Niagara, 9; l'école de droit u colonel Folks, 9; l'Université Willamette, 5; l'Université llen, 5; le collège central du Tennessee, 7, et enfin l'école loomington de l'Université wesleyenne de l'Illinois qui n'en vait qu'un. — 18 ne réunissaient pas 50 élèves; 9 en avaient oins de 100; 10 moins de 200. Les plus peuplées sont celles e l'Université Georgetown (Washington), 204; de l'Univerité Howard (Washington), 204; de Ann Arbor, 217; de Mineapolis, 401; de Columbia College, 492. Chose à noter, les 'niversités de Yale et de Harvard, qui passent avec raison our être au premier rang parmi les Universités d'Amérique, 'ont pas plus, l'une de 106, l'autre de 153 étudiants en droit. e qui est digne de remarque aussi, c'est qu'il n'y a pas d'école e droit à Johns Hopkins, ni à Princeton, ni à l'Université lark. Passons aux professeurs, et les désavantages de la ispersion apparaissent plus nettement encore : 5 écoles de roit n'ont qu'un seul professeur; 24 en ont de 2 à 5; 11 en nt moins de 10; 12 en possèdent 10 ou plus de 10; les mieux ourvues sont l'école de droit de l'Université de Boston, avec 3 professeurs (*professors and instructors*), le collège de droit e l'Université du Minnesota avec 18, l'école de droit de l'Uni'ersité colombienne, à Washington, avec 21. Il est à remarquer ue Columbia College, qui est la plus florissante des écoles de

1. Voir le *Report* du Bureau d'éducation, 1889-90, p. 1178 et suiv.

droit des États-Unis, n'a que 9 professeurs pour près de 500 étudiants; et qu'en revanche, par une anomalie étrange, par une de ces prodigalités comme on n'en voit qu'en Amérique, l'école de droit de Buffalo, à l'Université du Niagara (Buffalo, N. Y.), nous présente 21 professeurs pour 9 élèves.

Écoles de médecine (schools of medicine). — Il en est à peu près de même pour les écoles de médecine. Rien que pour la médecine et la chirurgie normales (*regular*), sans compter une dizaine d'écoles de médecine dite *éclectique*, et une quinzaine d'écoles de médecine *homéopathique*, le *Report* de 1888-89 compte 94 établissements distincts[1]. Il va de soi, quelle que puisse être la vitalité de l'Amérique et l'étendue de ses prodigieuses ressources, qu'un aussi grand nombre de Facultés médicales ne sauraient prospérer. Nous pourrions en citer plus d'une qui végète avec moins de dix professeurs. Dans le *medical department* de l'Université du Missouri, de même dans le *medical college* de l'État de Vermont, à Bukland, il n'y en a que deux; il y en a trois au *medical department* de l'Université de Virginie. Ce ne sont là que des embryons de Facultés de médecine, et ce qui en fait ressortir encore mieux la faiblesse, c'est que les écoles médicales américaines, quand elles sont sérieusement organisées, se font remarquer par le nombre très considérable de leurs professeurs : 71 à l'école de médecine de l'Université de Pensylvanie, 75 au collège des médecins et des chirurgiens de Columbia College. Dans les 94 établissements recensés par les statistiques officielles, il n'y a pas moins de 1900 *professors and instructors*, chiffre énorme, surtout si on le compare au chiffre des étudiants, qui ne dépasse pas de beaucoup 12000. Mais ce qui montre bien à quelle déperdition inutile des forces enseignantes conduit la multiplication déréglée des écoles de médecine, c'est que, en plus d'un endroit, le nombre des élèves est à peine le double ou le triple du nombre des professeurs; parfois il le dépasse seulement de quelques unités, ou même l'égale à

1. Dans ce chiffre ne sont pas comprises les écoles dites des *gradués*, où les docteurs en médecine reçoivent un complément d'instruction professionnelle (il y en a 7), ni les écoles de pharmacie, au nombre de 29, ni celles d'art dentaire (26), ni les écoles vétérinaires (7).

peine. Citons, au hasard, le collège de médecine de l'Université de la Californie du Sud : 22 professeurs, 26 étudiants; le *Medical department* de l'Université du Colorado : 12 professeurs, 16 étudiants; le *Medical college* de l'Université de Rocky Mountain, à Denver, dans le Colorado : 16 professeurs, 24 étudiants; même dans la grande Université de Yale nous ne trouvons que 35 élèves pour 19 maîtres; au collège Chaddock, à Quincy (Illinois), 10 professeurs ont 10 élèves; au collège médical de Baltimore, égalité encore; et nous pourrions citer vingt autres exemples analogues. Il y a mieux : le nombre des professeurs est parfois supérieur au nombre des élèves : au collège des médecins et chirurgiens de Minneapolis, on voit 23 professeurs et 20 élèves; au *medical college* de Toledo, dans l'Ohio, on trouve 22 professeurs et 10 élèves; et pour terminer, à l'Université Cornell, l'école de pharmacie, autour de 11 professeurs, n'a réussi encore à grouper que 6 étudiants : 5 garçons et une fille.

Dispersion des efforts et gaspillage des forces. — Nous ne saurions trop le répéter : soutenus par leur richesse énorme, les Américains se livrent à un véritable gaspillage [1]; ils font des folies en matière d'instruction. Entraînés par la gloriole locale, ou bien, pour être juste, excités par le désir très légitime de mettre dans le plus d'endroits possible le haut enseignement à la portée des jeunes gens, ils accumulent les fondations similaires, sans s'inquiéter des doubles emplois, sans s'effrayer de la concurrence; de sorte que, trop souvent établies dans des conditions peu favorables, sur un terrain ingrat, ces fondations coûteuses languissent péniblement, en escomptant un succès problématique. Comment pourrait-il en être autrement, alors que, non seulement dans la même région, mais dans la même ville, on rencontre trois, quatre écoles de droit ou de médecine? Washington, par exemple, nous offre quatre centres d'études juridiques : l'école de droit de l'Université colombienne, celle de l'Université Georgetown, celle de l'Université Howard, celle de l'Université nationale; il y en aura

1. Ils le reconnaissent eux-mêmes. Le président Gilman, dans le discours déjà cité, reconnaît qu'il y a dans les Universités d'Amérique *a wasteful expenditure of force* ».

bientôt une cinquième, celle de l'Université catholique : cinq écoles pour moins de 600 étudiants ! De même pour les études médicales, New York ne possède pas moins de quatre écoles, dont une, il est vrai, est spéciale aux femmes; Cincinnati, Philadelphie, Chicago, Washington, Louisville en comptent quatre aussi, Baltimore en a cinq. Il y a là une végétation luxuriante, dont nous ne pouvons nous faire une idée dans nos pays d'action modérée et d'initiative restreinte; une poussée vigoureuse qui éclate et déborde de toutes parts, et s'il est sans doute impossible de dissimuler les mauvais côtés de cette fécondité un peu désordonnée, on ne peut s'empêcher d'admirer cette puissance extraordinaire de sève, qui développe à profusion et sans compter les rameaux de l'arbre de la science, au risque qu'ils se fassent tort les uns aux autres, dans leur surabondance variée et dans leur enchevêtrement touffu.

L'idée de l'Université. — De ce que nous venons de dire sur les écoles de droit et les écoles de médecine on serait tenté de conclure que les Américains ne sont guère pénétrés de la nécessité d'unir, de grouper côte à côte, comme les divers enfants d'une même famille, associés au même foyer, les différentes branches de l'enseignement supérieur, et que l'*idée de l'Université*, je veux dire, d'une association intime de toutes les hautes études, n'existe pas aux États-Unis. Cette conclusion ne serait pas absolument exacte. Sans doute, il y a une propension marquée à considérer les écoles de droit et de médecine comme pouvant croître et fonctionner à part, à l'état d'*écoles professionnelles* : c'est le titre qu'on leur donne officiellement; elles figurent à part dans les *Reports* du Bureau d'éducation, sous la rubrique *Professional instruction* (à côté des écoles de théologie, qui sont au nombre de 141). De même, conformément à cet esprit de particularisme, les écoles de science pure ou de science appliquée (de technologie, d'agriculture, d'arts mécaniques, etc.), les unes dotées par l'État (*endowed with the national land grant*), les autres qui proviennent de fondations privées (il y en a 32 de chaque catégorie), sont classées séparément sous l'appellation de *schools of science*, même quand elles sont annexées à des Universités. La tendance contraire se fait jour pourtant dans l'opinion de

quelques-uns des chefs de la pédagogie américaine et se 'alise aussi dans les faits. C'est ainsi qu'au congrès de Chicago ous avons entendu un professeur de Princeton, M. Woodrow 'ilson, déclarer formellement qu'il ne croyait pas « qu'une 'ole professionnelle pût exister par elle-même ». — « Il faut, isait-il, qu'elle fasse partie d'une Université, que l'atmosphère 'une Université l'enveloppe et la pénètre; il faut qu'elle moigne de cet esprit de liberté qui est l'âme des études[1].... »
Et en fait, dans la plupart des *leading Universities*, dans lles qui, par un travail de deux siècles ou plus, ont peu à u élargi leurs cadres, comme Harvard et comme Yale, et dans lles aussi que nous voyons sortir de terre, sous nos yeux, à ppel magique des milliardaires qui les fondent, à Leland nford, par exemple, c'est bien l'idée de l'universalité des seignements, de l'encyclopédie des connaissances, qui semble révaloir. A côté de tant d'autres institutions qui ne sont, mme nous l'avons vu, que des fragments, des parcelles d'Universités, les établissements nouveaux les plus renommés aspint, non sans une exagération évidente, à tout embrasser et à ut contenir. Les énormes agglomérations confuses d'études iverses, qui s'appellent Yale et Harvard, n'ont pas seulement essentiel : elles y joignent l'accessoire. L'étudiant de Harvard rt de son Université docteur ès sciences, docteur en philophie; mais il peut en sortir aussi, si tel est son goût, rdinier et fleuriste, contremaître ou fermier. On y enseigne ut ce qui peut être enseigné, tout ce que la théorie comporte e plus raffiné, tout ce que les applications présentent de plus ratique. Telles que les maisons à 21 étages de Chicago, arvard et Yale déconcertent nos habitudes de mesure et épassent la médiocrité de nos imaginations, en offrant à option de leurs étudiants quinze, vingt programmes distincts 'études spéciales. Ces Universités-là ressemblent à des Tours e Babel, où l'on parle toutes les langues, ou encore à des

1. « *I believe that no medical or law or theological school ought to be a parate institution. It ought to be both organically and in situation part a University, a University big and real enough to dominate it. It ought be permeated with the University atmosphere; it ought to employ Unirsity methods; it ought itself to exemplify the liberal spirit of learning roceedings of the international congress of education*, p. 116). »

caravansérails scolaires, où l'on peut s'approvisionner de tous les articles qui concernent l'instruction.

La vérité est que nous nous trouvons en présence de deux conceptions opposées du développement des Universités, entre lesquelles il ne semble pas que les *leaders* de la pédagogie américaine aient fait encore un choix définitif.

Hésitation entre deux conceptions différentes des Universités. — D'une part, la tendance à la particularisation, comme en témoigne non seulement l'existence de tant d'écoles de droit ou de médecine, de tant d'écoles de sciences, indépendantes et isolées; comme le prouve aussi, ce qui est autrement significatif, la création toute récente d'Universités vraiment dignes de ce nom, et qui, de parti pris, se désintéressant d'un enseignement complet, ne visent qu'à exceller dans quelques parties du domaine entier des connaissances humaines: telle, par exemple, l'Université Clark, qui est avant tout et presque exclusivement une école de sciences expérimentales, analogue à une des sections de notre École française des Hautes Études; telle encore l'Université Cornell, qui est principalement une école d'agriculture et d'arts mécaniques, l'équivalent à la fois de notre Institut agronomique et de notre École centrale.

D'autre part, la tendance inverse à une centralisation à outrance de toutes ces études, et à l'application intégrale de la formule de Coménius : *Omnia doceantur*.

Les Universités doivent-elles être d'un seul type? — Entre ces deux théories, la controverse est ouverte; chacune a ses partisans. L'Amérique est un pays jeune et un pays libre : jeune, elle n'a pas de traditions tyranniques qui lui imposent une marche convenue; libre, elle s'essaie dans toutes les expériences. La question a été soulevée aux congrès de Chicago, à propos d'une communication présentée par M. Martin Kellogg, président de l'Université d'État de la Californie, qui avait intitulé son mémoire : *Doit-on désirer que les Universités soient d'un seul type?* [1] M. Kellogg n'hésite pas à se prononcer pour la négative. Et cependant, il le déclare tout d'abord, les Universités américaines, en grande majorité (ce qui est vrai,

1. *Proceedings*, etc., p. 104

l'on considère les plus importantes), ont adopté le système n plan unique. « Chacune s'efforce, dit-il, plus tôt ou plus rd [1], et aussitôt que possible, de faire tout ce qu'on lui manderait si elle était la seule institution de son espèce. acune prétend égal[illegible] ou même surpasser, l'ensemble comexe des Facultés de Paris ou de Berlin, rivaliser avec la gloire s deux capitales jumelles de la vie universitaire anglaise, xford et Cambridge, associer l'héritage entier du passé avec exigences nouvelles et sans cesse grandissantes du présent. » il énumère complaisamment tout ce qui devrait entrer dans programme complet d'études d'Université. C'est précisément tte ambition de tout enseigner que M. Kellogg juge mauvaise uneste.

Tant qu'une Université sera préoccupée de se compléter, de se elopper symétriquement, il est évident, dit-il, qu'elle songera plutôt méliorer ses côtés faibles qu'à fortifier de plus en plus ses parties tes. Si, au contraire, elle consent à limiter ses efforts, elle consara le meilleur de ses énergies aux études où elle réussit le mieux. cercle de la connaissance humaine s'agrandit de tous les côtés, issant en avant ses rayons dans l'ignorance qui l'environne. Où la ussée sera-t-elle la plus forte? Naturellement sur les points où la s grande somme d'énergie est dépensée dans la même direction. Ce t les Universités qui ne prétendent pas à une organisation cosmoite (*not cosmopolitan in equipment*) qui pourront le mieux étendre frontières de la science, le plus accroître la lumière de la vérité, concentrant toutes leurs forces sur un petit nombre de recherches ciales. »

Et M. Martin Kellogg conclut ainsi :

« Nous pouvons le dire, s'il faut que nos Universités soient animées même esprit, il ne faut pas qu'elles soient conformes au même e. Une inspiration commune doit les exciter à accomplir une œuvre i soit neuve, une œuvre qui ait de la valeur. Mais elles auraient tort poursuivre un type commun, tel qu'il résulterait de l'effort qu'elles aient toutes pour accomplir exactement la même besogne. Ce qui ut le mieux, c'est que chaque Université ait un caractère original, e chacune soit en elle-même un type différent. En suivant son dévepement propre, chacune doit chercher à s'élever le plus haut posle, et par là établir sa nouveauté et son individualité, afin de

[1]. Allusion à ce fait que les Universités comme Yale, comme Harvard, nt fondé que successivement leurs diverses écoles.

prendre une place distincte, et peut-être distinguée, une place d'honneur dans la voie lactée des institutions scolaires de l'Amérique [1]. »

On le voit, la pensée américaine a quelque peine à trouver son équilibre. A l'uniformité absolue, qui est un extrême, ne serait-il pas exagéré de substituer cet extrême opposé que rêve M. Martin Kellogg, et qui, afin d'empêcher les doubles emplois, consisterait à n'avoir pour chaque sujet d'études qu'un tout petit nombre d'institutions privilégiées, à se contenter même d'une ou deux Universités complètes, telles qu'on les conçoit généralement, et à remplacer les autres par autant d'écoles spéciales [2]? Quelle que soit notre propension à désirer que les Universités « se développent chacune selon ses aptitudes, ses tendances et le caractère de la région », comme on l'a demandé à Lyon, nous restons convaincu que cette originalité désirable des différents centres d'enseignement supérieur ne doit pas les dispenser d'une base commune d'études essentielles, et qu'il ne saurait y avoir de vitalité sérieuse pour des écoles de haute instruction, si elles ne s'excitent les unes les autres par un mutuel contact, si elles ne s'entr'aident par une collaboration intime, si, disjointes et dispersées, elles ne peuvent « être enveloppées et pénétrées, comme on le disait si bien à Chicago même, d'une atmosphère d'Université ».

A vrai dire, il n'est guère à redouter que les rêves de spécialisation de M. Martin Kellogg passent dans la réalité des choses. Les intérêts distincts de chaque communauté, de

1. Il est permis de penser qu'en critiquant les ambitions des Universités qui veulent être des assemblages complets de toutes les hautes études, M. Martin Kellogg, président de la vieille Université de San Francisco, a eu en vue la jeune Université Leland Stanford qui, établie à quelques kilomètres de San Francisco, va faire une redoutable concurrence à son aînée. L'allusion nous paraît transparente, notamment dans le passage où il est dit : « Ce n'est pas seulement en semant de l'or qu'on fera lever la moisson de grands hommes, professeurs et directeurs dont a besoin une Université.... »

2. C'est bien à cette conclusion qu'aboutissent les considérations de M. Martin Kellogg. Dans la discussion qui a suivi la lecture de son mémoire, un de ses approbateurs du congrès s'est exprimé ainsi : « *If there were one institution where the best special training in some one subject could be acquired, it would save time and expense.* » (*Proceedings*, etc., p. 108.)

chaque État s'y opposent [1]; et il est à prévoir qu'ils travailleront de plus en plus, dans l'avenir des Universités américaines, à renforcer les établissements jusqu'ici dépourvus d'un outillage complet. C'est la multiplicité des groupements similaires, plus que la diversité des types, qui nous paraît appelée à triompher. Les théories des pédagogues même les mieux inspirés ne sauraient prévaloir contre la force des choses [2]; et si c'est la pensée qui agite le monde, ce sont les intérêts qui le mènent. Même dans un pays de centralisation comme le nôtre, on sait de quel poids ont pesé dans l'avortement du projet de reconstitution des Universités les revendications locales. Pour ne pas léser dans leurs droits les petites villes qui se plaignaient d'être dépossédées, ou tout au moins dépouillées en partie et amoindries, on a reculé devant le système hardi qui eût consisté à concentrer dans un petit nombre de foyers puissants la vie universitaire. A plus forte raison en sera-t-il de même dans les 48 États, par tant de côtés autonomes, dont se compose la grande fédération américaine. Ce à quoi la volonté déclarée d'un gouvernement unique n'a pas réussi à contraindre un pays tel que la France, entièrement subordonné à l'autorité centrale, comment espérer que les dissertations des théoriciens de l'éducation parviendront à l'imposer dans une société où chaque corporation universitaire, où chaque communauté politique dispose à peu près entièrement de ses ressources et reste maîtresse de son action?

Ressources financières des Universités; donations privées. — Un seul obstacle pourrait arrêter dans leur tendance, non seulement à se maintenir, mais aussi à s'agrandir et à se

1. Nous ne parlons pas de cette objection, toute pratique, mais capitale, que dans le système de M. Martin Kellogg, avec un petit nombre d'écoles spéciales pour chaque étude distincte, les étudiants auraient de grandes distances à franchir pour rejoindre les Facultés appropriées à leurs besoins. Cette objection, qui serait déjà grave dans un pays de médiocre étendue comme la France, l'est tout autrement dans l'immensité des États-Unis, où il ne faut pas moins de six jours pour aller, par exemple, de New York à San Francisco.

2. « *Many years ago, president White, of Cornell University, urged that there should be concentration upon a few strong Universities, not multiplication of feeble projects. Still, the contrary tendency prevails.* » (Président Gilman, *Proceedings*, etc., p. 95.)

compléter, les Universités américaines : ce serait le manque d'argent. Mais la pénurie financière n'est pas précisément une éventualité probable, en matière de dépenses scolaires, dans cette riche et généreuse démocratie américaine. Qu'est-ce que la dotation de dix ou douze millions qui représente les frais annuels de notre enseignement supérieur français, et qui n'a été, d'ailleurs, que péniblement atteinte, à côté des libéralités somptueuses, disons le mot, des prodigalités princières, dont l'Amérique ne cesse pas de donner l'exemple au profit de ses Universités? On n'aurait pas la clé de la situation de l'enseignement supérieur aux États-Unis, si l'on ne considérait avant toutes choses combien les Universités y sont riches, combien les dollars affluent de tous les côtés pour les doter, pour les entretenir, pour leur faire une condition brillante.

C'est d'abord — ce que l'on ne rencontre guère ailleurs, ce qui sûrement n'existe nulle part au même degré — l'extraordinaire émulation des bienfaiteurs privés, simples particuliers, industriels et commerçants enrichis, qui ne croient pas pouvoir faire un meilleur usage de leur fortune que de la consacrer en partie, parfois en totalité, à la fondation, à l'entretien, au développement des écoles d'enseignement supérieur. Tantôt, s'ils sont particulièrement opulents, c'est une Université nouvelle qu'ils créent d'un seul coup et de pied en cap. Tantôt c'est une vieille institution dont ils accroissent l'importance, en lui faisant cadeau d'une des sections dont elle manquait, d'une Faculté distincte, pour le moins d'une chaire spéciale. Tantôt, s'ils ne peuvent faire davantage, ce sont des collections de livres dont ils enrichissent les bibliothèques déjà existantes; ce sont des instruments coûteux, des objets rares, dont ils garnissent les laboratoires et les musées [1]. Ce qui n'est ailleurs qu'un accident, une rareté, est en Amérique une habitude. Les États-Unis sont le seul pays du monde où l'on voie des Universités désignées par des noms propres, les noms des hommes généreux auxquels elles doivent, soit leur existence, soit leur

1. Les donations faites aux Universités américaines ont parfois des destinations singulières : un des plus récents bienfaiteurs de Harvard a demandé que son legs fût consacré à la construction d'une grille monumentale.

agrandissement. Harvard, de Pauw, Cornell, Vanderbilt, Johns Hopkins, Clark, Leland Stanford, autant d'Universités, autant de donateurs volontaires, qui, plus ou moins, dans la mesure de ce qu'ils pouvaient faire, ont contribué à l'édification de ces diverses maisons d'études. Parfois le bienfaiteur discrètement se cache; son nom n'apparaît pas. C'est, par exemple, une femme, mistress Caldwell, de Philadelphie, qui, par ses libéralités, a assuré la fondation de l'Université catholique de Washington. De même M. John Rockefeller aurait bien quelque droit à être le parrain de l'Université tout récemment fondée à Chicago, lui qui a jeté dans son berceau plus de 24 millions de francs. Largesses fastueuses, qui ne sont pourtant pas le dernier mot de la munificence américaine, puisqu'on a vu, plus récemment encore, en Californie, organiser de toutes pièces l'Université Leland Stanford Junior, ainsi dénommée par ses fondateurs, M. et Mme Leland Stanford, qui, en souvenir d'un fils unique ravi à leur affection, ont voulu employer à l'éducation des enfants de leurs concitoyens tout ce qu'ils possédaient, la bagatelle de 30 millions de dollars, soit 150 millions de francs; de telle sorte qu'un seul établissement universitaire d'Amérique est presque aussi richement doté que le sont dans leur ensemble toutes nos Facultés françaises.

Sans doute, les Universités des États-Unis n'ont pas eu toujours des commencements aussi brillants, des naissances aussi fortunées. Mais celles-là même qui, comme Harvard, comme Yale, ont débuté modestement et n'ont reçu de leur premier bienfaiteur que de modiques subventions, ont vu leur trésor grossir chaque année, grâce aux générosités incessantes et continues de leurs anciens élèves, de leurs protecteurs et de leurs amis. Ce qu'a pu faire, en une fois, en Californie, la fantastique munificence d'un Leland Stanford, une succession ininterrompue de petites libéralités l'a réalisé, ou à peu près, à Harvard. En deux siècles et demi, Harvard en est arrivé à posséder un revenu annuel de sept cent vingt-deux mille dollars, soit approximativement trois millions six cent quinze mille francs.

Comment demander à des établissements aussi riches de modérer leur ambition, de borner leur sphère d'activité? Leurs ressources sont presque illimitées, énormes; il est naturel que leurs prétentions le soient aussi.

Concours financier du gouvernement fédéral (national aid) et des divers États. — Mais ce n'est pas seulement à l'initiative privée, à la protection spontanée de quelques philanthropes dévoués à la cause de l'instruction générale, ou de quelques prosélytes ardents affiliés à telle ou telle confession religieuse, que les Universités doivent leur fortune : c'est aussi à l'effort de la collectivité, à l'action de l'État, ou plutôt des 48 États [1], dont les blanches étoiles brillent dans le ciel bleu du pavillon américain.

On sait, en effet, qu'à chaque État nouveau, le jour où il est reçu dans l'Union, la loi nationale attribue une grande dotation territoriale, dont la vente ou le revenu doit être utilisé pour l'enseignement à tous les degrés. En 1888, la totalité de ces dotations successives, consenties par le Congrès depuis 1787, ne s'élevait pas à moins de trente et un millions d'hectares, soit les trois cinquièmes du territoire de la France. Au produit de cet immense domaine les Universités d'État et aussi certaines écoles spéciales de sciences participent tout comme les *high schools* et les *public schools*; et elles prélèvent aussi leur large part sur les taxes scolaires directes, d'un demi-milliard par an environ, que les États imposent aux contribuables.

Prenons un exemple : la plus prospère et la plus riche des Universités d'État, est celle de Ann Arbor, dans le Michigan, fondée en 1837; son revenu annuel est de 274 272 dollars, soit près de 1 400 000 francs. Sans doute, les rétributions scolaires, les *tuition fees*, figurent pour 80 000 dollars dans ce total; mais le reste provient soit du trésor fédéral, soit du budget particulier de l'État du Michigan. D'abord, en vertu de l'acte général du Congrès, en date du 27 juillet 1787, le Michigan a été appelé à son tour, en 1830, à bénéficier de la concession de terrains garantie à chaque État nouvellement admis dans l'Union, soit à 46 080 acres (l'acre représente 40 ares 467). Dans son rapport de 1837, le surintendant de l'instruction

1. En 1894, ont été créés les États de l'Oklahoma et de l'Utah.

publique du nouvel État du Michigan calculait que la vente de l'ensemble de ces terrains (*of all the University lands*) produirait au minimum une somme de 691 200 dollars, soit un revenu de 48 384 dollars par an [1]. Mais ces évaluations étaient optimistes : l'événement le prouva. Il y eut des difficultés, et une dépréciation considérable de la valeur des terrains; au lieu de se vendre 20 dollars, l'acre dut être cédé parfois à 12 dollars, et même à 6 dollars. En fin de compte, le revenu du capital universitaire ne dépasse pas, de ce chef, 33 000 dollars (chiffres de 1888-89), soit un peu moins de 200 000 francs [2]. Mais à cette contribution du gouvernent fédéral viennent s'ajouter les subventions du gouvernement local. C'est d'abord une taxe particulière, appelée *the one-twentieth of mill tax* (la taxe d'un vingtième de mille), établie en 1873, « sur chaque dollar de la propriété imposable (*on each dollar of taxable property within the State*) ». Dans les dernières années, dit l'historien de la haute éducation dans le Michigan, cette taxe a rapporté 42 272 dollars, par an, soit près de 250 000 francs. Ensuite, le pouvoir législatif, toutes les fois qu'il est nécessaire, intervient par des actes particuliers (*special acts*), pour augmenter les ressources du budget de l'Université, pour combler le déficit, pour créer des instituts nouveaux ou compléter ceux qui existent. « Depuis 1867 jusqu'à 1890, l'Université a reçu de l'État environ 1 800 000 dollars », soit près de 500 000 francs par an. En résumé, et sans entrer dans le détail compliqué de la législation financière scolaire des États-Unis, les pouvoirs locaux du Michigan, on le voit, assurent d'une main libérale les services de leur Université. Les sommes allouées par l'État (*State appropriations*) à l'université Ann Arbor se sont élevées, en 1888-89, à un total de 156 272 dollars. Et ce n'est pas le Michigan seul qui se montre généreux envers les Universités d'État. L'Univer-

1. Voir, dans une publication du Bureau d'éducation de Washington (*The history of higher education in Michigan*, par M. Andrew C. Mc Laughlin, 1891), le chapitre II : *Land grants and their disposition*.

2. En 1880, les concessions de terrains faites aux Universités des États, en vertu de l'acte de 1787, s'élevaient à 1 165 520 acres. La plupart des États n'ont eu, comme le Michigan, chacun pour sa part, que 46 080 acres. Quelques-uns ont eu davantage : le Wisconsin a obtenu le double, 92 160 acres, le Minnesota 82 640, etc. Voir le *Report* de 1880, p. XXXI.

sité de la Californie, la même année, a reçu une subvention de 97 000 dollars, celle du Wisconsin 88 000 dollars, etc. [1].

Il s'en faut donc que les pouvoirs publics se désintéressent du progrès de leurs Universités. Les Universités d'État sont réellement des institutions publiques, soutenues et choyées avec autant de sollicitude que les *high schools* ou les écoles primaires. Dans le Michigan, les professeurs doivent comparaître, chaque année, devant les représentants du peuple, pour exposer la situation et faire connaître les besoins de l'Université. « Les professeurs ont toujours eu à cœur de rester en contact sympathique avec le peuple de l'État.... L'Université est désormais solidement établie sur le plus sûr des fondements, sur un fondement de roc, sur l'affection des citoyens qui en sont fiers [2]. » Il n'était pas inutile de noter ces témoignages qui montrent que l'œuvre universitaire, en Amérique, peut compter sur le concours des États, sur l'adhésion intelligente des citoyens, aussi bien que sur le zèle des corporations privées.

Ne laissons pas croire, d'ailleurs, que la bonne volonté des générosités particulières fasse défaut aux établissements officiels, quelque largement entretenus qu'ils soient sur les fonds des contribuables. La colonne réservée aux bienfaiteurs, aux donateurs privés, est ouverte dans les budgets des Universités d'État comme dans ceux des Universités libres, et on y inscrit souvent de gros chiffres. En 1886-87, le total des souscriptions particulières, des dons volontaires (*total amount of benefactions*) a été de 56 000 dollars pour l'Université de l'Illinois; en 1888-89, de 150 000 dollars pour l'Université du Minnesota; en 1889-90, de 121 000 dollars pour l'Université du Vermont.

L' « Act » du 2 juillet 1862. — Et inversement les États n'abandonnent pas toujours à leurs seules ressources les Universités indépendantes, qui pourraient cependant se passer de leur protection. Par exemple, à Yale, l'école scientifique Sheffield, qui est « une école d'enseignement et de recherches pour les sciences mathématiques, physiques et naturelles », a reçu

1. Les subventions des États varient d'année en année, suivant les besoins. Ainsi l'Université du Wisconsin a reçu, en 1886-87, 257 000 dollars, celle de Ann Arbor 51 500.

2. M. Laughlin, *op. cit.*, *passim*.

du gouvernement fédéral un don de terrains d'une valeur de 135 000 dollars. L'Université Cornell a obtenu, sous la même forme, une contribution de 602 792 dollars. Ce ne sont pourtant là, reconnaissons-le, que des exceptions : l'acte du 2 juillet 1862, qui a consenti cette nouvelle distribution de terres (pas moins de 9 600 000 acres), n'a pas eu précisément en vue le développement des Universités proprement dites, puisque le but qu'il poursuivait était simplement de patronner des écoles ou collèges d'agriculture, lesquels, au nombre d'une quarantaine, ont été institués depuis cette époque dans les différents États, et le plus souvent annexés aux Universités de ces mêmes États.

La collation des grades. — De toutes manières donc, les Universités d'Amérique sont riches et même opulentes. Mais ce n'est pas seulement la faveur qu'elles rencontrent dans le sentiment public, et dont cette richesse est la preuve, qui les maintiendra et les développera. Il faut bien le dire, une autre cause, d'un tout autre ordre, tend à favoriser l'excessive multiplicité des établissements d'instruction : c'est la collation des grades. Trop facilement accordée à des institutions de toute importance et de toute valeur, la prérogative de conférer les grades (*degrees*) est un pouvoir qu'apprécient fort ceux qui le possèdent, dont ils ne sont pas disposés à se dessaisir; et c'est ce qui explique en partie le grand nombre des collèges et des Universités d'Amérique.

La multiplicité des grades en Amérique. — On sait jusqu'à quel point est poussée aux États-Unis la division et la subdivision des grades, et ce fait suffirait à prouver, avant tout examen des programmes d'études, ce qu'il y a de trop morcelé, de trop fragmenté, et, par suite, d'un peu superficiel dans l'enseignement américain. Sans doute, nous souffrons en France, dans une certaine mesure, du même mal, et l'on a conté l'histoire de ce candidat qui, se présentant devant une de nos Facultés, à l'heure matinale où il devait commencer ses compositions écrites, un peu endormi peut-être, ou bien troublé par l'approche d'une redoutable épreuve, ne savait plus au juste dans quelle série de quelle partie il avait à concourir.... Tel un voyageur qui, entrant dans une gare où il y a beaucoup de trains en partance, se demande avec inquiétude dans quel wagon il doit monter. Je sais bien ce qu'on peut dire en faveur de ce système : de même que, au lieu de le déplorer, il faut se féliciter que les réseaux de chemins de fer, en se multipliant, rendent les communications plus aisées, de même il serait injuste de méconnaître qu'en scindant, en diversifiant les baccalauréats, les licences, les doctorats, on s'est préoccupé de faciliter le succès en augmentant le nombre des voies d'accession. Il n'en est pas moins permis de penser qu'aux États-Unis on a dépassé le but. Il s'en faut que sur ce point nous égalions l'Amérique et sa momenclature sans fin de diplômes de toute nature. Nulle part, sauf dans le pays des mandarins, n'a été poussée aussi loin la superstition des grades. Et, pour le dire en passant, il ne fait pas bon en Amérique refuser les diplômes même à ceux qui ne les méritent pas. Chez nous, les victimes se contentent de maudire leurs juges : aux États-Unis, il leur arrive de les lyncher. En 1889-90, le collège Saint-Augustin (Californie) a dû fermer ses portes, parce que son vice-président avait été assassiné par deux de ses élèves, auxquels il avait eu le grand tort de donner de mauvaises notes pour l'insuffisance de leurs réponses en mathématiques. Empressons-nous d'ajouter que les mauvaises notes sont rares, et que la rage d'obtenir des diplômes n'a d'égale, dans certaines institutions au moins, que la facilité et la complaisance de ceux qui les distribuent.

Grades académiques. — Nous donnons dans le tableau suivant la liste des vingt-quatre ou vingt-cinq grades distincts qu'ont le droit de conférer plus de 400 collèges ou Universités d'Amérique. D'abord les divers grades de bachelier, qui couronnent les études secondaires ou préparatoires des collèges, des écoles d'arts ou de sciences pures et appliquées, en un mot les études « académiques »; nous indiquons par des chiffres, en face de chaque catégorie, le nombre des candidats qui ont obtenu ces divers diplômes, dans le cours de l'année 1889-90.

Bachelier ès lettres, B. L.	313
Bachelier ès arts, A. B.	3 128
Bachelier ès sciences, B. S.	1 071
Bachelier en philosophie, Ph. B.	516

Bachelier en génie civil, B. C. E. (*civil engineering*)...	170 [1]
Bachelier ès arts mécaniques, B. M. E. (*mecanical engineering*)..	13 [2]
Bachelier en agriculture, B. Agr........................	4
Bachelier en architecture, B. Arch......................	1
Bachelier en musique, Mus. B............................	24
Bachelier en peinture, B. Paint..........................	7
Bachelier en pédagogie, B. Ped..........................	54

Grades universitaires ou « higher degrees ». — Les grades universitaires sont de trois ordres : le baccalauréat, la maîtrise (le mot de licence n'est pas usité en Amérique ; — le grade intermédiaire de la maîtrise est d'ailleurs peu recherché, outre qu'il n'existe pas pour les lettres et les sciences), — et le doctorat. En voici l'énumération.

Bachelier en droit, LL. B................................	1 046
Bachelier en théologie, B. D. (*divinity*)................	123
Maître en droit, LL. M....................................	35
Maître ès arts, A. M......................................	809
Maître en philosophie, Ph. M............................	24
Maître ès sciences, M. S.................................	42
Maître ès lettres, M. L...................................	9
Docteur ès sciences, D. Sc. ou S. D....................	5
Docteur en philosophie, Ph. D..........................	125
Docteur ès lettres, Litt. D................................	2
Docteur en droit civil, D. C. L. [3].......................	3
Docteur en droit, LL. D...................................	114
Docteur en médecine, M. D..............................	1 062
Docteur en chirurgie dentale, D. D. S. (*dental surgery*).	198
Docteur en médecine vétérinaire, D. V. M.............	32
Gradué en pharmacie, Ph. G.............................	117
Docteur en théologie, D. D...............................	274

Il s'en faut que cette liste soit complète ; elle s'accroît d'ailleurs sans cesse. Par exemple, on distingue encore les grades de bachelier en chirurgie, d'ingénieur des mines, d'ingénieur en électricité, d'ingénieur en dynamique (*dynamic engineer*), d'ingénieur en hygiène (*sanitary engineer*), d'ingénieur en métallurgie, etc.

1. Nous confondons avec les B. C. E., les ingénieurs civils, C. E., qui forment cependant une catégorie à part et ont un diplôme distinct.

2. De même aux B. M. E. nous rattachons les ingénieurs ès arts mécaniques.

3. On remarquera le petit nombre de docteurs en droit civil : ce grade semble n'être conféré qu'à l'Université Yale.

Au total, en une seule année (1889-90), l'Amérique a conféré 9 017 diplômes, après examen, ou à des élèves en cours d'études (*degrees conferred in course or on examination*). Mais il faut y joindre encore 727 grades accordés *honoris causa*, sans examen préalable, à des personnes jugées dignes de cette faveur : c'est ce qu'on appelle les *honorary degrees* [1].

Le grade de docteur en philosophie. — Nous n'insisterons pas sur ce qu'il y a d'insolite, à notre point de vue européen, à voir des bacheliers en musique ou en peinture, des docteurs en médecine vétérinaire, ni sur telle ou telle particularité étrange, par exemple, sur ce fait qu'on peut devenir bachelier en philosophie, même à Columbia College, après avoir suivi simplement un cours de géologie, de chimie ou d'architecture, ni sur la confusion qui résulte de divers noms donnés à un même grade [2]. Ce qui mérite davantage notre attention, ce dont les Américains se plaignent eux-mêmes, c'est l'absence de garanties, ce sont les conditions vraiment insuffisantes que révèlent les procédés en usage, en ce qui concerne le grade de docteur en philosophie, « celui cependant de tous les grades littéraires qui vaut à ses possesseurs le plus de considération ». La question a été discutée longuement au congrès de Chicago [3]. On y a signalé avec netteté le mal : d'une part, l'ardeur qu'on met à rechercher le titre de Ph. D., ne serait-ce que pour se faire appeler « Docteur » dans les conversations familières; d'autre part, la condescendance coupable de quelques institutions qui se prêtent malheureusement à ces prétentions injustifiées de quêteurs de diplômes.

Il est intéressant de le remarquer, tandis qu'en France nous aspirons à une certaine diversité, les Américains réclameraient volontiers un peu plus de centralisation; nous nous plaignons

1. D'après la statistique du Bureau d'éducation, le nombre de collèges et d'Universités qui confèrent, *honoris causa*, le grade de Ph. D., qui n'était que de 12 en 1873, de 19 en 1880, a été de 31 en 1889; le nombre des grades conférés, de 17 en 1873, de 29 en 1880 et de 50 en 1889.

2. Le grade de bachelier en philosophie est conféré par certains collèges pour un cours d'études identique à celui pour lequel d'autres collèges confèrent le grade de bachelier ès sciences.

3. *Proceedings*, etc., p. 156. « *On what conditions shoud the degree of doctor in philosophy be given* »; communication de M. William O. Sproull, doyen de l'Université de Cincinnati, Ohio.

de l'excès de la réglementation, ceux de l'absence d'une direction commune. Un des orateurs du congrès de Chicago, M. Sproull, doyen de l'Université de Cincinnati, désirerait qu'il s'établit une entente générale, pour déterminer à quelles conditions essentielles devrait être soumis l'examen du doctorat en philosophie. On ne peut faire appel pour cela à un département ministériel, à un gouvernement central; on suggère de constituer un comité qui serait composé des chefs des principales Universités. Ce comité dresserait la liste des établissements qu'il jugerait assez qualifiés, par leur importance et la valeur de leurs études, pour conférer le grade. Un journal, organe du comité, publierait cette liste, qui pourrait, d'année en année, être étendue ou restreinte.

Cette proposition a été acceptée par le congrès. Une commission a été nommée, qui comprend les présidents des Universités Johns Hopkins, Yale, Columbia College, Princeton, de celles de Chicago et de la Californie, avec le mandat formel de prendre les mesures nécessaires pour maintenir le niveau et protéger le sens (*protect the significance*) des titres de docteur en philosophie et de docteur ès sciences.

Il n'y a pas à le dissimuler, les grades en Amérique ne sont trop souvent que des articles de commerce, exposés à toutes les fluctuations de la concurrence, plus ou moins cotés sur le marché, selon la marque de fabrique [1]. Les marques les meilleures sont celles de Harvard, de Yale, de Princeton, de l'Université de la Pensylvanie, de Columbia College. Nous pourrions en citer d'autres. Mais au-dessous de ces bonnes maisons il y en a de médiocres; il y en a de mauvaises [2]. On délivre le diplôme de doctorat à des candidats absents, *in absentia*, sans

1. « *Academic titles have no significance unless the source is known from which they are derived.* » (*Discours* du président Gilman. *Proceedings*, p. 96.)

2. « En ce qui concerne la valeur des grades, dit M. J. Bryce dans son *American Commonwealth*, on peut dire qu'il y a la plus grande différence possible entre ceux que confèrent les établissements du degré le plus élevé et ceux des établissements d'un degré inférieur. Dans deux cents collèges environ, les grades conférés n'ont pas de valeur précise et signifient simplement que l'élève a étudié pendant quatre ans des sujets d'un ordre plus élevé que les matières de l'enseignement élémentaire. » Au contraire, les grades conférés par les établissements de premier rang représentent, en moyenne, autant de savoir, autant de discipline intellectuelle que certains diplômes d'Oxford et de Cambridge.

examen. On fait des docteurs par correspondance. Une institution de l'État d'Illinois a publié une circulaire où elle annonce formellement que des diplômes de docteur seront décernés pour un travail représentant une ou deux années d'études, faites *in absentia*, avec ou sans examen oral. D'autres établissements font de même. On a signalé, par exemple, l'Université de Syracuse dans l'État de New York, le collège Alleghany, en Pensylvanie, qui accordent eux aussi le diplôme de docteur, sans exiger des candidats la condition de la résidence. Il n'est pas douteux, quoique nous espérions que le cas soit rare, que la collation des grades n'est parfois qu'un trafic [1]. M. Sproull l'insinue lui-même, bien qu'il n'ait l'air de parler que des abus de même genre dont l'Allemagne se rendrait coupable :

« Si M. Mommsen dit vrai, dans le *Preussisches Jahrbuch* d'avril 1876 (p. 335), les grades sont conférés, par des Universités qu'il nomme, à des candidats qui ont simplement acquitté les droits d'inscription et d'examen. Peut-être trouvera-t-on la confirmation du fait qu'il avance dans une anecdote bien connue des étudiants d'Allemagne. Le jour anniversaire de la naissance de Johann Schmidt approchait : son épouse eut l'idée de rendre ce jour mémorable, et à cet effet elle économisa soigneusement son argent mignon. Le matin de l'anniversaire, escortée de toute la famille, elle prit son mari par la main et le conduisit dans le corridor de la maison. Là, d'un air de triomphe et non sans solennité, elle lui remit un bout de parchemin, tout en lui montrant du doigt, sur le mur de la porte d'entrée, une plaque toute neuve où étaient gravés ces mots : Johann Schmidt, docteur en philosophie. »

1. C'est, semble-t-il, le titre de docteur en médecine qui donne lieu au plus grand nombre d'abus. « Actuellement, affirme M. Henry de Varigny, il existe aux États-Unis plus de vingt institutions de mauvais aloi qui vendent des diplômes médicaux. Parmi elles, je signalerai la *Chicago Correspondance University* qui, en 1889, a pris le nom sonore de *National University of Illinois*. Elle n'a pas un professeur, ni un élève. C'est une simple officine pour la vente des diplômes; puis toute une série d'institutions fondées par un nommé Johann Malok, sous le nom de *German College of medicine and obstetrics*, *German medical College*, *German College of gynecology*, etc., six en tout, dont les diplômes se vendent surtout en Allemagne; l'*Indiana College of medicine and midwifery* (office des sages-femmes), l'*Ohio College of obstetrics, medicine and midwifery*, le *Vermont medical College*. Tous ces collèges sont œuvre de pure imagination, faits pour envoyer des parchemins sans valeur contre des espèces sonnantes, et dont la clientèle n'est naturellement faite que de charlatans sans scrupules. » (*En Amérique*, par Henry de Varigny, 1894, p. 167.)

Que fera la commission instituée à Chicago? Dépourvues de sanction légale, ses résolutions n'auront d'autre force que celle qui s'attache à une autorité simplement morale. Elle demandera que les thèses de doctorat soient imprimées : — elles ne le sont pas toujours actuellement; et qu'elles portent les noms des professeurs et de l'institution qui les acceptent. Elle demandera que la résidence, qu'un certain nombre d'années d'études, que des examens oraux soient imposés aux candidats, et aussi qu'on n'abuse plus des titres décernés un peu légèrement, *honoris causa* (il y en a eu 727 en 1889-90, dont 50 pour le doctorat en philosophie [1], 114 pour le doctorat en droit). Elle fera enfin appel à l'opinion. Mais l'opinion sera-t-elle assez forte pour discréditer les Universités dont les ambitions dépassent les moyens, qui délivrent des grades auxquels elles ne sont pas en état de préparer sérieusement leurs élèves, à supposer qu'elles le voulussent? Réussira-t-elle à décourager les quémandeurs de diplômes, qui ne songent à les conquérir que par le procédé le plus expéditif, par des moyens mystérieux (*mysterious way*)? Il est permis d'en douter.

Ce n'est pas seulement en lui-même, au moment où il est conféré, que le grade supérieur du doctorat laisse à redire en Amérique et reste d'un accès trop facile. Sur ce point on peut se défendre, d'ailleurs, en faisant remarquer que le mal n'est pas général, que certaines institutions savent maintenir la dignité de ce titre, et qu'après tout, c'est à l'opinion éclairée du public qu'il appartient de distinguer l'ivraie du bon grain. Mais ce qui est plus grave, c'est que les Universités même les plus sérieuses ouvrent la porte de leurs cours de droit et de médecine à des étudiants insuffisamment préparés. On en est encore à se demander aux États-Unis, comme le prouve une des décisions du congrès de Chicago [2], si une éducation libérale préalable doit être exigée des étudiants qui commencent

1. Dans le tableau de la page 776 (*Report*, etc., de 1889-90), M. Harris n'en compte que 39; mais à une autre page du même rapport (p. 759) il donne le chiffre de 56 diplômes de Ph. D., conférés *honoris causa* par 31 collèges ou Universités qui ne possèdent pas tous des écoles ou des Facultés de philosophie.

2. « *Should an antecedent liberal education be required of students in law medecine and theology?* » (*Proceedings*, etc., p. 112.)

leur droit ou leur médecine. En fait, on n'exige pas encore, même à Harvard, que les candidats aux grades juridiques ou médicaux soient pourvus d'un baccalauréat quelconque, lettres, sciences, arts ou philosophie.

« C'est seulement en 1896-97, dit M. Woodrow Wilson, professeur à Princeton, que les gradués des collèges pourront seuls prétendre aux grades de la Faculté de droit, à Harvard. La Faculté de médecine voudrait bien adopter la même règle, mais le nombre des gradués que renferment actuellement les cadres de ses étudiants est encore trop peu considérable [1], pour qu'il soit prudent de s'exposer au risque de voir diminuer dans de larges proportions l'effectif scolaire de la Faculté [2]. »

On se plaignait, dans un des derniers rapports administratifs de Harvard, de la diminution du nombre des bacheliers ès arts, des jeunes gens ayant reçu l'éducation des collèges, ou, comme on dit, des *college-bred Men*. Un diagramme, publié en 1892, montre que le nombre des gradués dans les cours de l'école médicale, qui était de 34 0/0 en 1882, après s'être élevé à 55 en 1886, s'est abaissé presque constamment dans les années qui ont suivi, et est descendu en 1892 à 29 0/0 [3].

Si l'on n'est pas plus exigeant à Harvard, à Yale, on peut croire qu'on l'est encore moins ailleurs. Les Américains ont bien raison de conserver à leurs écoles de droit et de médecine leur appellation d'écoles professionnelles. L'enseignement qui y est donné le plus souvent, ne reposant pas sur la base solide d'une éducation libérale, c'est-à-dire générale, ne mérite guère le beau nom d'enseignement supérieur. Distribué à des jeunes gens qui n'ont pas reçu l'instruction secondaire, qui manquent d'une préparation suffisante, qui parfois quittent la première année du collège (*freshman year*) pour entrer dans l'école pro-

1. Parmi les 174 étudiants en médecine de 1re année, il n'y en a que 52, c'est-à-dire moins d'un tiers, qui soient pourvus d'un baccalauréat (catalogue de 1892-93). Il en est de même à Yale.

2. A Harvard, à Yale, on exige au moins de ceux qui n'ont pas de grade un examen d'entrée. Mais il n'en est pas ainsi partout. « *More than half of the law schools or medical schools of the country have no standard for admission whatever.* » (*Proceedings*, etc., p. 118.)

3. Voir *Annual Reports of the President and Treasurer of Harvard college*, p. 125.

fessionnelle, il ne peut former que des praticiens, des empiriques, sans largeur d'esprit, à qui les hautes vues font défaut, étroitement emprisonnés dans le cercle de la routine et du métier.

Les Américains ont bien conscience de ce défaut : mais ils sont fort embarrassés pour y remédier. A l'intérêt social qui réclamerait des médecins, des juristes plus instruits, plus éclairés, s'opposent les intérêts individuels, qui demandent qu'on puisse arriver le plus tôt possible à exercer une profession lucrative. Il ne peut être question d'en appeler à la loi. « Que l'accès des diverses professions doit rester presque absolument libre, c'est un des principes les plus intimement, les plus tenacement liés avec notre conception d'un gouvernement démocratique, et nos législateurs ne se pressent pas d'y apporter des restrictions. » C'est donc comme toujours l'opinion publique qu'il faudrait convaincre, et elle est loin d'être gagnée. « L'opinion publique ne se montre pas disposée à agir impérieusement dans cette question, parce qu'elle n'a pas encore compris combien il est vrai qu'une instruction générale doit précéder toute instruction professionnelle. Telle communauté est fière de ce que ses hommes de loi ont pu être admis au barreau après six semaines d'études seulement.. . » Tant que le public s'en contentera, les médecins, les avocats dépourvus d'éducation libérale continueront à pulluler. A supposer, d'ailleurs, que l'opinion fût acquise à l'idée d'une réforme, il ne serait pas aisé de l'accomplir. « En Amérique, les réformes ne peuvent se faire que morceau par morceau, à titre d'essai et d'exemple : il n'y a pas d'autorité centrale qui soit en mesure de les imposer en bloc et d'un seul coup. » En fin de compte, le remède ne peut venir que des initiatives qui seront prises, comme à Harvard [1], par les Universités assez riches, assez fortes pour se montrer sévères, pour exiger de leurs étudiants des garanties sérieuses; et s'il suffisait de

1. Tout en se montrant plus rigoureuse que par le passé, l'Université Harvard ne songe pourtant pas à exclure des cours de son école de droit les étudiants sans grades académiques. Elle se bornera dans l'avenir à leur refuser les grades juridiques, ou ne les leur accordera que lorsqu'ils se distingueront par un mérite exceptionnel.

concevoir l'idéal pour le réaliser, l'enseignement supérieur américain n'aurait vraiment plus rien à désirer. Quel beau programme nous trace en effet M. Woodrow Wilson dans une page qui mérite d'être citée tout entière!

« Il ne suffirait pas, dit-il, pour assurer la réforme, de ne plus admettre que des gradués[1] dans nos écoles professionnelles distinctes. Ils n'y trouveraient encore qu'un enseignement empirique, et il serait inutile d'essayer de réformer ces écoles, tant qu'elles resteront dans leur état d'isolement. Construisez une Université au-dessus d'elles; associez-les à cette Université, et elles pourront alors répondre à vos intentions. Mais ne vous imaginez pas que que vous puissiez, dans d'autres conditions, les rendre semblables à des Universités, leur en communiquer l'esprit et les méthodes. Lorsque des Universités prendront, pour les recevoir dans leurs écoles médicales, des élèves qu'elles auront formés elles-mêmes, et auxquels elles auront enseigné la chimie, la biologie, la physiologie; lorsqu'elles feront entrer dans leurs écoles de droit des jeunes gens exercés aux études historiques, économiques, philosophiques et sociales; dans leurs écoles de théologie, des étudiants au courant des diverses formes de la pensée contemporaine, instruits dans la littérature de tous les temps : alors, mais alors seulement, notre pays pourra se flatter de posséder de nouveau de vrais légistes, des médecins capables, des théologiens puissants; et ces grandes professions mériteront encore de s'appeler des professions savantes (*learned professions*). La séparation de l'éducation générale et des enseignements spéciaux est un symptôme aigu de cette maladie de la spécialisation, dont nous sommes dans le temps présent si cruellement atteints. Nos médecins, nos juristes, nos *professionnal men*, sont comme enchaînés dans leur science particularisée, ce qui est la plus dangereuse forme de l'ignorance. Je ne voudrais pas plus recourir aux services d'un médecin qui ignorerait l'ensemble de la science, qu'à ceux d'un dentiste qui ignorerait l'ensemble de la médecine. Le savoir n'est digne de confiance que quand il est équilibré et complet.... Et voilà pourquoi nos écoles professionnelles doivent devenir des écoles d'Université. Nos Facultés doivent faire de leurs divers enseignements un tout. L'éducation libérale ne doit pas seulement précéder l'éducation technique : elle doit se développer concurremment avec elle. Il n'y a pas d'erreur

1. On fait remarquer, en effet, que les diplômes de bachelier ès arts, en philosophie, etc., ne sont pas toujours la preuve que les jeunes gens qui les possèdent ont réellement reçu une éducation libérale. Cela est particulièrement vrai dans certains États, dans les États de l'Ouest, dont on disait au congrès : « Il y a dans ces régions quantité de jeunes gens qui ont obtenu, d'une manière ou d'une autre, le grade de bachelier ès arts, et qui ne seraient pas capables d'entrer dans la première année d'un collège qui se respecte ». (*Proceedings*, etc., p. 189.)

plus grave que de séparer de l'enseignement théorique l'enseignement technique ou pratique, comme si l'on pouvait se servir des principes et les appliquer sans les avoir compris. »

Mais dans la réalité des choses, on est loin de cet idéal. Les écoles professionnelles américaines restent pour la plupart sans relations avec les autres parties de l'enseignement supérieur. Il n'y a pas même de coordination, de jonction entre elles et l'enseignement secondaire, puisque l'on y est admis sans justifier d'une éducation libérale.

Courte durée des études. — Ce qui aggrave le mal, c'est que si l'entrée, d'une part, en est trop largement ouverte, d'autre part, la durée des études y est trop courte. Tandis que les études primaires et secondaires sont relativement longues et lentes en Amérique, et ne participent nullement de ce mouvement de rapidité fiévreuse, vertigineuse, qui semble, là-bas, emporter toutes choses, les études universitaires sont précipitées et écourtées. Par une sorte de compensation fâcheuse, après qu'il a un peu traîné, un peu musé dans les écoles publiques, dans les *high schools* ou dans les académies, et enfin dans les collèges, d'où il ne sort bachelier ès arts qu'à vingt et un, vingt-deux et même vingt-trois ans[1], l'étudiant américain est obligé d'accélérer le pas, et, en trois ans, il est docteur en médecine, ou en quatre ans, docteur en droit.

Ce triennium médical et ce quadriennium juridique n'est même qu'un *maximum*, qui n'est exigé que dans les Universités les plus sérieuses, comme Columbia College, Harvard, etc. Dans un grand nombre d'établissements, on demande moins encore. Sur 117 écoles de médecine, il y en a au moins 20 où l'on se contente de deux années pour le cours complet d'études (*full course of study*); la grande majorité s'en tient à trois années, et quatre ou cinq seulement imposent une scolarité de quatre ans. A l'inverse de ce que nous voyons en Europe, les études de droit sont un peu plus longues que les études de médecine, quand on les poursuit jusqu'au bout, —

1. Cette terminaison tardive des études secondaires est une des raisons, sans doute, qui expliquent, soit l'abréviation des cours d'Université, soit l'admission dans ces cours d'élèves qui ne possèdent pas le grade de bachelier.

ce qui arrive d'ailleurs très rarement; mais même dans ce cas, elles ne se prolongent que pendant quatre ans. A Yale, on est bachelier en droit (LL. B.) après deux ans, maître en droit (LL. M.) après trois ans, docteur en droit civil (D. C. L.) après la quatrième année. A Harvard, on ne confère que le grade de bachelier en droit, après trois ans d'études. De même à Ann Arbor, à Columbia College, etc.[1]. Mais dans la grande majorité des écoles de droit, le cours d'études ne dure que deux ans; il n'est même que d'un an dans quelques établissements, notamment dans les Universités d'État de la Géorgie et de la Virginie de l'Ouest.

Recrutement des professeurs. — Nous ne voulons pas terminer cette esquisse générale sans dire un mot des professeurs. Assurément le recrutement des maîtres n'offre pas, aux États-Unis, les garanties régulières qui sont exigées chez nous. « Quiconque veut se dire professeur en a le droit[2]. » Mais les grandes Universités tout au moins font les plus grands efforts pour s'assurer un personnel qui soit à la hauteur de sa tâche. On cite volontiers en Amérique le mot du cardinal Newman : « Installez vos Universités dans des masures, si vous voulez, même sous des tentes; mais, de grâce! mettez-y de grands professeurs (*great teachers*). » Certes les Américains n'installent pas leurs Universités dans des masures, mais ils s'efforcent d'y mettre de grands professeurs[3]. Ils font appel à tous les concours. A l'Université Leland Stanford, le professeur titulaire de la chaire d'*Histoire de l'Europe* est M. White, qui, de 1879 à 1881, a été envoyé extraordinaire et ministre plénipotentiaire des États-Unis auprès de l'empire d'Allemagne, et qui,

1. Le grade de bachelier en droit suffit généralement en Amérique pour l'admission au barreau. Le titre de docteur en droit y est une rareté; il n'est conféré généralement que *honoris causa*, sans examen; et celui de maître en droit (LL. M.), qui correspond à peu près à notre licence, n'est conféré que dans un très petit nombre d'écoles. En 1889-90, le nombre des gradués pour la maîtrise en droit n'a été que de 35, dont 33 à Washington, qui, avec ses trois écoles de droit, est le centre des études juridiques, et 2 à l'Université de la Pensylvanie.

2. « *Any body who chooses may call himself a professor.* » (*Discours* du président Jordan, *Proceedings*, p. 34.)

3. Voir le discours du président Jordan, prononcé le jour de l'inauguration de la nouvelle Université (*Exercises of the opening day*, p. 23).

depuis 1892, occupe les mêmes fonctions à la cour de Russie. Professeur peu assidu, assurément, mais dont le nom jette quelque éclat sur la chaire qui lui a été attribuée. Il y a mieux que cela : à la même Université, le droit constitutionnel est professé par M. Harrison en personne. M. Harrison est le prédécesseur de M. Cleveland à la présidence des États-Unis. Ce sont choses qu'on ne voit qu'en Amérique, et nous ne nous représentons pas bien en France un ancien Président de la République, M. Grévy, par exemple, occupant les loisirs de sa retraite à donner des leçons de droit [1]. Bien entendu, et il est à peine besoin de le dire, les traitements alloués aux professeurs des Universités sont considérables [2]. Mais ils jouissent aussi de toute sorte de facilités de travail. Il est de règle qu'on leur accorde de temps en temps des congés pour leur permettre de se rendre périodiquement en Europe et d'y étudier sur place, dans telle ou telle Université en renom, les progrès de leur science favorite. Lorsqu'il a été nommé président de son Université et avant d'en prendre la direction, M. Stanley Hall est venu faire un long séjour dans l'ancien continent, pour examiner de près l'organisation de l'enseignement supérieur européen. Un grand nombre des professeurs universitaires d'Amérique ont étudié en Europe, en France et surtout en Allemagne. Prenons le tableau du personnel à l'Université Leland Stanford : nous y trouvons M. White, qui a étudié à Berlin et à Paris de 1853 à 1856; M. George Elliot Howard, professeur d'histoire, qui a fréquenté l'Université de Munich et les Facultés de Paris de 1876 à 1878; M. Anderson, professeur de littérature anglaise, qui, en 1875-77, a suivi les cours de l'Université de Gœttingue, de la Sorbonne et du Collège de France; d'autres qui ont été étudiants à Rome, à Madrid, à Zurich, à Leipzig [3]. De même, à Columbia College, le doyen de la Faculté de philosophie, M. Nicholas Murray Butler, de 1884 à 1885, a

1. M. Harrison n'avait jamais enseigné auparavant, mais il est bachelier ès arts et docteur en droit de l'Université Miami.

2. A Harvard, les professeurs titulaires ont un traitement de 4000 dollars, soit au moins 20 000 francs.

3. Il est à remarquer que les Universités d'Angleterre semblent être les moins recherchées par les professeurs américains dans leurs explorations à l'étranger.

compté parmi les auditeurs des Universités de Berlin et de Paris; M. James Mac Kean Cattell, professeur de psychologie expérimentale, parmi ceux des Universités de Gœttingue, de Leipzig, de Paris, de Genève, etc. Nous pourrions multiplier les exemples, et achever de démontrer combien les Américains se montrent empressés à compléter leur éducation professionnelle, en prenant contact avec les foyers du haut enseignement européen. Ils donnent, sur ce point, un exemple excellent, et il serait à souhaiter que cette pratique trouvât partout des imitateurs.

S'ils voyagent volontiers à l'étranger, les professeurs américains circulent beaucoup aussi dans leur propre pays, d'une Université à l'autre. A raison du grand nombre des établissements, à raison aussi de la diversité des traitements que leur offrent des Universités plus ou moins riches, ils changent fréquemment de résidence. Et dans cette vie un peu nomade ils trouvent sans doute comme une excitation nouvelle à leur activité et à leurs efforts. Voici le *curriculum* d'un professeur de Leland Stanford, M. Jordan : en 1871-72, préparateur de botanique à Cornell; en 1872-73, professeur d'histoire naturelle à l'Université Lombard (Illinois); puis, de 1873 à 1875, en deux ans, tour à tour principal d'un collège, maître de conférences dans une autre école, professeur d'histoire naturelle ou de zoologie dans une troisième et une quatrième institution; de 1875 à 1879, professeur de biologie à l'Université Butler, et enfin, après avoir traversé divers autres emplois, président de l'Université de l'Indiana, en 1885, pour devenir, en 1891, président de la jeune Université de Californie. Ce n'est pas là un cas isolé, et peut-être cette existence un peu errante n'est-elle pas sans inconvénients pour les professeurs. Leur autorité n'a point le temps de s'établir. Ils le sentent bien eux-mêmes parfois; car, en ce qui concerne au moins la direction de leurs Universités, ils répugnent au contraire au changement. Les présidents de Harvard, de Yale, de Princeton, se maintiennent dans leurs fonctions pendant des dizaines et des vingtaines d'années et deviennent des personnages presque inamovibles. Il en résulte un grand bien, l'action prolongée d'un même esprit et d'une même volonté.

« Ce sont les hommes forts, dit M. Jordan, qui font les Universités fortes. Un homme remarquable ne manque jamais de laisser une empreinte profonde sur les générations de jeunes gens avec lesquels il a été en contact. On ne saurait trop insister sur ce point que le but réel de l'organisation d'une Université est d'établir une atmosphère d'Université, une atmosphère comme il s'en était formé, à Rugby, autour d'Arnold, à Munich, autour de Döllinger, à Upsala, autour de Linné, à Fribourg, autour de Werner, à Cambridge (Harvard), autour d'Agassiz, à Williamstown, autour de Mark Hopkins, à Ithaca (Cornell), autour d'André D. White, enfin partout où il s'est rencontré de grands professeurs[1]. »

Comment on définit le rôle de professeur d'Université. — Dans ses rêves d'avenir, sinon dans la réalité présente, la pédagogie américaine conçoit à merveille que le rôle d'un professeur d'Université n'est pas seulement de transmettre à ses élèves la science faite, qu'il a pour mission aussi de faire la science, c'est-à-dire d'ajouter par des recherches originales au patrimoine des vérités acquises et d'étendre sans cesse le champ des connaissances. « Un professeur pour lequel les investigations originales sont chose inconnue, dit encore M. Jordan, ne devrait pas trouver place dans une Université.... Un jour viendra où nos Universités comprendront que, de tous leurs professeurs, les plus utiles peuvent être ceux qui ne font pas de cours, dévouant toutes leurs forces et tout leur temps à des recherches approfondies. Leur présence et leur exemple sont peut-être cent fois plus précieux pour un corps d'étudiants que ne le sont les leçons des autres maîtres. »

L'idée d'un enseignement supérieur tourné vers l'avenir plus que vers le passé et frayant des voies nouvelles à la science n'est donc pas étrangère à la pédagogie américaine. Il semble même que dans certaines Universités elle domine avec quelque exagération, et détourne de leurs premiers devoirs un certain nombre de maîtres. Si nous en croyons un profes-

1. *Discours* du président Jordan, déjà cité, p. 23. — Aux Agassiz, aux Hopkins, aux White, M. Jordan aurait pu ajouter encore d'autres noms américains : celui de M. Mc Cosh, à Princeton (M. Mc Cosh est mort en 1894), celui du président Eliot, à Harvard.

seur de Harvard qui, dans un récent article de l'*Educational Review*, esquissait à grands traits l'esprit et les tendances de l'Université à laquelle il appartient, il arrive à ses collègues, dans la préoccupation exclusive de leurs recherches et de leurs travaux personnels, d'oublier et de négliger leurs occupations professionnelles [1]. « Il reste encore à Harvard, dit M. Santayana, quelques professeurs de la vieille école, chez qui est prépondérant le souci de leurs relations intimes et morales avec les étudiants : mais pour le jeune professeur de Harvard, nouveau type (*our typical young professor*), la principale préoccupation, ce ne sont pas ses élèves, c'est sa science. » Et l'on nous montre ces professeurs amateurs, exposant avec indifférence et comme avec dédain les vérités connues, qui sont cependant le fonds de l'enseignement, pour ne s'animer et ne se réveiller que lorsqu'ils en viennent à parler des nouveautés, des découvertes du jour, aspirant avant tout, dit-on, à être des *scholars*, et n'étant plus des professeurs que par accident (*teachers only by accident*).

Les études, les professeurs et les méthodes. — Il resterait à parler des études, de leur caractère, des méthodes employées et des programmes en usage, mais nous examinons en détail, dans une étude spéciale, cette partie de notre sujet [2]. D'une façon générale, il est permis de dire que les meilleures Universités américaines se rapprochent sensiblement de l'idéal du haut enseignement, mais que dans le plus grand nombre des Universités de second ou de troisième ordre, l'émiettement, la spécialisation à outrance, l'absence d'une large initiation aux idées directrices de la science, la préoccupation d'arriver le plus vite possible au diplôme sauveur, sont les défauts ordinaires. On peut répéter d'elles ce qu'on a dit déjà des collèges anglais : « Les lettres y sont trop peu littéraires, les sciences trop peu savantes : on ne cherche dans les unes que des textes, dans les autres que des procédés [3] ». Quel que

1. *Educational Review*, avril 1894, article de M. Santayana, *Spirit and ideals of Harvard*.
2. Voir plus loin, chap. V et VI.
3. Demogeot et Montucci, *De l'enseignement secondaire en Angleterre*, 1868, p. 586.

soit l'effort spéculatif des universitaires des États-Unis, ce n'est pas en vain qu'ils se trouvent enveloppés d'un milieu utilitaire, que leurs Universités sont comme des oasis scolaires, jetées dans une immensité d'usines, de magasins de blé, de parcs à bétail, de docks, de fabriques de toute espèce, et qu'elles ont la redoutable mission de maintenir les droits de la pensée, de faire couler les sources de la vie intellectuelle et morale dans une société en proie à une activité industrielle infernale, et qui est comme possédée, comme ensorcelée par le démon des affaires. Il est impossible que les Universités elles-mêmes, dans leurs tendances, dans leur esprit, ne subissent pas le contre-coup du caractère pratique et positif de la nation tout entière.

Même dans les écoles du plus haut renom, les méthodes en honneur ne seraient point de nature à nous satisfaire complètement. A l'école de droit de Yale, par exemple, les méthodes consistent surtout à apprendre par cœur. Les salles de cours portent le nom significatif de *chambres de récitation*. Il n'y a pas à proprement parler de cours didactiques, de leçons *ex cathedra*. L'étudiant, à qui on a mis entre les mains un *text-book*, étudie chez lui sa leçon et ne va au cours que pour être interrogé, le rôle du professeur se bornant à donner des explications sur le sujet traité. « C'est la conviction de la Faculté de droit, disent les programmes de Yale, aussi bien que la tradition de l'Université tout entière, que des impressions précises et durables, relativement aux principes et aux règles de toute science abstraite, ne peuvent être sûrement acquises que par l'étude de manuels de choix, faite à loisir par l'élève en son particulier, et complétée par les interrogations, par les éclaircissements qui sont donnés dans la chambre de récitation [1]. » Empressons-nous d'ajouter que cette méthode d'enseignement, un peu mécanique et un peu surannée, n'est pas d'un usage général dans les écoles de droit américaines. A Harvard [2], par exemple, on répudie formellement le procédé de la récitation : il n'est pas question, disent les règlements, d'apprendre

1. Voir le *Catalogue of Yale University*, 1892-93, p. 207.
2. Voir *The Harvard University*, par Frank Bolles, p. 32.

par cœur des pages de manuels (*to memorize the pages of text-books*). Ajoutons aussi que, dans les écoles de droit comme dans toutes les autres, on se montre soucieux de favoriser les exercices pratiques, d'établir des conférences où les étudiants s'exercent à la parole, à la discussion, soit simplement entre eux, soit sous la direction d'un maître. Et de même dans les écoles de sciences, on attache une extrême importance aux manipulations, aux expériences de laboratoire; sans supprimer l'enseignement théorique, on y donne la plus large place à l'instruction pratique, à celle que l'étudiant acquiert par lui-même, dans des ateliers admirablement fournis de tous les instruments, de tous les appareils de la recherche.

Ce qui gêne dans leur essor, peut-être, les Universités américaines, c'est qu'elles ont de la peine à se dégager des traditions de l'enseignement secondaire. On ne saurait trop y insister. Aux États-Unis, les Universités, même les plus importantes, en exceptant Hopkins et Clark, sont d'abord et avant tout des collèges. Elles ont commencé, pour la plupart, à n'être que cela [1]; et c'est peu à peu seulement, le plus souvent par la volonté de donateurs généreux, qu'au collège primitif, noyau de l'institution, on a adjoint, comme autant d'annexes, des écoles de droit, de médecine, de lettres et de sciences supérieures, plutôt juxtaposées l'une à l'autre qu'associées et fondues dans un plan harmonieux et dans une vue d'ensemble. Sans cesse des créations nouvelles, instituts de beaux-arts ou d'arts industriels, de musique ou de médecine vétérinaire, d'archéologie ou d'électricité, viennent accroître un domaine pédagogique de plus en plus étendu; et ce rayonnement, ce *branchement* indéfini n'est pas toujours couronné de succès. L'Université Harvard, par exemple, a fait récemment l'expérience qu'il est malaisé de faire prospérer côte à côte des études par trop dissemblables. L'école d'agriculture qui y a été établie à grands frais, *the Bussey institution*, ne comptait, en 1892-93, que six élèves; en plusieurs années elle n'a pu conférer que trois ou quatre diplômes de bachelier ès sciences

1. « *The colonists*, dit M. Gilman, *desired and established simple colleges...; upon this tem professionnal faculties were afterwards grafted.* »

agricoles, la plupart des élèves qui suivaient ses cours n'étant que des amateurs.

L'enseignement secondaire et l'enseignement supérieur sont réunis dans les mêmes établissements; inconvénients qui en résultent. — Le grand mal dont souffre l'enseignement américain tout entier, c'est que rien n'y est nettement défini, délimité. En France, nous sommes restés classiques malgré tout; nous ne mêlons pas les genres; nous aimons, avec excès peut-être, la réglementation logique; nous n'admettons que les catégories bien tranchées, les compartiments exactement déterminés. Dans les écoles américaines, au contraire, tout est embrouillé, confondu. L'instruction secondaire est coupée en deux tronçons : une partie, qui correspond à nos classes de grammaire, dans les *high schools* et les *académies*; une partie, qui est à peu près l'équivalent des classes supérieures de nos lycées, dans les collèges et les Universités. A Yale, sur 2000 élèves environ, on ne compte pas plus de 500 étudiants d'enseignement supérieur. A Cornell, sur 1 300 jeunes gens, à Princeton, sur 1 000, il n'y en a guère que 200 qui suivent les cours de l'Université proprement dite. Partout ce sont les collégiens, les *undergraduates* les non gradués, c'est-à-dire les élèves de l'enseignement secondaire, qui forment la grande majorité. Qui ne voit les inconvénients graves de cette cohabitation de deux ordres d'enseignement, profondément distincts par leur caractère et leur destination? N'est-il pas à craindre que les intérêts de l'un ou de l'autre ne soient sacrifiés, que l'enseignement secondaire ne devienne trop spécial, trop technique, qu'il ne perde le caractère, qui est le sien, d'être une culture générale de l'esprit; que des professeurs qui enseignent à la fois à l'Université et au collège (au moins en ce qui concerne les lettres et les sciences), ou bien n'apportent dans l'enseignement secondaire des exigences, des habitudes d'érudition et de recherche savante qui ne lui conviennent pas; ou, inversement, qu'ils ne maintiennent jusque dans leurs chaires de haute instruction les méthodes trop élémentaires de l'enseignement des collèges; que, par conséquent, l'enseignement supérieur n'en soit abaissé et amoindri, la coupure n'étant point faite et les limites restant indécises? Si en France on se plaint, non sans raison, que les professeurs des Facultés des lettres et des sciences soient gênés, dans leur œuvre propre d'investigation scientifique et de travail original, par la lourde et longue corvée que leur imposent, plusieurs fois par an, les examens du baccalauréat, en Amérique le mal est bien plus grand encore, puisque ce ne sont pas les examens seulement, ce sont les études qui y préparent dont les professeurs des Universités supportent la pesante charge.

Les associations d'étudiants. — On ne saurait esquisser le tableau des Universités américaines, sans signaler un des traits les plus saillants de leur vie intérieure : le grand nombre de sociétés d'étudiants, de clubs, comme on dit là-bas, qui se forment au sein et sous le patronage de chaque Université. A Yale, il y a un club de canotage, une société de chant, une société de musique instrumentale, mandolinistes et guitaristes, une association de *base-ball*, une autre de *foot-ball*, lesquelles s'enorgueillissent d'avoir battu haut la main, dans les derniers concours, et Harvard et Princeton. Mais ce ne sont pas seulement les sociétés d'exercices physiques ou d'arts d'agrément qui se fondent et qui prospèrent. Ce sont aussi les sociétés d'études et de discussions (*debating societies*). Ce sont encore les associations économiques : par exemple, la société coopérative de consommation qui fonctionne avec succès à Yale; pour en être membre, chaque sociétaire paie deux dollars par année, ou cinq dollars pour les quatre années d'études, ce qui lui donne le droit de se procurer à meilleur compte les marchandises dont il a besoin. Ce sont enfin les associations philanthropiques et morales, comme celle du « Boys' club », à Yale encore, dont les affiliés, qui sont tous des élèves de l'Université, réunissent chaque soir des enfants du peuple, pour les arracher au vagabondage de la rue et pour les instruire en les amusant (*for instruction and amusement*).

Dans toutes ces associations, de genres si divers, ce qui est surtout intéressant, c'est peut-être moins le résultat immédiat, l'habileté physique ou intellectuelle qu'on y acquiert, les économies qu'on y fait, l'action morale que l'on exerce, — que l'esprit général de camaraderie et de fraternité, et en même temps les habitudes d'ordre et de discipline qui s'y développent. Et ce résultat général est plus précieux en Amérique qu'il ne le serait dans nos pays d'Europe. L'armée, cette grande école de discipline et de solidarité, manque aux États-Unis, qui n'ont pas besoin de protéger leurs frontières et de défendre leur territoire [1]. J'y ai vu des colonels, mais ils commandaient des Écoles normales [2]. J'y ai vu des généraux, mais ils avaient dirigé, avant M. Harris, le Bureau d'éducation de Washington [3]. Je n'y ai, pour ainsi dire, pas vu de soldats.... Pour suppléer à la camaraderie du régiment, ce n'est pas trop de toutes les associations, de toutes les « Fraternités », comme on les appelle, où les étudiants des Universités apprennent à s'aimer, à se soutenir les uns et les autres, à exercer leur activité sous une règle fixe et avec un certain ordre [4]. L'esprit d'association, qui se manifeste sous tant de formes pendant le séjour des élèves dans les collèges et les Universités, survit d'ailleurs à leur dispersion; et des sociétés d'anciens étudiants qui, malgré l'éloignement et la différence des occupations, restent par le souvenir fidèles à la maison où ils ont été élevés, se constituent dans la plupart des villes d'Amérique. Yale compte une vingtaine d'associations de ce genre. Ces groupements d'*University men* ont, entre autres résultats, celui de prolonger et d'étendre dans la société, dans le monde réel, l'action des Universités auxquelles ils se rattachent.

Action extérieure des Universités. — C'est un des caractères les plus intéressants des grandes Universités américaines

1. Les Américains jugent naturellement avec sévérité ce qu'ils appellent nos folies militaires. « Les nations d'Europe, disait M. Stanford, le jour de l'inauguration de l'Université qui porte son nom, sont extravagantes dans leur persistance à maintenir des armées et à continuer leurs préparatifs de guerre. »

2. Le colonel Parker, directeur de l'École normale de Cook County, à Chicago.

3. Le général Eaton, secrétaire du Bureau d'éducation de 1870 à 1889. Après la guerre de Sécession, le général Lee se fit chef d'institution.

4. Il faut reconnaître qu'il y a quelques ombres au tableau que nous traçons. Nous avons entendu au congrès de Chicago un orateur dénoncer avec indignation les excès, les scandales auxquels donnent lieu parfois les réunions annuelles de sport athlétique, ce que nous appellerions les bandits de New York. « Par leur conduite, disait-il, ces jeunes gens ont fait rougir la cité.... »

qu'elles prétendent agir en dehors de leur sphère naturelle d'influence et rayonner autour d'elles. Elles ne sont pas des sanctuaires fermés; elles aspirent à être des foyers d'action politique et sociale. La nouvelle Université de Chicago, quand elle a dressé le plan de ses travaux, y a distingué trois parties; et après avoir annoncé qu'elle se proposait : 1° l'œuvre de l'enseignement universitaire proprement dit, elle déclare qu'elle poursuivra aussi deux autres fins qu'elle met sur le même rang que la première : 2° l'œuvre de l'*University extension*; 3° l'œuvre des publications, livres, revues, etc.

Dans le beau discours que nous avons souvent cité, et par lequel il a ouvert le congrès de la haute éducation (*higher education*), M. Gilman, de son côté, assigne aux Universités quatre fonctions : 1° elles doivent achever l'éducation libérale de la jeunesse instruite; 2° elles sont chargées de maintenir, de conserver les vérités acquises, dont elles ont le dépôt; 3° elles s'efforcent de développer par leurs recherches le domaine des connaissances humaines; 4° elles ont enfin pour mission de répandre la science (*disseminate knowledge*); et voici comment il s'exprime sur ce dernier point :

« Les résultats des réflexions et des recherches scolaires ne doivent pas être thésaurisés comme des secrets professionnels : ce ne sont pas des mystères ésotériques, dont la connaissance est réservée aux seuls initiés; il ne faut pas les enregistrer seulement dans des notes privées, les enfermer dans des papiers secrets. Il faut les répandre dans le monde, en les partageant avec les collègues de l'enseignement et avec les élèves, en les communiquant par des conférences, surtout en les livrant à la presse, pour les soumettre ainsi à la critique, bienveillante ou non, de l'univers entier. Une institution qui n'est connue que de ses seuls élèves ne saurait se donner pour une Université.... Ce n'est pas seulement sous la forme de publications savantes que se fait le travail de vulgarisation. C'est par des livres de classe, par des conférences dans les collèges, par des articles de revues, par des lettres adressées à la presse quotidienne, que les professeurs des Universités doivent propager les connaissances qu'ils possèdent. Ainsi ils seront les semeurs de germes qui fructifieront dans les générations de l'avenir. Un des plus grands parmi les naturalistes de notre temps a dit que c'était en assistant aux conférences de Silliman qu'il avait conçu le désir d'étudier l'histoire naturelle. Un de nos présidents d'Université les plus honorés a reconnu qu'un discours de Francis Wayland avait déterminé sa résolution de consacrer sa vie au service public; et le philosophe éducateur auquel nous devons tant pour l'organisation de ce congrès (M. Harris) a montré dans un récent ouvrage quelle excitation avait produite dans sa pensée un simple entretien avec un péripatéticien de Concord. Les sympathies si vives que rencontre l'œuvre de l'*University extension* prouvent que les hommes intelligents qui, pour une raison ou pour une autre, n'ont jamais participé aux bienfaits d'un stage universitaire, sont les plus empressés à rechercher les enseignements les plus approfondis et les plus nouveaux, quand on les met à leur portée[1].... »

Jugements portés par les Américains sur leur enseignement supérieur. — Nous avons dit le bien et le mal, afin d'arriver, s'il était possible, à la note juste dans notre appréciation générale des Universités d'Amérique. Les Américains sont les premiers à avouer les défauts de leur enseignement supérieur, et ils ne méritent pas, au moins sur le terrain de la pédagogie, qu'on dise d'eux, comme le faisait injustement un écrivain du *Correspondant*[2] : « Dans tout Américain il y a un compatriote de Tartarin de Tarascon ». C'est, au contraire, avec un sentiment peut-être outré de modestie que M. Stanley Hall disait, dans son discours inaugural de 1889 : « Si nos écoles élémentaires sont inférieures aux meilleures écoles primaires de l'Europe, si nos écoles secondaires (mot à mot, nos écoles préparatoires, *our fitting schools*) sont au-dessous du lycée français, du gymnase allemand ou des grands collèges anglais, ce sont nos Universités qui restent de beaucoup la partie la plus faible de notre système d'instruction publique[3] ». Au dire de M. Harris, c'est l'enseignement secondaire, et non l'enseignement supérieur, qui serait, par comparaison, la partie la plus défectueuse ; et nous nous rangerions volontiers à son avis. Mais, en tout cas, on le voit, ce ne sont pas des déclarations de vantardise, ce sont des aveux d'humilité que nous avons à enregistrer.

M. Gilman n'est pas moins disposé à faire la part du mal. « Les idées américaines en matière de haut enseignement sont,

1. *Proceedings*, etc., p. 98.
2. *Le Correspondant* du 10 septembre 1894, article de M. L. Lacroix, p. 912.
3. *Clark University, opening exercises*, 1889, p. 23.

dit-il, peu développées (*undevelopped*). La diversité du but, les méthodes, les grades, les noms, tout est confusion. Le titre d'Université est souvent appliqué à des institutions du plus humble caractère.... On peut se demander si c'est par plaisanterie ou sérieusement qu'un Américain définissait une Université « un endroit où l'on n'enseigne rien d'utile »....

Mais en dépit de tous ces aveux, les Américains sont fiers sur plus d'un point, et ils ont raison de l'être, de l'ensemble de leurs Universités. Si tant de donateurs s'empressent pour les doter, cela ne prouve pas seulement qu'ils sont riches, cela démontre aussi qu'ils ont un sentiment profond de l'utilité, de l'importance sociale des Universités.

« Il est à présumer, dit M. Gilman, qu'un étranger intelligent, tel que le professeur Von Holst..., aujourd'hui notre collègue, tel que le professeur Bryce, celui qui, depuis Tocqueville, a observé avec le plus d'esprit philosophique la société américaine, tel que le professeur Levasseur, le membre distingué de l'Institut de France qui visite en ce moment les États-Unis [1], — si on lui demandait ses impressions sur l'état du haut enseignement dans notre pays, répondrait que le public témoigne ici, pour les collèges et les Universités, un intérêt qui n'est pas égalé et dont rien n'approche, même en Angleterre, en France ou en Allemagne (*an amount of interest in Universities unequalled and perhaps unparalleled*).... »

« Les Universités des États-Unis ont, malgré tout, un même air de famille. Elles sont américaines. Aucune d'entre elles ne ressemble aux Universités allemandes, écossaises, anglaises ou irlandaises. Les suggestions, les idées qui nous arrivent de l'étranger sont les bienvenues; ce sont des germes qui grandiront sur notre sol, dans des conditions particulières, sous l'influence de nos lois, de nos traditions, de nos aspirations. Il en est de nos Universités comme de nos vins de Californie, qui portent les vieux noms des crus européens, mais qui ont leur saveur propre, saveur à laquelle n'est pas encore habitué le palais des Européens, mais qui n'en est pas moins agréable et saine [2]. »

Ce qui est hors de doute, en tout cas, c'est le progrès rapide des Universités américaines, progrès qui a commencé avec ce siècle, après la proclamation de l'indépendance, mais qui paraît

1. M. Levasseur a visité les États-Unis en 1893. Voir les articles qu'il a publiés dans la *Revue pédagogique* sur l'*Instruction primaire*.

2. La comparaison est juste, en ce sens que les Universités d'Amérique, comme les vins de Californie, ont certainement leur originalité, leur goût

surtout s'être accéléré dans ces dernières années. Quelques critiques que nous ayons adressées au gaspillage américain, n'est-ce pas un résultat qui fait honneur aux États-Unis de pouvoir entretenir, à peu de distance l'une de l'autre, et parfois côte à côte, des Universités prospères et puissantes? Si vous quittez New York et ses deux Universités, vous pouvez, en quelques heures de chemin de fer, visiter au nord Yale, Cornell, l'Université de Boston et celle de Harvard, pour ne citer que celles qui ont une importance réelle; au sud, Princeton, Johns Hopkins, l'Université de Pensylvanie et les trois ou quatre Universités de Washington. Bien entendu, les grandes Universités ne se pressent ainsi les unes contre les autres, comme des phares brillants tournés du côté de l'Europe, que sur le littoral de l'Atlantique, dans ces provinces de l'Est, où la population surabonde, et qui sont aussi les premières qu'ait atteintes, dès le XVIIe siècle, le souffle de la civilisation européenne. Mais peu à peu, à n'en pas douter, le mouvement se propagera dans le sud et dans l'ouest, peut-être avec la même profusion, par delà Washington, par delà Chicago, comme font déjà quelques Universités avant-coureuses qui marquent toujours plus loin, plus en avant, les étapes du progrès de la pensée, celle de Lawrence, celle de Denver, par exemple. Si, dans l'immensité des États-Unis, il reste encore pour la culture agricole bien des terrains vierges et improductifs, il reste aussi, comme dit M. Gilman « des régions qui n'ont été peuplées que dans le dernier demi-siècle, des États où l'on est lent à reconnaître l'utilité de la haute éducation »; il y a bien des places à prendre, à conquérir, pour de nouveaux centres d'enseignement. En attendant cette diffusion certaine, qui sera l'œuvre du temps, il ne serait pas inexact de dire des États-Unis, considérés dans l'état présent de leur vie universitaire, ce qui est absolument vrai du Canada : qu'ils ressemblent à une immense statue, dont le corps, non dégrossi encore, serait enfoui dans

de terroir. Mais nous ferions tort aux Universités si nous acceptions l'assimilation tout entière. Les vins de Médoc, ou de toute autre dénomination bordelaise ou bourguignonne, que produisent les viticulteurs de Californie, nous ont paru médiocres. C'est peut-être, comme le suggère M. Gilman, parce que « notre palais européen n'y était pas habitué ».

les profondeurs d'une carrière de pierre ou de marbre, la tête seule étant déjà sculptée et ciselée, la tête brillante qui regarde l'Europe à travers l'Atlantique, tandis que dans l'ouest, sur les bords du Pacifique, les pieds du colosse commencent aussi à prendre forme dans les institutions et les Universités de l'industrieuse et active Californie.

Remarquables par leur nombre, les Universités américaines le sont aussi, pour la plupart, soit par les vastes étendues qu'elles couvrent de leurs constructions et par ces constructions elles-mêmes, soit par le confort de leur installation matérielle, soit par le luxe de leur outillage littéraire et scientifique. Ce n'est pas à elles qu'il serait besoin de donner l'avis que M. Liard adressait récemment aux Facultés de Lyon et à toutes les Facultés de France, quand il leur disait, en reprenant un mot de M. Guizot : « Enrichissez-vous!... » Riches, elles le sont, souvent au delà de leurs souhaits, et tout ce qu'on peut faire avec de l'argent, elles le font. Je sais bien que les Américains ne sont pas encore satisfaits et se plaignent parfois de l'insuffisance de leurs efforts, même au point de vue matériel. « On a reproché à l'Amérique, disait le président Jordan, que c'est pour les meilleurs de ses fils et de ses filles qu'elle fait le moins. Elle a bâti des palais pour les lunatiques, pour les idiots, pour les estropiés, pour les aveugles, ou même pour les criminels et pour les pauvres. Mais les étudiants de ses collèges, les jeunes gens à l'esprit sain et aux nobles ambitions, les plus précieux trésors de l'État, pour citer les paroles du président White, elle les a logés dans de misérables baraques. » Ce reproche, qui n'est pas sans nous étonner, nous ne sommes pas, pour notre compte, disposé à le reprendre. J'engagerais fort ceux de nos compatriotes qui en sont encore à critiquer nos prétendus palais scolaires à aller faire un tour en Amérique : ils en reviendront, je crois, un peu humiliés par la comparaison. Yale, à New Haven, occupe tout un quartier; à Cambridge, Harvard est une ville dans la ville. Sans doute, en Amérique, les plus beaux, les plus grands édifices sont généralement les maisons de banque et de commerce, ou les hôtels de voyageurs; les plus hauts, les hôtels des journaux : à New York, le dôme du journal « le Monde » (*the World*) domine tous les autres. Mais les bâtiments scolaires, ceux des Universités comme ceux des écoles primaires, rivalisent tout au moins avec les églises, soit par leurs dimensions, soit par l'ornementation brillante de leur architecture. Au dehors, ils prennent des airs de châteaux forts, de citadelles, avec leurs tours, leurs contreforts, leurs créneaux. Au dedans, avec leurs grandes salles voûtées, leurs colonnades, leurs bas-reliefs, ils rappellent, à s'y méprendre, des intérieurs de temples. Ah! les belles salles de classe ou de lecture qu'on voit à Harvard et à Yale, spacieuses et commodes, ouvertes à l'air et à la lumière, et qu'on ne peut visiter sans penser qu'il ferait bon y étudier ou y professer!

Mais le progrès, le développement continu des études n'est pas moins manifeste. Le président de Princeton, le vénéré M. Mc Cosh, déclarait en 1882, le jour où il a résigné ses fonctions, que les seules Universités allemandes étaient supérieures au collège qu'il avait si longtemps et si brillamment administré. « Encore, ajoutait-il, ne nous surpassent-elles que par la minutie des détails et par l'attention qu'elles accordent à certaines spécialités. » Les anciennes Universités ne négligent rien pour élargir leurs programmes, pour adapter leurs méthodes aux besoins et aux conditions du temps présent; les nouvelles marchent résolument dès les premiers pas dans les voies du progrès scientifique. L'esprit des recherches désintéressées et de la science pure se développe de jour en jour. L'Amérique, après les prodiges qu'elle a accomplis en matière de commerce et d'industrie, pourrait bien nous surprendre un jour ou l'autre par des prodiges analogues en matière d'enseignement supérieur. Après avoir emprunté aux vieilles civilisations ce qu'elles ont produit de meilleur, elle pourrait bien fonder, avec le génie propre d'un monde nouveau, un système original d'éducation universitaire, et satisfaire ainsi les ambitions d'un peuple qui, en toutes choses, aspire à ne relever que de lui-même.

Malgré tout ce qui a été accompli déjà, l'œuvre faite est peu de chose à côté de tout ce que peuvent et doivent faire encore ces Universités qui se renouvellent et se transforment sans cesse, en s'inspirant de la maxime nationale : « En avant! » Elles trouvent dans la faveur croissante de l'opinion des encouragements à s'en rendre de plus en plus dignes. Enfin, elles se gouvernent elles-mêmes, affranchies, au moins pour la plupart, de tout contrôle, de toute sujétion politique ou religieuse; elles ne sont gênées par aucune entrave dans leurs efforts vers un perfectionnement incessant. Que de beaux rêves, que de grandes espérances agitent et dirigent les imaginations de ces « hommes d'Université », qui songent, par exemple, à constituer à Washington une Université nationale, destinée à devenir « le couronnement et le faîte » de toutes les institutions provinciales d'enseignement, et à légitimer les prétentions d'une République, dont on n'hésite pas à dire qu' « elle aspire à bon droit à guider tous les peuples de l'univers dans la grande marche de la civilisation! » (M. John W. Hoyt.) Que de visées courageuses chez ces professeurs qui voient dans le développement des hautes études « le moyen le plus sûr de vaincre les résistances d'un esprit de conservatisme qui s'effraie du progrès, et d'enrayer les progrès d'un radicalisme qui ne veut pas entendre la voix de l'histoire! » Et pour conclure par quelques citations encore, quelle meilleure manière de comprendre la destination des Universités que de leur assigner, comme font les uns, l'incessante et infatigable poursuite de la vérité théorique, « afin que les Américains, après avoir utilisé la science dans une multitude d'applications pratiques, sachent à leur tour créer et faire avancer la science, et aux inventions faire succéder les découvertes » (M. Stanley Hall); tandis que les autres, préoccupés avant tout de leur rôle social, de leur influence sur les mœurs et sur la vie, se proposent ce programme élevé, que nous accepterions volontiers comme la devise d'une partie au moins de l'œuvre des Universités, et qui consiste « à développer le bien-être général, en exerçant une action profonde au profit de l'humanité et de la civilisation, en enseignant les bienfaits de la liberté réglée par la loi, en apprenant à aimer et à répandre les grands principes de gouvernement fondés sur les droits imprescriptibles de l'homme, les droits à la vie, à la liberté, à la poursuite du bonheur » (M. Leland Stanford).

CHAPITRE II

Les Universités de fondation privée.

Si nous voulions étudier une à une toutes les Universités américaines, ou du moins tous les établissements qui se donnent ce titre, ce n'est pas moins de 125 à 130 notices que nous aurions à écrire. Mais les statisticiens des États-Unis nous mettent eux-mêmes en garde contre toute illusion et nous aident à faire tout de suite les distinctions nécessaires.

Prenons le *Report* du Bureau d'éducation, au chapitre intitulé *superior and professionnal instruction*. M. Harris donne d'abord la liste des collèges de jeunes filles (*colleges of women*), qu'il compte parmi les institutions de haute éducation (*higher education*). Puis il établit la statistique des collèges et des Universités. Dans un premier tableau (*table* 3), il énumère un certain nombre d'établissements, « ceux, dit-il, qui, parmi tous les établissements scolaires de notre pays, se rapprochent le plus de l'idée des vraies Universités (*to the idea of trues Universities*) »; ces établissements ont d'ailleurs ce caractère commun qu'ils vivent sur leurs propres ressources, que leur budget n'emprunte rien au trésor public, qu'ils doivent leur existence à des générosités privées. Dans un second tableau (*table* 4), sont cataloguées les Universités d'État, dont quelques-unes, du reste, par leur importance, rivalisent avec les Universités libres. Enfin, dans un troisième tableau (*table* 7) figurent pêle-mêle, sous la rubrique *colleges of liberal arts*, les Universités de tout ordre, celles qui ont déjà été comprises dans les deux précédents tableaux, une centaine de pseudo-universités, et plus de deux cents collèges d'enseignement secondaire [1].

Pour arriver à une idée exacte et précise, nous allons étudier l'une après l'autre les Universités du premier ordre, celles que M. Harris met à part dans son premier tableau, quoiqu'elles ne méritent peut-être pas toutes l'honneur d'y figurer et qu'elles ne soient pas au même degré des *leading Universities*, des Universités complètes, pourvues de tous les organes de l'enseignement supérieur. Nous les énumérons dans l'ordre chronologique de leur fondation [2], en indiquant de quelle confession religieuse elles relèvent, quand elles ne sont pas *unsectarian*.

I. — Université Harvard, 1638, à Cambridge (Massachusetts), *non-sectarian*.

II. — Université Yale, 1701, à New Haven (Connecticut), *non-sectarian*.

III. — Collège de New Jersey, 1746, à Princeton (New Jersey), *presbytérien*.

IV. — Université de Pensylvanie, 1753, à Philadelphie, *non-sectarian*.

V. — Columbia College, 1754, à New York, *non-sectarian*.

VI. — Darmouth College, 1769, à Hanover (New Hampshire), *congregationaliste*.

VII. — Université Colombienne, 1821, à Washington, *non-sectarian*.

VIII. — Université de Pauw, 1837, à Greencastle (Indiana), *méthodiste épiscopale*.

IX. — Université Cornell, 1868, à Ithaca (New York), *non sectarian*.

X. — Université de Boston, 1871, à Boston (Massachusetts), *méthodiste épiscopale*.

XI. — Université Vanderbilt, 1875, à Nashville (Tennessee), *méthodiste épiscopale du sud*.

XII. — Université Johns Hopkins, 1876, à Baltimore (Maryland), *non-sectarian*.

1. Voir, par exemple, le *Report* de 1888-89, p. 1070-1139.

2. Nous donnons la date de l'ouverture réelle de chacun des établissements mentionnés, et non la date de l'autorisation légale, de la charte d'investiture qui les a institués. Parfois il y a un intervalle de plusieurs années entre la délivrance de la charte et le jour de l'inauguration effective.

XIII. — Université Clark, 1889, à Worcester (Massachusetts), *non-sectarian*[1].

XIV. — Université catholique d'Amérique, 1889, à Washington, *catholique*.

XV. — Université de Chicago, 1890, à Chicago (Illinois), *baptiste*.

XVI. — Université Leland Stanford Junior, 1892, à Palo Alto (Californie), *non-sectarian*.

De ces seize Universités, dix, on le voit, datent des trente dernières années; une seulement a été fondée au XVIIe siècle; cinq au XVIIIe siècle. Au point de vue religieux, neuf sont non confessionnelles, sept se placent sous le patronage de six confessions différentes. Dans les notices diverses que nous leur consacrons nous n'insisterons que sur ce que chacune d'elles présente d'original, en évitant, autant que possible, les redites.

I. — Harvard University (1638).

Le collège et l'Université Harvard. — L'Université Harvard[2] est la plus ancienne des Universités américaines. Son origine remonte au XVIIe siècle : le collège Harvard date de 1638. Jusqu'à la fin du XVIIIe siècle, Harvard n'a été qu'un établissement d'enseignement secondaire; son école de médecine a été fondée en 1783; son école de droit en 1817; ses cours d'enseignement supérieur des lettres et des sciences n'ont été organisés qu'en 1872.

1. L'Université Clark et les trois suivantes, fondées depuis 1889, ne sont pas inscrites dans la statistique du Bureau d'éducation, dont le dernier *Report* paru est afférent à l'année 1891-92. Nul doute que M. Harris, à raison de leur importance et de leur caractère, ne les ajoute aux treize autres dans sa plus prochaine statistique.

2. Sur l'Université Harvard consultez — outre les *Reports* annuels du Bureau d'éducation de Washington, outre les catalogues, circulaires, etc. publiés en grand nombre par l'Université elle-même : — 1° *An historical sketch of Harvard University*, par William B. Thayer, Cambridge, 1890; 2° *The spirit and ideals of Harvard University*, article du professeur Santayana, dans l'*Educational Review*, avril 1894; 3° les articles très documentés et très exacts publiés par la *Revue internationale de l'Enseignement*, en 1881, 1882 et 1884, par M. Jacquinot, professeur de l'Université Harvard; et enfin, *The History of higher Education in Massachusetts*, par S. Gary Bush, Washington, 1891.

Nombre des professeurs et des élèves. — Quoi qu'il en soit, Harvard University est aujourd'hui une des institutions scolaires les plus florissantes des États-Unis, et elle se place au premier rang, non seulement par l'ancienneté de ses origines, mais par son succès et sa renommée. En 1889-90, d'après le recensement officiel du Bureau d'éducation, elle comptait 217 professeurs et 2 126 élèves, dont 1 274 dans le *collegiate department* [1]; la même année, une seule Université, l'Université de l'État du Michigan, Ann Arbor, avait un peu plus d'élèves, 2 158, avec 96 professeurs; Yale n'en réunissait que 1 477, avec 143 professeurs; Columbia College, 1 671 et 180 professeurs; Cornell University, 1 329 et 104 professeurs, etc.

Revenus, terrains, bâtiments, bibliothèques. — Grâce aux générosités privées, accumulées pendant deux siècles et demi, et auxquelles, d'ailleurs, l'État du Massachusetts s'est associé, l'Université Harvard compte parmi les plus riches : ses revenus annuels s'élèvent à 722 410 dollars, soit à plus de 3 500 000 francs [2]. Columbia College est seul à avoir un revenu total (*total income*) plus élevé encore : 725 885 dollars.

Les terrains et les bâtiments qu'occupe Harvard ont une valeur estimée à 3 millions de dollars; ceux de Columbia College sont évalués à 1 530 000 dollars; ceux de l'Université de Pensylvanie à 2 121 000 dollars; ceux de Cornell University à 930 736 dollars, etc. Son matériel scientifique (*scientific apparatus*) représente une valeur approximative de 750 000 dollars, tandis que celui de Columbia College n'est que de 549 463 dollars, celui de Cornell University de 422 207 dollars. Enfin

1. Nous donnons les chiffres d'une des dernières statistiques publiées par le Bureau d'éducation. Voir le *Report* de 1889-90, p. 1589. Mais ces chiffres sont sensiblement inférieurs à la réalité présente. En effet, le *catalogue de l'Université* pour 1892-93 porte 1 598 élèves dans le *collegiate department*, et plus de 1 300 dans l'Université proprement dite, c'est-à-dire dans les diverses écoles d'enseignement supérieur : soit, au total, près de 3 000 élèves ou étudiants.

Pendant l'impression de notre travail nous avons reçu le *Report* de 1891-92. Les chiffres donnés par M. Harris dans cette nouvelle statistique sont : 130 professeurs, et 2 658 élèves, dont 1 588 dans le *Collegiate department.*

2. Chiffres de la statistique de 1888-1889. Voir le *Report*, etc., p. 1090-1091.

Harvard possède trois fois plus de livres qu'aucune autre bibliothèque universitaire américaine, exactement 380 000 volumes reliés [1], sans compter 100 000 brochures (*pamphlets*); Yale n'en a que 200 000; Cornell University, 108 138 (chiffres de 1889-90), etc.; et les richesses de la bibliothèque de Harvard ne cessent de s'accroître dans des proportions considérables, une somme de 15 à 20 000 dollars étant exclusivement affectée, chaque année, aux achats de livres.

Complexité des enseignements donnés à Harvard. — L'Université Harvard est le type de ces institutions énormes, de ces constructions scolaires colossales où se complaît le génie de l'Amérique. Rien qu'à visiter l'exposition très complète qu'elle avait organisée à Chicago, dans le *Palais des manufactures et des arts libéraux*, on avait tout de suite l'impression de ce qu'il y a de complexe et par suite d'un peu confus dans ces grandes agglomérations d'études.

Les Américains sont les premiers à le constater, et voici, par exemple, le témoignage d'un des professeurs de la maison, le Dr George Santayana, *instructor* en philosophie [2] :

« Lorsque le visiteur de l'exposition scolaire de Chicago entrait dans la section attribuée à Harvard, la première chose qui frappait ses yeux était une armoire contenant des préparations de lait condensé pour les enfants.... Un peu plus loin, il trouvait une collection de jambes et de bras artificiels, et il était de plus en plus embarrassé, tandis que les images du *foot-ball* et de ses dangers lui traversaient l'esprit. Plus loin encore, il voyait une série de vues d'éclipses solaires.... Enfin il pénétrait dans une salle obscure et académique où étaient réunis des portraits de personnages célèbres du temps passé, des travaux d'élèves distingués et autres trophées de la gloire de Harvard. Là, il recevait des mains d'un employé une série de brochures qui, s'il prenait le temps de les lire, lui donnaient quelque idée de la variété et de l'étendue des études poursuivies à Harvard. Alors seulement le visiteur pouvait se rendre compte de l'étrange impression qu'il avait éprouvée en entrant; il comprenait que, dans les hasards de sa promenade, il était d'abord tombé sur le compartiment réservé à l'école de médecine; que les photographies solaires représentaient le travail spécial

1. Le premier fonds de la bibliothèque de Harvard a été constitué en 1738, grâce à un don de 260 volumes théologiques et classiques que lui fit son fondateur John Harvard.

2. *Educational Review*, août 1894, p. 313.

de l'observatoire d'astronomie; que l'on ne néglige pas à Harvard l'éducation physique, bien que les équipes de Harvard témoignent d'une certaine incapacité à battre les équipes de Yale.... Et enfin il pouvait deviner que, dans le sentiment de sa stabilité et de sa dignité, l'Université Harvard hésite à mettre en lumière l'individualité de ses membres vivants, qu'elle se contente de rappeler les noms de quelques-uns de ses morts illustres. En un mot, il pouvait se former cette conviction, que l'Université Harvard est *scientifique*, qu'elle est *complexe*, qu'elle est *modeste* (*reserved*). »

Énumération des dix-sept établissements distincts que comprend Harvard. — Cette complexité ressort, à première vue, du tableau des 17 établissements distincts qui composent l'Université. On n'y trouvera pas seulement l'équivalent des Facultés traditionnelles de la vieille Europe : la théologie, la médecine, le droit, les lettres et les sciences; mais tout ce que l'esprit pratique de l'Amérique y a ajouté d'écoles d'application, d'instituts professionnels.

L'Université comprend, en effet, les départements suivants :

I. Le *collège Harvard*, avec ses quatre années de *freshmen*, de *sophomores*, de *juniors* et de *seniors*, et ses *étudiants spéciaux*; soit, au total, 1 598 élèves (327 *seniors*, 328 *juniors*, 385 *sophomores*, 409 *freshmen*, 149 *special students*, d'après les chiffres de 1892-93); le collège est une école d'enseignement secondaire, où l'on se prépare au grade de bachelier ès arts.

II. L'*école scientifique Lawrence*, qui a quelque analogie avec notre École centrale : elle comporte quatre années d'études; elle avait 181 élèves en 1892, répartis dans sept sections : génie civil, chimie, géologie, biologie, électricité, science générale, éducation physique. Fondée définitivement en 1871, l'école Lawrence est un établissement de caractère mixte, à la fois secondaire et supérieur; on y confère les grades de bachelier ès sciences et de docteur ès sciences[1].

III. L'*école des gradués* (*graduate school*), où sont délivrés les diplômes de maître ès arts et de docteur en philosophie; 206 élèves en 1892; elle correspond à peu près à nos Facultés des sciences et des lettres, ou aux Facultés de philosophie allemandes. Cette école n'a été régulièrement constituée qu'en 1872.

1. L'école Lawrence doit son origine à divers donateurs : M. Abbot Lawrence, M. James Lawrence, son fils, M. Samuel Hooper, etc. Ses revenus annuels sont d'environ 10 000 dollars.

Ces trois premiers établissements dépendent de la Faculté des arts et des sciences, qui ne compte pas moins de 78 professeurs de tout ordre, auxquels il faut joindre à peu près autant d'instructeurs et de préparateurs (*assistants*).

IV. *L'école de théologie*, organisée de 1815 à 1819, reconstituée en 1879; sa Faculté, c'est-à-dire son corps professoral, comprend, outre le président de l'Université, six professeurs, un instructeur et un assistant, et elle réunit de 40 à 50 élèves.

V. *L'école de droit (the law school)*, avec onze maîtres, trois années d'études, et environ 400 étudiants. Elle a été inaugurée en 1817, avec un seul professeur; jusqu'en 1877, on n'y exigeait qu'une ou deux années d'études.

VI. *L'école de médecine*, fondée en 1783, avait 451 étudiants en 1892-93, et plus de 70 professeurs de tout ordre; elle compte quatre années; la quatrième année n'a été organisée qu'en 1880, pour les étudiants qui veulent prolonger leurs études après le doctorat.

VII. *L'école d'art dentaire*, avec trois années d'études, une cinquantaine d'élèves et une trentaine de maîtres [1]; elle a été ouverte en 1868; on en sort avec le diplôme de docteur en médecine dentaire.

VIII. *L'école de médecine vétérinaire* : trois années d'études, 39 élèves, établie en 1882.

IX. *L'école d'agriculture (the Bussey institution)*, établie en 1871, grâce aux générosités de M. Benjamin Bussey, qui a légué à l'Université une somme de 413 000 dollars, dont un quart pour l'école de droit, un quart pour l'école de théologie, et le reste pour la création d'une école d'agriculture.

Les numéros suivants, à vrai dire, ne constituent pas des écoles nouvelles; ce sont plutôt des annexes, qui fournissent aux établissements déjà mentionnés les instruments de travail dont ils ont besoin. Ils ont cependant une existence indépendante; ils sont administrés par des Facultés, par des conseils distincts, et dans la plupart ont lieu des cours et des conférences appropriés.

X. Le *jardin d'arboriculture (the Arnold arboretum)*, pépinière d'arbres, d'arbustes et de plantes, dépendant de l'école d'agriculture et noyau d'une école forestière, sous la direction d'un professeur spécial d'arboriculture; M. James Arnold lui a légué, en 1870, 100 000 dollars.

1. Bien entendu, ce sont en partie les professeurs de l'école de médecine qui occupent les principales chaires de l'école dentaire et aussi de l'école vétérinaire.

XI. La *bibliothèque universitaire.*

XII. Le *muséum de zoologie comparée*, fondé en 1860, par le célèbre naturaliste Louis Agassiz, et encore aujourd'hui dirigé par son fils Alexandre Agassiz [1].

XIII. Le *musée universitaire.*

XIV. Le *jardin botanique*, fondé en 1805, et enrichi depuis par de nombreuses donations.

XV. *L'herbarium*, qui possède plus de 200 000 spécimens de plantes.

XVI. L'*observatoire astronomique*, construit en 1844, agrandi en 1861, grâce à des donations successives, une entre autres de M. Philipps, en 1849, de 100 000 dollars.

XVII. Le *musée d'archéologie et d'ethnologie américaines* (*Peabody museum*), créé en 1876, avec une donation de 150 000 dollars, due à M. George Peabody, de Londres.

C'est tout un monde, on le voit, que l'Université Harvard, tout un amas d'écoles disparates, les unes consacrées aux plus hautes recherches de la science, les autres qui ne se proposent guère que de former des industriels et des contre-maîtres [2]. Peu à peu, au collège primitif d'études classiques se sont annexées, sous la pression des circonstances, et le plus souvent sur l'indication formelle des donateurs qui assignaient à leurs libéralités une affectation déterminée, des écoles de tout ordre.

Description matérielle de Harvard. — L'impression de complexité un peu touffue que laissait à ses visiteurs l'exposition de l'Université Harvard, à Chicago, sera plus vive encore si l'on se rend à Cambridge pour y voir l'Université elle-même. Cambridge est une ville d'environ 70 000 âmes, bâtie sur la rive gauche de la rivière Charles, en face de Boston. « Le collège, dit M. Jacquinot, qui y a enseigné pendant de longues années, est situé au centre du Vieux-Cambridge. Une enceinte de 25 acres (environ 11 hectares) renferme la plupart des édi-

1. Lorsque Agassiz mourut, en 1873, le total des donations faites au muséum s'élevait à 173 935 dollars. En 1874, une souscription publique, jointe aux fonds votés par l'État, a produit, pour l'entretien du muséum, une somme de 310 674 dollars, sur lesquels 7 591 dollars représentaient les offrandes d'environ 87 000 instituteurs ou élèves des écoles primaires des États-Unis.

2. L'école d'agriculture est surtout destinée, dit le catalogue, aux jeunes gens qui aspirent à devenir *farmers, gardeners, florists*, etc.

fices : ils sont, en grande partie, disposés symétriquement sous la forme d'un rectangle long, encadrant de vertes pelouses plantées d'ormes séculaires et coupées dans tous les sens par des allées; l'air et la lumière y circulent librement; les tons crus de la brique rouge des bâtiments tranchent sur la verdure, et détachent vivement, d'un côté, les proportions massives des vieilles constructions, de l'autre, les lignes architecturales des constructions récentes, dont quelques-unes ont un aspect monumental. Les autres édifices forment pour ainsi dire une bordure à cette enceinte; le jardin botanique et l'observatoire se trouvent seuls à la distance d'un mille [1]. Le tout forme une masse imposante et laisse au visiteur un souvenir ineffaçable. En effet, on ne peut se défendre d'un sentiment d'admiration et de gratitude à la fois, à la vue de ce résultat presque grandiose des efforts accumulés de huit générations. »

Origines ecclésiastiques de Harvard. — Harvard est l'œuvre du temps, et il n'est pas sans intérêt de suivre, à travers ses deux siècles et demi d'existence, les principales phases de son développement; ne serait-ce que pour montrer comment, d'une institution toute théologique au début, d'une sorte de séminaire de puritains, est sortie peu à peu une corporation laïque, libre, affranchie de toute tutelle religieuse ou politique, et animée d'un véritable esprit scientifique.

C'est dans une pensée toute religieuse que le révérend John Harvard [2], professeur du collège Emmanuel, de Cambridge, légua, en 1638, une somme de 400 livres sterling, la moitié de sa fortune, au petit *collège* que la Cour générale de la province avait établi deux ans auparavant à Newtown. Newtown changea très vite de nom et fut appelé Cambridge, par un hommage de souvenir et de reconnaissance envers la ville universitaire anglaise, où un grand nombre des colonisateurs de la Nouvelle-Angleterre avaient fait leurs études. Voici en

1. *Revue internationale de l'enseignement*, t. II, 1881, p. 224. Il faut ajouter que l'école de médecine est tout à fait séparée du collège; elle est établie à Boston depuis 1810. De même l'école d'agriculture est située au village de Jamaica Plain, près de Boston.

2. John Harvard était pourtant un dissident, *a non conforming clergyman of England*.

quels termes était rédigée la charte officielle qui, en 1650, institua définitivement le collège :

« Puisque, par la grâce de Dieu (*the good hand of God*), plusieurs personnes généreuses se sont décidées et se décident encore aujourd'hui à concéder divers dons, legs, terrains et revenus pour l'avancement dans le collège Harvard de toutes les bonnes études, de tous les arts et de toutes les sciences,... pour tous les aménagements de locaux et pour toutes les autres dispositions nécessaires qui peuvent assurer l'éducation en science et en moralité des jeunes Anglais et des jeunes Indiens dans ce pays[1].... » (Suivent les règlements relatifs à l'organisation des conseils administratifs du collège.)

La Constitution de l'État du Massachusetts, qui, en 1780, confirmait les « droits, libertés, privilèges, immunités et franchises » de Harvard College, disait que « par l'encouragement accordé aux arts, aux sciences et à la bonne littérature, on se proposait comme but d'honorer Dieu et de servir la religion chrétienne ».

En fait, le collège Harvard n'a été, pendant longtemps, qu'un séminaire sans grande vitalité; au XVIIe siècle, il n'était fréquenté que par une trentaine d'élèves; au XVIIIe siècle, par une centaine, qui en majorité se destinaient aux ordres. Les deux partis entre lesquels se divisaient les Églises puritaines ou congrégationalistes, les orthodoxes d'une part, et les libéraux de l'autre, s'en disputèrent longtemps la direction, avec des alternatives de succès et d'échec pour l'une ou l'autre confession. Les orthodoxes voulaient, comme ils disaient, que le collège Harvard restât « l'école des Prophètes », titre dont se para aussi à ses débuts, en 1700, le collège Yale, plus étroitement inféodé encore à l'esprit théocratique. En 1735, on interdisait l'enseignement à un professeur français coupable d'avoir déclaré que, dans la vie future, les châtiments divins ne seraient peut-être pas éternels[2]. L'enseignement des livres saints et des langues orientales était une partie intégrante et importante du cours d'études, comme le prouve le *curriculum* publié en 1772, et que nous reproduisons à titre de curiosité :

1. Un tout petit nombre d'Indiens entrèrent au collège : un seul, Caleb Cheeshahteaumuck, y fut reçu bachelier, en 1665.
2. Ce professeur français s'appelait M. Longloissene.

	Heures.		Heures.
Grec	6	Rhétorique	3
Hébreu	1	Déclamation	2
Chaldéen	1	Lieux communs	1
Syriaque	1	Bible	1
Histoire et botanique	1	Livres d'Ezra et de Daniel	1
Arithmétique et géométrie	2	Nouveau Testament	1
Logique et physique	2	Catéchisme théologique	1
Morale	2	Argumentation	1

Émancipation progressive. — Le caractère religieux de l'institution résultait d'ailleurs nettement de la composition du conseil d'administration, appelé *Board of overseers*, et chargé de la haute direction du collège. Ce conseil comprenait, avec un certain nombre de personnages politiques, membres de droit, les ministres des Églises congrégationalistes de six villes voisines de Cambridge. Ce n'est qu'en 1810, par un premier progrès, que quinze membres laïques élus furent adjoints à quinze membres congrégationalistes. En 1842, après de longs efforts, l'esprit libéral obtint un nouveau succès : le droit de faire partie du *Board of overseers*, pour les quinze places réservées aux ecclésiastiques, fut étendu aux ministres de toutes les confessions. Enfin, en 1851, par une dernière évolution dans la voie de l'émancipation, il a été décidé que les trente membres du *Board* pourraient être indistinctement choisis, soit parmi les laïques, soit parmi les ministres des différentes Églises.

Une faculté de théologie laïque. — Un fait bien caractéristique donnera la mesure des tendances libérales de l'Université Harvard. Nous sommes arrivés en France, on sait avec quel pénible effort, à établir des écoles primaires laïques non confessionnelles. Mais c'est en Amérique seulement qu'on peut voir une faculté de théologie laïcisée, pour ainsi dire, et devenue rigoureusement neutre. Telle est, en effet, la *divinity school* de Harvard, dont la devise est « l'indépendance absolue de tout esprit de secte ». Fondée en 1815 (jusqu'alors l'enseignement théologique était confondu avec l'enseignement général du collège), cette école a été longtemps aux mains des unitariens [1];

1. Les unitariens ne forment en Amérique qu'une petite minorité; ils ne disposent que de 310 temples, alors que, dans leur ensemble, les autres

mais, depuis 1879, elle s'est affranchie de tout exclusivisme : « On y enseigne la vérité, dit M. Santayana, mais la « vérité » sans lettre majuscule.... L'enseignement y est animé du même esprit scientifique que les autres parties de l'institution. » Et voici comment le président de l'Université Harvard, M. Eliot, définit cet enseignement théologique d'un genre à peu près inconnu en Europe :

« L'hébreu, l'arabe et les autres langues orientales, l'histoire ecclésiastique, la littérature et la critique du Nouveau Testament, la morale, la théologie naturelle, la philosophie dans ses rapports avec la religion, les religions ethniques et l'histoire des religions, — tous ces sujets, bien définis et bien traités, sont des matières de pure science, et, dans toute Université digne de ce nom, ils devraient être étudiés, non seulement par les personnes qui comptent en faire un usage professionnal, mais encore par tous les jeunes gens, gradués ou non gradués, qui y rechercheraient les éléments d'une culture libérale. »

Situation générale. — Affranchie au point de vue religieux, l'Université Harvard ne l'est pas moins au point de vue politique, et en cela elle ressemble à la plupart des Universités américaines. Elle se gouverne, elle s'administre elle-même [1]. Elle ne dépend plus en rien de l'État, qui lui a fait son dernier cadeau et lui a consenti sa dernière subvention, en 1814. Depuis lors, elle se suffit largement avec ses propres ressources, sans cesse accrues par de nouvelles donations.

Et cependant, au sein même de sa prospérité, de son éclat, de sa réputation, qui ne rayonne pas seulement dans toute l'étendue des États-Unis, mais qui a franchi l'Atlantique, il semble que l'Université Harvard ne soit pas encore satisfaite d'elle-même ni contente de son œuvre. Sans doute, elle est fière de sa science, glorieuse aussi de sa liberté, de son *self government* ; elle constate avec orgueil les changements accomplis depuis cent ans dans le nombre de ses élèves [2], et celui de ses professeurs [3], les progrès réalisés dans les méthodes. « Le temps

sectes protestantes en possèdent 62 772. Il n'y a qu'une seule école de théologie unitarienne, celle de Meadville, en Pensylvanie.

1. Voir plus loin, chap. IV, le détail de son organisation administrative.
2. Le nombre des élèves était de 388 en 1819.
3. Le nombre des maîtres était de 23 en 1846.

n'est plus, dit M. Santayana, où les maîtres de Harvard se bornaient à gagner le ciel pour eux-mêmes, tout en inculquant dans les âmes de leurs élèves les éléments d'Euclide et les principes de la vertu.... Ce qui les caractérise maintenant, c'est l'enthousiasme de la science et la liberté de la pensée. » D'autre part, l'Université fait valoir les avantages que présente, pour l'instruction des élèves, le système qu'elle a été la première à inaugurer dès 1825 et qui est devenu aujourd'hui la règle commune des Universités américaines : le système des cours à option, des études électives [1]. Elle rappelle les noms célèbres de quelques-uns de ses anciens élèves ou de ses professeurs : Channing, W. H. Prescott, W. Emerson, Agassiz, Longfellow, et beaucoup d'autres dont la célébrité n'est pas moindre, au moins en Amérique. Elle dénombre les légions de gradués de tout ordre qui sont sortis de ses diverses écoles. Elle rend bon témoignage des qualités morales de ses étudiants, non moins que de la valeur scientifique de ses maîtres. « Je doute, dit M. Santayana, que l'on puisse rencontrer quelque part ailleurs dans le monde un groupe de trois mille jeunes gens qui, vivant loin de leurs familles, à la porte d'une cité populeuse (Boston), fassent preuve de la même moyenne générale de moralité, d'autant de fermeté dans la tempérance volontaire, d'une disposition aussi habituelle, et pour ainsi dire constitutionnelle, à préférer toujours ce qui est le plus noble, dans leurs sentiments comme dans leurs actions. » Enfin l'Université Harvard n'oublie pas de se faire honneur de la bonne fortune qu'elle a d'être dirigée depuis vingt-cinq ans, depuis 1869, par un pédagogue éminent, à la fois hardi et pratique, par le président William Ch. Eliot.

Défauts et mérites de l'Université Harvard. — Et cependant — nous le répétons, — des inquiétudes, de vagues et légères inquiétudes tout au moins, se font jour dans l'âme même des admirateurs de l'Université Harvard, si nous nous en rapportons aux déclarations de M. Santayana, qui ne peut

1. Il est à noter, d'ailleurs, que le système électif, essayé en 1825, a été abandonné de 1848 à 1867; mais il paraît aujourd'hui définitivement entré dans les mœurs.

pas ne pas bien connaître une Université à laquelle il est attaché en qualité d'*instructor*. Ce dont se plaint d'abord M. Santayana, c'est qu'à Harvard il y ait, pour un certain nombre d'exercices scolaires, plutôt une application de commande et de tradition qu'un zèle spontané. « Il doit y avoir, puisqu'il y en a eu jusqu'ici, des équipes athlétiques; il doit y avoir des publications et des journaux; il doit y avoir des sociétés littéraires : c'est une obligation qui s'impose à chaque classe nouvelle de faire ce qu'ont fait ses devancières. » Mais à toutes ces choses on n'apporte ni entrain ni ardeur. Dans leurs conversations particulières, les « athlètes » se plaignent d'être surmenés. « Les sociétés de discussion (*debating societies*) languissent à Harvard, et ne se soutiennent que grâce aux efforts d'un petit nombre d'élèves, au milieu de l'indifférence de la majorité. Parler en public est considéré presque comme une folie prétentieuse. » Mais une doléance plus grave est celle qu'inspire à M. Santayana l'isolement où se trouveraient, paraît-il, les divers établissements scolaires, plutôt agglomérés qu'unis, dont se compose l'Université Harvard.

Il semble résulter de ces observations que, pour avoir voulu trop étendre sa sphère d'action, pour avoir multiplié outre mesure ses foyers d'enseignement, l'Université aurait perdu son unité, et compromis sa vie commune. Les membres de ce grand corps ne dépendent pas assez étroitement les uns des autres. « Les professeurs des diverses Facultés ne se rencontrent que rarement et parfois ne se connaissent pas même de vue. » Il en est de même des étudiants qui vivent, ou isolés, ou cantonnés dans leurs clubs exclusifs et fermés. Ils sont trop nombreux, dans leur ensemble, et ils poursuivent des études trop différentes pour se mêler et former un corps. Même dans chacune des écoles auxquelles ils appartiennent, il ne paraît pas qu'ils sachent s'unir et fraterniser. « A l'école des gradués, dit M. Santayana, les étudiants, pour la plupart, ne sont que des atomes abandonnés à eux-mêmes (*forlorn atoms*). »

L'Université Harvard n'échappe donc pas à quelques-uns des défauts contre lesquels nous essayons de réagir en France. Elle souffre manifestement d'un manque de cohésion, dans la dispersion de ses efforts et la trop grande variété de son activite multiple. « Harvard, dit M. de Coubertin, me semble un chaos, une imitation confuse, et un peu maladroite, des Universités anglaises. Ce n'est vraiment américain, ni d'atmosphère ni de tendances; il y a des forces vives perdues dans cette masse tournoyante où ne se forme aucun courant. Bref, l'Université est l'image de la Nouvelle-Angleterre, un pays qui n'est pas sans analogie avec la France du début de Louis XVI. » M. de Coubertin nous semble tout de même un peu sévère dans son jugement. Harvard, malgré ses antiques origines, a fait tous les efforts nécessaires pour se mettre au niveau des besoins propres du temps présent et s'adapter aux aspirations particulières de la société américaine. Malgré ses défauts, Harvard n'en est pas moins un centre d'études des plus intéressants et des plus vivants, digne d'être mis en parallèle avec les meilleures Universités d'Europe. Nous souscririons volontiers aux conclusions du mémoire que lui a consacré, en 1892, un de ses membres[1] : « Avec ses nombreux professeurs, ses collections de livres, d'instruments scientifiques, l'activité qu'elle déploie pour faire avancer et répandre la science, l'empressement qu'elle met à aider les étudiants pauvres mais intelligents, l'hospitalité qu'elle accorde à tous les *scholars*, sans s'inquiéter de leur race ni de leurs croyances, elle est en fait une vraie Université.... On la critique plus souvent à cause de son esprit de progrès, de sa disposition à rompre avec les usages dans l'intérêt de la vérité, que pour son attachement à de vénérables traditions. Elle a contribué au progrès, en faisant du grade de bachelier ès arts un titre plus sérieux et plus élevé. Elle a rehaussé la signification des grades de maître ès arts et de docteur en philosophie; elle s'est montrée prudente dans la collation des grades honorifiques. » D'autre part, elle n'impose pas à ses élèves des règles trop sévères et trop absolues. Ayant depuis vingt ans constamment augmenté la difficulté des conditions qu'elle exige, soit pour l'admission dans les cours, soit pour la concession des grades, elle ne s'interdit pas d'autoriser les étudiants capables à restreindre la durée de

1. *Harvard University*, par M. Frank Bolles, secrétaire de l'Université, 1892, p. 50.

la scolarité qu'elle requiert réglementairement des candidats au baccalauréat ès arts. Elle ne comptait, en 1871, que 116 professeurs et 1 140 élèves; elle a, en 1892, 253 professeurs et 2658 élèves. Il y a des raisons pour espérer que ce progrès pourra se maintenir. Les autorités de l'Université le désirent. Ses anciens élèves sont prêts à l'enrichir par de nouvelles donations, afin de suffire à ses besoins; et le public est de plus en plus convaincu qu'il y a plus de profit à développer et à étendre encore une institution déjà existante qui a fait ses preuves, qu'à multiplier le nombre des écoles pauvrement outillées. L'Université Harvard a une installation assez large pour être en état d'accueillir un bien plus grand nombre d'étudiants d'enseignement supérieur qu'elle n'en reçoit encore.... »

L'éducation des femmes à Harvard. — Il semblait qu'il y eût une lacune dans le programme pourtant si vaste de l'Université Harvard. Comme la plupart des Universités de même ordre, elle n'est point commune aux deux sexes. Mais cette omission a été réparée. Harvard a tout au moins entr'ouvert ses portes aux jeunes filles, en ce sens que l'Université prête ses professeurs à la « Société pour l'instruction secondaire des femmes (*collegiate instruction of women*) », qui a établi à Cambridge, il y a quelques années, un établissement qu'on appelle l' « annexe de l'Université Harvard », et qui est réservé aux jeunes filles. On y confère le grade de bachelier ès arts dans les mêmes conditions qu'à l'Université : l'enseignement est le même; les professeurs aussi. Les livres de la bibliothèque du collège des garçons sont mis à la disposition du collège des filles, qui ne possède pour son compte qu'un petit nombre de livres de référence. L' « annexe », en revanche, a ses laboratoires propres de zoologie, de botanique, de chimie et de physique. Les jeunes filles y suivent ou bien un cours complet de quatre ans, aboutissant au grade de A. B., ou bien des cours spéciaux qui permettent d'obtenir des certificats, des diplômes particuliers. Le nombre des élèves, qui n'était que de 42 en 1879, s'élevait à 90 en 1887, et ne cesse de s'accroître.

L'essai tenté à Harvard a donc pleinement réussi, et le *Report* du Bureau d'éducation de 1887-1888 le représente comme la solution la meilleure d'un problème qui a longtemps préoccupé les amis de la haute éducation des femmes. Il met à leur portée les riches provisions de science accumulées dans le centre le plus ancien de la vie intellectuelle de notre pays; il crée un précédent, qui sera certainement suivi par les autres Universités [1]. »

L'originalité de cette tentative consiste en ceci qu'elle est, pour ainsi dire, intermédiaire entre deux systèmes exclusifs qui ont l'un et l'autre leurs partisans aux États-Unis : celui de la coéducation absolue, et celui de la séparation. A Harvard on a opté pour un juste milieu entre ces deux extrêmes, et voici comment M. Gilman l'apprécie :

« Un système intermédiaire consiste à rendre accessibles aux deux sexes les bienfaits de l'instruction d'Université, mais à ne le faire que dans des conditions qui assurent aux femmes la surveillance et les conseils des femmes, et aux hommes la surveillance et les conseils des hommes. Les résultats de l'expérience faite dans les collèges de femmes annexés aux Universités anglaises de Cambridge et d'Oxford, et dans notre pays le succès remarquable obtenu par ce qu'on appelle l' « annexe de l'Université Harvard » semblent indiquer quelle doit être la solution du problème, à moins que peut-être, autour d'institutions telles que Bryn Mawr ou tel autre collège de femmes de même valeur, nous ne voyions se développer une Université féminine, ce qu'il n'y a pas lieu de ne pas souhaiter, ni de considérer comme impossible. »

Rien ne manque donc plus à l'Université Harvard pour représenter, sous toutes ses faces, l'enseignement secondaire et l'enseignement supérieur. Sa vitalité est incontestable, et nous en donnerons une dernière preuve en énumérant les grades qu'elle a distribués en une seule année, en 1892 :

Baccalauréat ès arts	203
— ès sciences	7
Maîtrise ès arts	76
Doctorat en philosophie [2]	5
— ès sciences	1
Baccalauréat en droit	56

1. *Report*, etc., p. 586.
2. Voici les sujets des thèses présentées par ces cinq docteurs : — Observations sur la langue de Chaucer. — Réactions du benzol sur les alcoolates de soude. — *Nectonema agile.* — Quelques-uns des produits de la distillation du bois. — Sur quelques bryozoaires; — soit une thèse de philologie, deux de zoologie, et deux de chimie organique.

Doctorat en médecine (cours de quatre ans)........	17
— (cours de trois ans)..........	67
Doctorat en chirurgie dentaire......................	11
— en médecine vétérinaire.................	6
Plus un certain nombre de *honorary degrees* :	
De doctorat en droit..............................	4
— en théologie..........................	1
De maîtrise ès arts, etc..........................	4

II. — Yale University (1701).

Importance de l'Université Yale. — « Yale University » est, de l'aveu général, une des premières Universités des États-Unis d'Amérique [1]. Elle est, en tout cas, la seconde pour l'ancienneté [2], puisqu'elle a été fondée en 1701. Elle a eu des élèves tels que Fenimore Cooper, le célèbre romancier, et Samuel Morse, un des inventeurs du télégraphe [3]. Elle comptait, en 1892-93, 1 969 élèves, qui se distribuaient ainsi qu'il suit [4].

Dans l'Université proprement dite :

Cours pour les gradués (lettres et sciences).........	125
École de théologie..................................	109
— de médecine.................................	76
— de droit......................................	171

Dans le *department* académique ou collégial :

Collège Yale..	966
École scientifique Sheffield............................	529
— des beaux-arts................................	31
Département de l'enseignement musical............	7

Yale est donc, comme Harvard, une Université de 500 étudiants environ, qui couronne un grand collège littéraire et

1. Nous avons déjà dit qu'elle n'avait pris officiellement le titre d'Université qu'en 1887, peu de temps après la nomination de son président actuel, le Révérend Timothée Dwigth.

2. Entre Harvard et Yale, il faudrait placer, historiquement, une autre fondation, celle de l'*Académie virginienne*, projetée dès 1619 par l'Assemblée coloniale de Virginie, et qui fut réalisée, en 1633, sous le titre de *College of William and Mary*. Mais, après de brillantes destinées, ce collège a cessé d'exister.

3. On montre encore à Yale le vieux laboratoire où Silliman et Morse ont fait leurs expériences sur le télégraphe électrique.

4. En additionnant les diverses catégories d'élèves dont nous donnons les effectifs, on arrive à un total de 2014, mais il faut en déduire 45 doubles emplois; d'où le total exact de 1 969.

scientifique de près de 1 500 élèves. L'enseignement supérieur n'y est donné qu'à un quart de la population scolaire totale. Sur 143 professeurs (chiffres de 1889-90), 46 y donnent l'équivalent de notre enseignement secondaire; 58 sont attachés aux diverses écoles professionnelles, c'est-à-dire aux cours de l'Université proprement dite.

Nous n'avons pas de renseignements sur les revenus exacts de l'Université Yale, ni sur la valeur des bâtiments et du matériel scientifique dont elle dispose. Les *Reports* du Bureau d'éducation sont muets sur ce point, et ils indiquent seulement à combien s'élève son capital productif d'intérêts (*permanent productive funds*).

Ce capital était, en 1889-90, de 3 147 891 dollars : d'où il paraît permis de conclure que Yale est deux fois moins riche que Harvard et que Columbia College, dont les *productive funds* s'élevaient, la même année, à 7 030 031 et à 8 131 440 dollars.

L'Université Yale n'en est pas moins un centre d'études des plus actifs, une institution puissante. Elle est installée dans de magnifiques constructions, de date récente pour la plupart, au centre de la petite ville de New Haven. Nous disons petite ville, parce que nous sommes en Amérique : New Haven, ou Port-Neuf, compte plus de 80 000 habitants. Située à l'embouchure du Connecticut, à une heure en chemin de fer de New York, à quelques heures de Boston, c'est une ville de commerce, comme toutes les autres; mais où les vertes pelouses, les beaux ombrages abondent plus qu'ailleurs. C'est en traversant des avenues, des places plantées d'ormeaux superbes, qui ont valu à New Haven d'être appelée la « Cité des ormes », qu'on arrive au collège Yale, ainsi nommé d'un concitoyen illustre en son temps, Elihu Yale, qui a été, au XVIIIe siècle, gouverneur de la compagnie des Indes orientales.

Ce qui frappe tout d'abord le visiteur de Yale, c'est le grand nombre de bâtiments distincts, de constructions isolées, qui remplissent le « Square du collège ». En énumérant les principaux de ces édifices, et en indiquant quelle est leur affectation spéciale, nous nous rendrons déjà compte de la vie scolaire de Yale, du caractère et des mœurs de ses étudiants, en même temps que de la diversité de leurs occupations et de leurs travaux.

École des Beaux-Arts. — Voici, en premier lieu, l'école des Beaux-Arts (*School of fine Arts*), érigée en 1866, par donation de M. Augustus R. Street. Nous la nommons la première, sans intention, parce que c'est elle qui frappe d'abord nos regards. C'est le seul établissement de l'Université qui soit ouvert aux deux sexes; un tout petit nombre d'élèves — une trentaine — y apprennent, avec cinq ou six professeurs, le dessin, la peinture, l'histoire de l'art, l'anatomie, la perspective, l'architecture. Le programme de l'école comprend l'enseignement technique du dessin, de la peinture, de la sculpture, de l'architecture, de la gravure sur cuivre. Mais on y joint des cours théoriques sur les sciences qui se rattachent à la philosophie et à l'histoire de l'art. Quoique nettement professionnelle, l'école des Beaux-Arts n'oublie pas, en effet, qu'elle fait partie de l'Université, et qu'elle doit, à ce titre, présenter l'instruction artistique comme un élément de la culture générale de l'esprit. Elle possède de riches collections, une galerie de tableaux italiens, une autre de tableaux allemands et flamands; l'école française et l'école espagnole ne sont pas représentées. En outre, une salle est affectée aux productions nationales, à celles, par exemple, de l'artiste américain Trumbull, le peintre militaire des guerres franco-anglaises du Canada et de la Révolution d'Amérique. L'école confère le grade de bachelier ès beaux-arts aux élèves qui ont suivi un cours déterminé d'études, et qui, en outre, ont présenté une composition originale de peinture ou de sculpture, en même temps qu'un travail satisfaisant (*thésis*) sur un sujet relatif aux beaux-arts.

La Bibliothèque. — Tout à côté de l'école des Beaux-Arts se dresse, dans la verdure des gazons, et entourée de quelques grands arbres qui n'obstruent pourtant pas la lumière, la spacieuse construction qui renferme la bibliothèque principale de l'Université. Elle a été édifiée en 1888, grâce aux largesses de M. Siméon B. Chittenden. Elle possède 100 000 volumes environ et plusieurs milliers de brochures. Elle s'enrichit chaque année de 5 000 volumes. Grâce à l'étendue de la salle de lecture, et aussi à raison du nombre des bibliothécaires et des surveillants, les lecteurs peuvent librement parcourir les galeries, fouiller les rayons, prendre eux-mêmes les ouvrages dont ils ont besoin. Comme on se sent loin, à Yale, du temps où les livres de la bibliothèque de la Sorbonne étaient attachés par des chaînes de fer, de sorte qu'il fallait les lire sur place, sans pouvoir les emporter! Et même à l'heure présente, n'avons-nous pas à prendre exemple sur la liberté américaine, alors que chez nous, non plus sans doute la chaîne de fer du moyen âge, mais le règlement enchaîne le volume sur son rayon, jusqu'à ce que la main du bibliothécaire vienne le délivrer, pour le remettre au lecteur. La bibliothèque de l'Université est ouverte tous les jours, excepté le dimanche, de 9 heures 30 (A. M.) à 5 heures (P. M.). Les professeurs, les étudiants, peuvent d'ailleurs emprunter des livres et les emporter. Outre cette bibliothèque centrale, Yale possède d'autres *libraries* spéciales, celle de l'école de droit, celle de l'école Sheffield, etc., en tout plus de 200 000 volumes.

Le « **Dwight hall** ». — A droite de la bibliothèque se trouve un édifice de construction récente, le *Dwight hall*, bâti en 1880, don de M. Elbert B. Monroe, et dont la destination mérite d'être notée. C'est, dit le *Catalogue* de l'Université, une belle construction en pierre, admirablement adaptée pour être le centre de la vie sociale et religieuse de l'Université. C'est là en effet que siègent et tiennent leurs séances l'*Association chrétienne des jeunes gens de Yale*, qui ne compte pas moins de 800 membres, et aussi les associations particulières des étudiants épiscopaux, des étudiants méthodistes; c'est là que fonctionnent différentes œuvres de propagande morale et religieuse, les écoles du dimanche tenues par des étudiants, et particulièrement cette société originale et intéressante, que l'on appelle le *Boy's Club*, et qui, chaque soir, réunit des enfants du peuple qu'elle enlève au vagabondage de la rue pour les instruire et les amuser honnêtement.

A droite encore du *Dwight hall*, arrêtons-nous devant le *Alumni hall*, édifié en 1852 : c'est là que se passent les examens, et que, dans des salles, dont les murs sont ornés des portraits des bienfaiteurs de l'Université et des gradués les plus distingués, se réunissent les associations amicales des anciens élèves (*alumni*), associations très nombreuses, qui ont d'ailleurs leur siège habituel dans 20 ou 25 villes des États-Unis.

Mais nous n'en finirions pas, si nous voulions étudier un à un tous les édifices que renferme le College Square. Citons encore la *Trésorerie*, où l'école de musique tient ses classes, et où se trouvent aussi les bureaux du président et du trésorier de l'Université; la *Battell Chapel*, don de M. Joseph Battell (1875), où sont célébrées les cérémonies du culte, tous les dimanches et chaque matin; la religion officielle de l'Église de Yale est la confession congrégationaliste, à laquelle appartient le président de l'Université, le révérend Timothée Dwight, docteur en théologie et docteur en droit, qui en est le ministre en fonctions (*the acting pastor*); le *Osborn Hall*, qui ne date que de 1890, construit grâce aux libéralités de mistress Miriam Osborn, et où sont installées des salles de cours; c'est le *Recitation room Building*; et enfin toutes les autres constructions qui complètent un ensemble imposant, dont nous voudrions pouvoir faire passer au moins la photographie sous les yeux de nos lecteurs [1], pour leur donner une idée de l'ampleur, des vastes dimensions, de la variété et de l'éclat du style architectural, qui distinguent les palais scolaires américains : *Farnam Hall* (1870), *Lawrance Hall* (1885), *Durfee Hall* (1871), *Welch Hall* (1891), *North College*, *South College*, l'*Atheneum*, le *Lyceum* [2], etc. C'est là que sont établis les dortoirs et les appartements des élèves, les salles d'études et de classes, les salles de conférences, le laboratoire de chimie, les cabinets de physique et de sciences naturelles. Quelques-uns de ces bâtiments contrastent par leur vétusté avec les nouvelles constructions : l'*Atheneum* a été élevé en 1761, *South College* en 1793, *North College* en 1821.

On remarquera que, jusqu'à présent, nous n'avons pas men-

1. L'Université Yale faisait distribuer, à l'exposition de Chicago, un recueil d'au moins cinquante photographies des plus soignées et des plus intéressantes.

2. *Farnam Hall*, *Lawrance Hall*, etc., tous les nouveaux édifices, en un mot, ont été construits successivement, à la suite de donations faites par les hommes généreux dont ils portent les noms.

tionné un seul édifice consacré à l'enseignement supérieur : c'est qu'à Yale, comme à Harvard, les écoles professionnelles ne sont venues qu'après le long développement des études d'enseignement secondaire, et le College Square, tout entier réservé au collège proprement dit, ne contient, ni l'école de droit, ni l'école de médecine, ni même l'école scientifique Sheffield, qui sont installées à quelque distance du siège primitif de Yale College.

Mais ne quittons pas le College Square sans noter encore deux traits caractéristiques. L'éducation américaine est pleine de contrastes. Elle demande beaucoup à l'action des âmes, à l'idéal moral et religieux : elle ne compte pas moins pour atteindre son but sur les exercices du corps. Aussi ne serons-nous pas trop surpris de lire dans le programme illustré, très richement illustré, de Yale University, que si le Dwigt Hall est le centre de la vie religieuse de la maison, il y a un autre endroit, un lieu favori de réunion où, « plus que nulle part ailleurs (*more than any where else*) se crée le sentiment collectif, et se nourrit et se développe entre étudiants l'esprit démocratique ». C'est la cour de récréation, *the Fence*, « l'escrime », comme on l'appelle, où se rejoignent chaque jour les élèves des quatre classes du collège.

Un autre trait de mœurs qu'il importe de relever, c'est l'existence, à Yale, d'une société coopérative d'élèves, établie dans les bâtiments mêmes du collège [1]. C'est une société de consommation, qui a été organisée en 1885 et qui a pour but de faciliter aux collégiens l'achat des marchandises dont ils ont besoin. Pour être membre de la société, on paie deux dollars par an, ou cinq dollars pour les quatre années que dure le séjour au collège. Chaque sociétaire peut acheter comptant, à un prix qui dépasse à peine celui de la vente en gros, les articles que la société emmagasine dans son dépôt ou bien ; s'il désire un article qui ne s'y trouve pas, il peut obtenir un rabais de faveur d'un des commerçants de New Haven adhérents à la société. Le

1. A Harvard aussi existe une société coopérative de professeurs et d'étudiants, qui procure aux membres de l'Université des livres, des articles de fantaisie, des marchandises de toute espèce. Le produit de ces ventes annuelles s'élève à environ 70 000 dollars.

chiffre des affaires de la société coopérative est aujourd'hui d'environ trente mille dollars par an.

Sortons maintenant du College Square, pour examiner rapidement l'installation des écoles professionnelles qui constituent l'Université, et qui, par leur dispersion même, témoignent qu'elles ne sont pas nées toutes à la fois d'une pensée d'ensemble, qu'elles sont l'œuvre d'une succession d'efforts et d'une extension progressive du collège primitif.

École de médecine. — La plus ancienne des écoles professionnelles de Yale est son école de médecine (1813). Elle s'ouvrit à cette date avec quatre professeurs seulement et un enseignement surtout didactique; l'instruction pratique se bornait à quelques dissections, pendant le court semestre d'hiver. L'école a été réorganisée d'après les méthodes modernes, en 1870; depuis cette époque, on exige des étudiants un examen d'entrée, et le cours d'études comprend trois années complètes. Les leçons didactiques ne sont pas complètement supprimées, mais ce sont cependant les travaux pratiques des laboratoires et l'instruction clinique qui, avec les lectures personnelles suivies d'explications données par les professeurs, constituent la plus grande part du programme. C'est en 1884 seulement que l'école de médecine est devenue partie intégrante de l'Université, et que les autorités du collège en ont assumé la direction. Pour être admis dans l'école, les étudiants doivent avoir dix-huit ans; pour obtenir le grade de docteur en médecine, vingt et un ans. On n'exige aucun grade comme condition d'admission [1]; on soumet simplement les postulants à un examen qui porte sur l'anglais, les mathématiques et la physique. Il est permis de penser que ce sont là des garanties bien insuffisantes, que la porte des études médicales est bien largement ouverte, et que ces études elles-mêmes, qui se terminent en trois ans, qui font des docteurs de vingt et un ans, ne sont, ni complètes, ni approfondies. Le corps enseignant se composent de 26 maîtres. L'hôpital de New

1 Dans la liste des étudiants en médecine de 1892-93 (voir le catalogue de l'Université, p. 282), nous ne trouvons qu'une douzaine de jeunes gens qui soient pourvus du grade de bachelier ès arts ou de bachelier en philosophie.

Haven, situé à une petite distance, offre aux étudiants toutes les ressources nécessaires; mais sur les terrains de l'école elle-même existe un dispensaire, qui fournit les plus grandes facilités pour l'examen et le traitement d'un certain nombre de malades.

École de théologie. — L'école de théologie qui, comme celle de Harvard, se donne comme *non sectarian*, date de 1822; elle est construite à droite du College Square, tout à côté du laboratoire de psychologie, ce qui n'est pas sans former un contraste intéressant. Elle compte une vingtaine de professeurs ou de conférenciers. Les étudiants doivent être membres effectifs d'une Église évangélique, ou tout au moins donner des gages évidents de leur adhésion au christianisme. Les conditions d'admission sont plus sévères qu'à l'école de médecine. Les élèves de l'école de théologie doivent avoir reçu une éducation libérale dans un collège ou une Université, et être par conséquent bacheliers ès arts : une exception est faite pourtant, mais très rarement, en faveur des jeunes gens « qui auraient reçu une préparation équivalente ».

Le cours d'études, qui dure trois ans, conduit au grade de bachelier en théologie. Les cours du collège et de l'école scientifique sont gratuitement ouverts aux étudiants en théologie; et ceux d'entre eux qui aspirent à devenir des missionnaires en pays étranger sont autorisés, moyennant une redevance de cinq dollars, à fréquenter l'école de médecine.

École de droit. — L'école de droit de Yale offre cette particularité qu'elle est établie dans un étage du palais de justice (*Court House*), au centre de New Hawen. On attache une certaine importance à cette cohabitation. Les étudiants n'ont que quelques pas à faire, au sortir des salles de classe où les professeurs leur enseignent la théorie du droit, pour se rendre dans le prétoire, où les magistrats en assurent et en déterminent la pratique. Les tribunaux deviennent ainsi des écoles annexes d'application, mises à la portée des apprentis juristes. Cela n'est point banal en tout cas, ni plus extraordinaire, après tout, que l'usage partout répandu, qui rapproche et juxtapose, toutes les fois que cela est possible, les écoles de médecine et les hôpitaux. Huit professeurs titulaires, et vingt-cinq conférenciers ou répétiteurs (*special lecturers and instructors*) composent le corps enseignant. Les conditions d'admission sont les suivantes : dix-huit ans, des certificats de moralité (*of good moral character*), le grade de bachelier ès arts ou de bachelier en philosophie, ou à défaut un examen d'entrée qui porte sur les éléments de l'histoire d'Angleterre et de celle des États-Unis, sur le texte de la Constitution nationale. Après deux ans d'études, on est reçu bachelier ès lois (LL. B.). Après une autre année, on devient maître ès lois (M. L.), et enfin, après une autre année encore, docteur en droit civil (D. C. L.). C'est là le programme régulier, et l'on peut constater qu'il en coûte un peu plus, à Yale — ce qui n'est pas sans nous étonner, — quatre ans au lieu de trois, pour devenir docteur en droit que pour être docteur en médecine. Mais il y a aussi des cours spéciaux, le premier d'un an, l'autre de deux ans, destinés aux jeunes gens qui désirent seulement acquérir quelques connaissances juridiques pour les usages de la vie commerciale, ou à ceux qui, sans songer à embrasser une profession quelconque, veulent étudier plus à fond le système politique et légal des États-Unis; ces derniers peuvent concourir pour le grade de bachelier en droit civil (B. C. L.).

École scientifique Sheffield. — Il nous reste à dire quelques mots de l'école scientifique Sheffield qui est, à Yale, le pendant de l'école scientifique Lawrence, de Harvard. Cette institution a vu le jour en 1847, mais a été réorganisée sur une plus large échelle, en 1860. Elle porte le nom de son fondateur, M. Joseph E. Sheffield. Elle confère le grade de bachelier en philosophie, après un cours régulier de trois ans, et les grades d'ingénieur civil (C. E.), d'ingénieur mécanicien (M. E.), aux étudiants qui, pourvus du diplôme de bachelier en philosophie, suivent encore avec succès deux autres années d'études spéciales. Le nombre des professeurs, en 1891-92, était de plus de 40. Des laboratoires de chimie, de biologie, un *engineering hall* approprié à l'étude de la mécanique, de l'électricité, de la vapeur, etc., avec ses collections de machines en fer, de machines en bois, avec sa chambre de chauffe (*boiler room*), présentent toutes les ressources pour le travail manuel.

Nombre de grades conférés en 1892. — Yale, en résumé,

est une Université des plus florissantes. En 1892, elle a conféré les grades suivants :

Baccalauréat ès arts	182
Maîtrise ès arts	8
Baccalauréat en philosophie	102
Ingénieur civil	1
— mécanicien	1
Doctorat en philosophie	13
Baccalauréat en théologie	37
Doctorat en médecine	22
Baccalauréat en droit	41
Maîtrise en droit	11

En dehors de ces diplômes régulièrement délivrés après examen, l'Université a fait la même année, *honoris causa* : 1 docteur en théologie, 4 docteurs en droit, 1 docteur ès lettres, 13 maîtres ès arts, 1 bachelier ès arts, 1 bachelier en philosophie.

Journaux de professeurs et journaux d'élèves. — Mais ce n'est pas seulement par le nombre de diplômés qu'elle fait chaque année que l'Université Yale montre son activité : c'est aussi par ses publications, par les journaux, par les périodiques qui paraissent sous son patronage, les uns rédigés par les professeurs, les autres par les élèves. Les journaux des professeurs sont au nombre de cinq : *The American journal of science* (mensuel), fondé en 1818 par M. Benjamin Silliman, un *scientist* bien connu en Amérique, et qui est mort, il y a quelques années, professeur de chimie à Yale; *The Yale Review* (trimestriel), revue consacrée à l'histoire et à la science politique; *The Transactions of the Connecticut academy of arts and sciences*; *The Transactions of the Yale observatory*; enfin le *Bulletin hebdomadaire* de l'Université. Les étudiants sont encore plus féconds. Ils ne se contentent pas de discuter dans leurs *debating societies*, — celle de *Yale Union*, qui comprend tous les départements de l'Université, celle de l'école de droit, celle de la classe des *freshmen*. Ils suffisent par leur plume à alimenter neuf publications ou journaux : un qui est quotidien, *The Yale News*; deux bi-hebdomadaires, un hebdomadaire, un qui est mensuel, *The Yale literary Magazine*; quatre qui sont des publications annuelles, et dont un porte le titre divertissant de *Yale Pot Pourri*.

L'Université Yale, on le voit, n'est pas seulement préoccupée de ses succès au *foot-ball*. Il y a là une vie intense, un entraînement intellectuel qui égale l'entraînement physique, un mélange heureux des exercices physiques et des exercices de la pensée, de la parole et de la plume. Ce n'est qu'à Yale, je crois, qu'on voit des classes faites en plein air, des amphithéâtres construits sur le champ d'exercices, et où, dans les jours d'été, la leçon d'histoire est donnée en plein soleil. Dans le recueil de photographies que l'Université faisait distribuer à Chicago — après la reproduction de tous ses palais scolaires, installés avec ce double caractère de luxe solide et d'adaptation pratique qui distingue toutes les œuvres des Américains, — on trouvera le tableau qui représente cette école d'histoire en pleins champs : plusieurs centaines d'auditeurs et d'auditrices, les cahiers de notes sur leurs genoux, et dont quelques-uns ou quelques-unes s'abritent sous leurs ombrelles contre les rayons du soleil; tout cela environné d'arbres et de verdure, dans une atmosphère de paix, où l'on respire un air de liberté, d'indépendance, qu'on appréciera d'autant plus si l'on se rappelle ce qu'était à ses débuts le régime scolaire du collège théocratique de Yale, alors que les lois édictées par les puritains du XVIIe siècle prononçaient la peine de mort contre des délits tels que la « violation du repos du sabbat », ou l'usage du tabac, « la plante impure ».

III. — Collège de New Jersey ou Princeton (1746).

Le collège de New Jersey, ou, comme on l'appelle vulgairement, le collège de Princeton, compte, comme Harvard et Yale, au nombre des *leading Universities* des États-Unis. Il est loin sans doute de les égaler par ses ressources (les statistiques du Bureau d'éducation ne nous les font pas connaître). Il n'aspire pas à embrasser le domaine entier des connaissances humaines, mais, dans les branches restreintes où il exerce son activité, il se place au premier rang, et ses gradués sont prisés autant que ceux de Yale ou de Harvard [1].

1. En juin 1892, Princeton a conféré 2 diplômes de docteur en philosophie, 1 de docteur ès lettres, 1 de docteur ès sciences, 53 de maître ès

Fondé en 1740, en vertu d'une charte d'institution délivrée par le gouverneur et « commandant en chef » de la province, le collège de New Jersey fut d'abord établi à Elizabeth Town, puis transféré à Newark; enfin, vers 1755, il fixa son domicile définitif dans le bourg de Princeton, dont la population, encore aujourd'hui, ne dépasse pas 3 422 habitants. Les Universités américaines se plaisent parfois à s'isoler dans les petites villes, et à rechercher même, loin du bruit des affaires et de l'agitation commerciale, la tranquillité et la solitude de la pleine campagne. Les petites agglomérations qui les entourent ne sont souvent que le produit de la vie scolaire qu'elles ont créée. Princeton est d'ailleurs un nom historique : c'est là qu'en 1777 Washington remporta sur les Anglais une de ses plus importantes victoires [1].

Caractère à la fois religieux et libéral. — Né sous le patronage de l'Église presbytérienne, le collège de New Jersey était destiné, dans la pensée de ses premiers fondateurs, « à assurer l'éducation intellectuelle et religieuse des jeunes gens désireux de recevoir une culture libérale et plus particulièrement de ceux qui se destinaient au saint ministère ». Le séminaire théologique de Princeton, aujourd'hui distinct du collège (depuis environ quatre-vingts ans), est encore « un des boulevards de l'orthodoxie presbytérienne ». Mais le collège lui-même est ouvert à toutes les confessions religieuses. Dès les premiers temps, et malgré ses tendances théologiques, le collège de New Jersey a eu une « charte », une « constitution libérale ». Dès ses commencements, dit un de ses admirateurs, la liberté religieuse, aussi bien que l'éducation religieuse, a été un des principes du collège. Sa charte d'institution déclare expressément qu'aucune personne, de quelque *dénomination* qu'elle soit, ne sera exclue, à raison de ses croyances particu-

arts, 100 de maître ès sciences, 120 de bachelier ès arts, 7 de bachelier ès sciences, 18 d'ingénieur civil ou électricien. A la même date, le collège a conféré, *honoris causa*, 4 diplômes de docteur en droit, 1 de docteur en théologie, 2 de docteur en philosophie.

1. Washington disait de Princeton, qui s'appelait alors *Nassau*, en l'honneur du roi Guillaume III : « Il n'y a pas de collège qui nous ait fourni autant de bons *scholars* et de caractères solides ».

lières, de la participation aux avantages, aux libertés, privilèges et immunités du collège. C'est le plus ancien document en faveur de la liberté religieuse que l'on trouve dans les annales des collèges américains. « Aussi longtemps que Princeton demeurera fidèle à sa charte, il sera positivement et sûrement chrétien, mais il échappera aussi bien à l'esprit de secte qu'à la doctrine de l'agnosticisme [1]. »

Énumération des enseignements que comprend le programme de Princeton. — Il n'y a, à Princeton, ni école de droit, ni école de médecine. La liberté américaine n'exige nullement d'une Université, pour qu'elle soit hautement considérée, qu'elle possède les quatre Facultés traditionnelles. Mais les lettres et les sciences, la philosophie et la politique, y sont enseignées avec éclat par plus de 80 professeurs ou instructeurs à plus de 1 000 élèves ou étudiants (chiffres de 1891-92). Voici comment se décompose ce chiffre : d'abord 617 *undergraduates*, dans le collège proprement dit (*academic department*); 103 *graduates*, qui suivent les *University courses*, et s'y préparent aux grades supérieurs de maître ès arts, de docteur en philosophie, de docteur ès lettres, de docteur ès sciences; enfin 310 étudiants scientifiques qui appartiennent à l'*école des sciences*, dite « école de John C. Green », un des bienfaiteurs de la maison. Cette école n'est guère qu'un collège d'enseignement secondaire, où l'on se prépare au grade de bachelier ès sciences. Elle a été fondée en 1873, et comprend trois départements : science générale, génie civil, génie électrique. Le but qu'elle se propose est de procurer une instruction plus spéciale et plus étendue dans les sciences de la nature. Le département du génie civil a été institué en 1875; celui de l'électricité en 1889 : ce sont là des fondations toutes récentes qui témoignent d'une orientation nouvelle. On y délivre des diplômes spéciaux d'*electrical engineer* (E. E.), et de *civil engineer* (C. E.).

Progrès récents de Princeton. — C'est surtout sous la présidence de M. Mc Cosh, de 1868 à 1888, que Princeton a pris

1. Voir, dans l'*Educational Review* de novembre 1891, l'article de M. André F. West : *The spirit and ideals of Princeton*, article intéressant, mais un peu enthousiaste, écrit, et l'auteur s'en excuse, avec les sympathies et le cœur d'un ancien élève de la maison.

un essor nouveau [1]. « Avec Mc Cosh, dit M. West, l'ère du progrès a commencé. Depuis 1868 jusqu'à ce jour, l'existence de Princeton a été presque sans interruption une longue croissance. Le vieil arbre, de nouveau arrosé dans ses racines par les mains de donateurs généreux, a poussé de nouvelles branches dans toutes les directions. » Les bâtiments ont été agrandis, multipliés; ils forment un vaste ensemble, une cité d'habitations scolaires (*a city of academic habitations*). Par ses apparences, par son aspect matériel, dit encore M. West, Princeton frappe vivement ses visiteurs. « L'ensemble est beau, écrit M. de Coubertin, tout cela sent la fortune et l'avenir. » Mais au dedans de ces constructions luxueuses, flanquées de tours et de clochetons, de colonnes et de rosaces, de vitraux et de créneaux, il y a une réelle activité studieuse. L'Université Princeton ne dépense pas ses forces dans un grand nombre de Facultés, mais elle les a concentrées et organisées avec succès sur quelques-unes. « Pour la plus grande partie, sa renommée provient de ce qu'elle est une école de philosophie, de politique et de science. » L'enseignement de la politique y avait été introduit au temps de la guerre de l'indépendance, sous la présidence de Witherspoon; et, dès cette époque, Princeton a formé un grand nombre d'hommes d'État, entre autres James Madison. C'est dans ces dernières années que l'enseignement de la philosophie s'y est développé avec quelque éclat, sous l'influence de M. Mc Cosh, qui était lui-même un philosophe distingué [2], et qui, malgré ses fonctions administratives de président, prenait une part active à l'enseignement. Quel est l'esprit de cette philosophie? « Il est théiste », répond

1. Le président actuel, successeur de M. Mc Cosh, est M. Francis L. Patton, docteur en théologie, docteur en droit, qui a longtemps occupé au *séminaire théologique* la chaire des « Rapports de la philosophie et de la science avec le christianisme ».

2. M. Mc Cosh, Écossais d'origine, après avoir enseigné dans son pays natal, où ses travaux avaient attiré l'attention d'hommes tels que Hamilton et Stuart Mill, est devenu un des chefs de la pédagogie américaine. « Quelle personnalité! s'écrie M. West. On peut répéter de lui ce que le poète latin disait de Scipion :

At quantum virum! quem vidi in vita optimum! »

M. West, de même que, par rapport à la jurisprudence, à la politique, à l'économie politique, il est « moral (*ethical*) ».

Esprit idéaliste des études de Princeton. — Quoique Princeton ne dédaigne pas les applications de la science, quoiqu'il rivalise avec Harvard et Yale pour les jeux du corps et les prouesses athlétiques, il nous apparaît dans son ensemble comme une école à tendances idéalistes. M. West déclare qu'il est la « maison des hommes généreux, au cœur libre, dévoués à la pure science, au pur patriotisme, à la pure religion »; d'autre part, il définit son esprit scientifique « un esprit inductif qui, quelque sévèrement laborieux qu'il soit dans l'examen des faits, se réserve d'atteindre quelque chose au delà des faits ». Enfin dans le domaine de la littérature et des arts, tandis que la science purement philologique est négligée à Princeton, il y a une tendance à considérer ces études « comme l'expression des efforts que fait l'esprit humain pour s'envelopper de noblesse et de beauté ».

Esprit démocratique des étudiants de Princeton. — Mais, par un contraste qu'il faut noter, il semble pourtant que la clientèle scolaire de Princeton ne soit pas aussi choisie que celles des Universités Yale et Harvard, dont nous dirions volontiers qu'elles ont une physionomie plus aristocratique, si ce mot avait un sens en Amérique. « Dans les Universités où l'on se pique d'avoir de belles manières, raconte M. de Coubertin, on m'a dit du mal de Princeton; on m'a dit que tout y était brutal, *rough*; que c'étaient des fils de fermiers, de campagnards qui y donnaient le ton. » C'est bien ce que déclare aussi, mais en y trouvant pour son *alma mater* un nouveau titre d'honneur, l'ancien élève de Princeton, M. West : « L'esprit de la vie universitaire à Princeton a été dans tous les temps démocratique ». Et il nous montre combien ce monde scolaire est animé, vivant, joyeux, et sérieux aussi; avec quelle piété il fait chaque année le pèlerinage des vieux murs de Nassau Hall, la première construction du collège, le reliquaire de l'Université, où depuis deux cents ans chaque génération a planté un pied de lierre; avec quel entrain il joue, s'ébat sur le *campus*, qui est son *agora*; quels éclats de voix, quel bruit, quels cris, que de rires — les rires inextinguibles d'Homère — on entend aux heures de récréation; et comment enfin cette jeunesse est capable de résolutions qui l'honorent, comme elle l'a prouvé récemment, en décidant que quiconque aura fraudé au jour des examens sera exclu de ses rangs [1].

IV. — Université de Pensylvanie (1753).

Établie dans la cité de Philadelphie, qui, avec sa population de plus d'un million d'habitants, est, après New York et Chicago, la troisième grande ville des États-Unis, l'Université de Pensylvanie est surtout renommée pour l'excellence de son école de médecine, qui compte au moins 847 étudiants (chiffres de 1892-1893), et une véritable légion de professeurs, plus d'une centaine; et aussi pour ses cours de science politique, financière et économique.

Elle comprend d'ailleurs en outre : 1° un *college department*, qui, à la différence de ceux de Harvard, de Yale et de Princeton, est ouvert aux deux sexes; 618 élèves de toute catégorie qui se partagent en sept cours distincts : arts, 112; sciences [2], 282; finances, 73; histoire naturelle, 10; architecture, 58; biologie, 43; musique, 20; — 2° un *department* de philosophie, école de lettres et de sciences supérieures [3], pour les candidats aux titres de docteur en philosophie, de maître ès arts ou ès sciences; 117 élèves et 42 professeurs; — 3° une école de droit, avec 217 étudiants et 10 professeurs.

Au total, la population scolaire de l'Université de Pensylvanie était, en 1892-1893, de 2 033 élèves, de 253 *professors, lecturers and instructors*, au dire du catalogue. En 1889-90, la statistique du Bureau d'éducation ne lui attribuait que 180 professeurs, le

1. Pour expliquer le bien que nous venons de dire de la jeunesse de Princeton, il ne sera pas inutile de rappeler qu'une des maximes favorites de M. Mc Cosh était celle-ci : « C'est des étudiants que vient surtout la force d'un collège ou d'une Université. Présidents, administrateurs, professeurs ont beau faire : ils ne peuvent réussir, si leurs étudiants ne sont pas solidement organisés. »

2. L'enseignement des sciences est donné dans une école distincte, *the Towne scientific school*.

3. « *The object of this department is to afford advanced instruction in the various branches of literature and science.* » (*Catalogue* de 1892-93, p. 177.)

même chiffre qu'à Columbia College, et qui n'était dépassé qu'à Harvard, où il y avait 217 professeurs de tout ordre.

Origines de l'Université de Pensylvanie. — L'Université de Pensylvanie peut donc compter parmi les quatre ou cinq établissements les plus peuplés de l'Amérique. Sa prospérité date de loin. C'est à l'initiative de Franklin et du mémoire qu'il publia en 1749, sous le titre : *Projets relatifs à l'éducation de la jeunesse en Pensylvanie*, qu'elle doit ses premières origines. A l'appel de Franklin, quelques citoyens se réunirent et fondèrent, en 1751, une école dont le programme débutait ainsi :

« Puisque le bien-être d'une société dépend de l'éducation de la jeunesse, aussi bien, en grande partie, que le bien-être dans l'éternité de chaque individu ; car c'est l'éducation qui imprime dans les tendres esprits des enfants les principes de la moralité et de la religion, qui leur enseigne les devoirs qu'ils ont à remplir envers la société où ils vivent, et les uns envers les autres, qui leur apprend à connaître les langues et les autres parties de l'instruction, dont ils ont besoin pour se rendre utiles dans les différents emplois publics auxquels ils seront appelés.... »

L'école ainsi fondée sous le nom d'*Académie de Pensylvanie*, pour l'enseignement de l'anglais, des mathématiques et du droit, devint un collège, deux ans plus tard : ce qui lui donnait le droit de conférer des grades.

L'esprit de la maison était d'ailleurs religieux, et il offrait cette particularité qu'à certaines époques tout au moins, par une sorte d'éclectisme, le prévôt du collège, c'est-à-dire le président [1], était anglican, le vice-prévôt, presbytérien, et le professeur principal, baptiste. Aujourd'hui l'Université est non confessionnelle.

C'est en 1791 que le collège est devenu l'Université de Pensylvanie ; et elle méritait déjà ce titre, qu'elle semble avoir été la première à prendre aux États-Unis, par son école de droit fondée en 1790 (réorganisée en 1850), et surtout par son école de médecine, qui date de 1765.

École de droit. — L'école de droit qui, en 1892, a conféré

1. La vieille appellation de prévôt, au lieu de président, s'est maintenue. Le prévôt actuel de l'Université de Pensylvanie est M. William Pepper, docteur en médecine et en droit.

37 diplômes de bachelier en droit, a l'avantage, font observer les programmes, d'être établie dans une ville où siègent la Cour suprême de Pensylvanie, la Cour d'appel des États-Unis, et d'autres tribunaux nationaux ou locaux; « de sorte que les étudiants peuvent compléter leur instruction juridique en observant de près la pratique des Cours de justice, et en écoutant les plaidoiries d'avocats habiles[1] ». Le barreau de Philadelphie est particulièrement renommé aux États-Unis.

Mais c'est surtout par son école de médecine que l'Université de Pensylvanie est importante. C'est la plus vieille institution de ce genre qui existe en Amérique. Elle a été fondée, en 1765, par les docteurs William Shippen et John Morgan, qui, après avoir fait en Angleterre leur éducation médicale, rapportèrent dans leur pays les plans et les méthodes de l'Université d'Édimbourg. Elle s'est enrichie en un siècle de tout ce que les études médicales réclament de laboratoires, de cliniques, d'appareils de toute espèce. Un hôpital particulier, propriété de l'Université, et qui est contigu aux autres bâtiments de l'école, *the University Hospital*, a mis à la disposition des étudiants, en une seule année (1891), 12 002 cas de maladies. Mais les autres hôpitaux de Philadelphie sont ouverts aussi aux élèves de l'Université. Le *Wistar and Horner Museum* possède une collection de pièces d'anatomie normale ou morbide, dont le nombre et la variété sont *insurpassed in the United States*. Les laboratoires sont au nombre de six : laboratoires d'histologie, d'ostéologie, de physiologie, de pathologie, de pharmacie et de thérapeutique expérimentale. Des pavillons séparés sont consacrés, l'un, aux maladies chroniques, deux autres aux services de la maternité; un quatrième est une maison de nourrices. Une bibliothèque spéciale complète cet ensemble, où ne manque rien d'essentiel. Le nombre des diplômes de docteur en médecine délivrés en 1892 par l'Université de Pensylvanie s'est élevé au chiffre de 154 : Columbia College seul en a distribué davantage.

Les études paraissent sérieusement organisées pour une école médicale d'Amérique, et il est vraisemblable que si toutes les

1. *University of Pennsylvania, Catalogue* (1892-93, p. 289).

écoles de médecine des États-Unis ressemblaient à celle-ci, le président de Harvard, M. Eliot, n'aurait pas eu à constater, comme il l'a fait en termes très vifs, dans son rapport pour l'année 1871-72, l'insuffisance professionnelle des médecins aux États-Unis.

« C'est une chose horrible à contempler, disait-il, que l'ignorance, l'incompétence générale de la moyenne des gradués des écoles de médecine américaines, au moment où ils reçoivent le diplôme qui leur livre le public en pâture. Empoisonner, estropier, tuer, et tout au moins être impuissant à conserver la santé et la vie, ou à prévenir la souffrance, tel est le résultat des bévues d'un jeune médecin ou chirurgien ignorant ou stupide. Permettre à la grande masse des jeunes médecins d'apprendre par la pratique les rudiments de leur profession, c'est agir au point de vue de l'intérêt public comme si l'on confiait le commandement d'une armée à des hommes qui auraient à apprendre en face de l'ennemi les éléments de l'art de la guerre [1]. »

Conditions exigées pour le grade de docteur. — Mais à l'Université de Pensylvanie, les garanties qu'on exige des

1. Dans son très judicieux et très exact *Rapport sur les Institutions médicales aux États-Unis*, qu'il adressait en 1868 au Ministère de l'Instruction publique, à la suite d'une mission dont il avait été chargé, M. le Dr Th. de Valcourt signalait en termes précis les qualités et les défauts des écoles de médecine américaines. Les choses n'ont pas beaucoup changé depuis 1868. « Ce système, disait-il, ou plutôt cette absence de système a pour résultats : 1° formation d'un nombreux personnel de professeurs travaillant beaucoup, se perfectionnant sans cesse eux-mêmes, afin de rendre leurs cours plus intéressants et par là plus suivis; 2° programmes combinés pour apprendre beaucoup et en peu de temps; 3° durée insuffisante des études médicales; 4° examens trop faciles; 5° avilissement du diplôme de docteur en médecine. Presque tous les professeurs auxquels j'ai parlé de ces graves défauts de l'organisation américaine reconnaissent que la durée des études est trop courte, mais la concurrence des écoles entre elles ne permet pas de retenir les élèves pendant les quatre ou cinq années nécessaires pour acquérir une éducation médicale un peu complète. C'est pour les mêmes motifs que les professeurs n'osent pas se montrer sévères aux examens et refuser le diplôme (le nombre des éliminés est insignifiant); l'école serait réputée alors trop rigide et les élèves iraient se faire recevoir ailleurs. Les défenseurs du système américain donnent pour excuses : la plupart de nos jeunes gens ne peuvent consacrer plus de deux à trois ans à leurs études; ils ne sont pas riches, leurs familles subviennent difficilement aux frais de leur instruction, et, de plus, on n'admet pas en Amérique qu'un jeune homme reste si longtemps sans gagner sa vie. » (M. de Valcourt, *op. cit.*, Paris, 1869, p. 15-28.)

futurs médecins, pour être un peu plus sévères qu'ailleurs, ne le sont pourtant pas assez. Voici quelles sont les conditions de graduation exigées pour le titre de docteur en médecine :

1° Le candidat doit avoir vingt et un ans [1], et être d'un bon caractère moral, *of good moral character* (c'est notre certificat de bonne conduite).

2° Il faut qu'il ait subi avec succès ses examens dans toutes les branches obligatoires du programme, qu'il ait pris part à l'instruction pratique dans tous les *departments* et qu'il ait passé dans l'Université de Pensylvanie sa dernière année d'études (on n'exige plus de thèses, mais on recommande aux étudiants d'en préparer s'ils veulent participer aux concours ouverts pour différents prix).

3° Le candidat doit avoir assisté au moins à un accouchement.

Ajoutons que la scolarité n'est que de quatre ans, et que, commencée à dix-sept ou dix-huit ans, puisqu'il suffit d'avoir vingt et un ans pour être docteur, elle appelle à des études bien hâtives des étudiants bien jeunes.

Les conditions d'admission à l'école sont des plus modestes : un grade quelconque dispense de tout examen d'entrée; à défaut de grade, et généralement on n'en a pas [2], on est tenu : 1° d'écrire une composition (*an essay*) d'environ trois cents mots, pour faire preuve de ses connaissances en grammaire et en orthographe; 2° de passer un examen oral qui porte sur la *physique élémentaire* (1re partie de la *Chimie* de Fownes). Quelle que soit l'intensité de la culture reçue pendant quatre ans à l'école, il est difficile que les jeunes gens qui y sont entrés sans qu'on leur ait demandé d'autres garanties d'instruction qu'un peu d'orthographe et quelques notions de physique, puissent devenir de bien brillants étudiants [3].

1. Les premiers règlements de l'école de Pensylvanie, à la date de 1765, étaient plus sévères. Le candidat au doctorat devait avoir vingt-quatre ans. Il devait écrire et soutenir une thèse, à moins qu'il ne demeurât si loin dans l'intérieur de l'Amérique que le voyage ne fût trop difficile; dans ce cas il devait envoyer sa thèse écrite.

2. En 1892, sur 311 élèves de première année, il n'y en avait pas beaucoup plus de 60 pourvus d'un diplôme de bachelier.

3. Outre son école de médecine, l'Université de Pensylvanie possède une école d'art dentaire, avec 153 élèves, une école d'art vétérinaire, avec 92 élèves. La durée des études est de trois ans dans chacune, un an de moins seulement qu'à l'école de médecine.

Conditions de graduation pour le titre de docteur en philosophie. — L'Université de Pensylvanie, dans son *department of philosophy*, confère aussi le diplôme de docteur. Voici quelles sont les conditions requises : être bachelier ès arts ou ès sciences; avoir obtenu le baccalauréat dans un collège dont les grades soient acceptés comme équivalant aux grades de l'Université de Pensylvanie; à défaut du diplôme de baccalauréat, subir un examen qui établisse que l'on est suffisamment préparé aux études supérieures; consacrer à ces études supérieures deux années au moins, résider dans l'Université une année au moins, sur les deux; enfin se faire examiner sur trois sujets choisis dans la liste ci-dessous, qui ne comprend pas moins de 21 branches d'études distinctes, un de ces sujets étant considéré comme le *major subject*, les deux autres étant les *minor subjects* :

Archéologie et linguistique américaines, histoire d'Amérique, botanique, chimie, philologie comparée et sanscrit, langue et littérature anglaises, histoire d'Europe, psychologie expérimentale, philologie et littérature allemandes, langue et littérature grecques, langue et littérature latines, institutions légales, mathématiques, minéralogie et géologie, économie politique, science politique, philosophie, physique, philologie et littérature romanes, langues sémitiques, zoologie.

Toutes les études scientifiques ou littéraires conduisent donc au doctorat en philosophie, — celles qui sont le moins représentées dans le programme sont précisément les études philosophiques proprement dites, — et elles y conduisent un peu vite, puisqu'on n'exige que deux ans de travail, ce qu'on demande en France pour la préparation à la licence ès lettres. N'ayant pas à présenter de thèse écrite, le docteur en philosophie de Pensylvanie n'est pas même l'égal de nos licenciés français.

Signalons parmi les institutions originales de l'Université de Pensylvanie, d'abord une *école de finances et d'économie politique*, *The Wharton school*, qui est l'équivalent de ce que dans d'autres Universités on appelle *Faculté d'histoire et de politique* ou *école de science politique*; on y enseigne les principes du gouvernement civil, et aussi, dans des vues plus pratiques, la comptabilité, les lois du commerce; ensuite, l'*école de l'his-*

toire et des institutions d'Amérique, qui est ouverte à la fois aux *undergraduates*, pour la préparation du baccalauréat, et aux *graduates* pour la préparation du doctorat en philosophie; enfin l'*école de biologie*, où les *undergraduates* peuvent suivre des cours préparatoires aux études médicales.

Sans être aussi riche que Harvard et que Yale, l'Université de Pensylvanie est pourtant une des mieux dotées. Sa bibliothèque possède 80 000 volumes; son matériel scientifique a une valeur de 261 500 dollars; ses bâtiments, estimés à 2 121 000 dollars, la placent au troisième rang, après Harvard et Columbia College; son revenu annuel est de 224 780 dollars, qui proviennent pour 78 463 dollars de son capital, et pour 146 317 dollars des rétributions payées par ses élèves [1].

V. — Columbia College (1754).

Columbia College mérite une attention particulière. Une des plus anciennes des Universités d'Amérique, elle est aussi une de celles qui cherchent le plus à se rajeunir, à s'étendre dans le sens du progrès scientifique moderne, une de celles enfin qui peuvent le plus justement prétendre qu'elles font œuvre d'enseignement supérieur [2].

Elle comprend, comme presque toutes les autres, un collège, la *school of arts*, et une Université : écoles de médecine, de droit, des mines (écoles professionnelles), de science politique, de philosophie, et enfin de science pure (écoles non professionnelles).

Renseignements statistiques. — Mais à l'inverse de ce que nous constatons dans la plupart des Universités des États-Unis, c'est le collège, c'est-à-dire l'école d'enseignement secon-

1. Le succès de l'Université de Pensylvanie est d'autant plus remarquable qu'elle a des rivales à Philadelphie même. Pour les études médicales, la capitale de la Pensylvanie possède en effet : le *Jefferson medical college* (fondé en 1826; 43 professeurs, 847 élèves, en 1888-89); — le *medico-chirurgical college* (1881, 45 professeurs, 151 élèves); — le *Woman's medical college* (1850; 28 professeurs, 171 élèves).

2. Voir sur Columbia College : *Historical sketch on present condition*, New York, 1893; les *Handbooks of information*, les *Catalogues*, les *University Bulletins*, etc.

daire, qui y occupe le moins de place [1], et qui, vu l'ensemble de la population scolaire, 1 671 inscrits en 1889-90 [2], retient le moins d'élèves, 270 seulement, dont 10 filles : de sorte que près de 1400 jeunes gens y appartiennent à la haute instruction, professionnelle ou non, et s'y préparent aux grades supérieurs : ni Harvard ni Yale n'en ont autant, il s'en faut.

Voici comment ces étudiants se distribuent dans les six écoles qui composent l'Université : médecine, 728 élèves (nous donnons les chiffres du *Catalogue* de 1893-94); droit, 270; mines, 370; science politique, 99 [3]; philosophie, 90; science pure, 29.

Le nombre des professeurs était en 1890 de 186, en 1892 de 226. La bibliothèque, une des plus belles de l'Amérique, possède environ 170 000 volumes et un grand nombre de brochures; elle reçoit plus de 700 périodiques, scientifiques et littéraires. Dans les quatre dernières années, l'accroissement annuel a été en moyenne de 17 000 volumes. Les bâtiments représentent une valeur approximative de 1530000 dollars. Les revenus annuels s'élèvent à 725 885 dollars; Harvard même est moins riche.

Situé au centre de New York, non loin de Broadway, Columbia College, outre ses ressources propres, a l'avantage de mettre à la disposition de ses élèves tous les éléments de travail que possède la grande cité, et de leur ouvrir divers établissements avec lesquels il est plus ou moins affilié : le *séminaire théologique*, dit *de l'Union*, le *Musée des arts*, le *Musée d'histoire naturelle*, et enfin le *Teachers College*. Nous ne sommes nullement de l'avis de M. de Coubertin qui, dans son enthousiasme pour le grand air et les vastes espaces de la campagne, déplore que Columbia College soit une Université urbaine. « Si

1. Les chiffres des années suivantes ne sont pas sensiblement différents : 1 611 élèves en 1892-93.

2. En 1887, sous la présidence de M. F. A. P. Barnard, on a discuté sérieusement la question de savoir si l'on ne supprimerait pas tout à fait le collège, afin de consacrer toutes les forces et toutes les ressources de la maison à l'enseignement supérieur seul, à la *post-graduate instruction*.

3. Le *Catalogue* attribue à l'école des sciences politiques 226 élèves : mais la plupart sont des étudiants en droit, déjà recensés par conséquent, et qui suivent les cours des deux Facultés à la fois.

j'étais Columbia College, écrit-il, je réaliserais promptement mon capital, et je l'emploierais à m'installer grandement sur les rives de l'Hudson, ou sur la baie de New York. Quelque plaisantes que soient la Quatrième Avenue et la Cinquantième rue, un coin de rivage ferait bien mieux mon affaire et celle de mes étudiants. Telle qu'elle est actuellement, l'Université se trouve dans une situation de notoire infériorité par rapport à ses sœurs [1]. » Les statistiques suffisent à démontrer l'inexactitude de cette affirmation, et établissent qu'au contraire Columbia College est tout à fait au premier rang. Nous l'avons déjà montré pour le nombre des étudiants. Nous pouvons le prouver encore pour le nombre des grades conférés. En 1888-89, tandis que Harvard ne distribuait que 349 diplômes, Yale, 286, Columbia College faisait 468 gradués, qui se décomposaient d'ailleurs ainsi : 39 bacheliers ès arts, A. B., 28 maîtres ès arts, A. M.: 21 maîtres ès sciences, M. S. (dont deux *sanitary engineers*); 14 bacheliers ou ingénieurs de l'école des mines; 21 bacheliers en philosophie, Ph. B.; 8 docteurs en philosophie, Ph. D.; 166 docteurs en médecine, M. D.; enfin, 172 bacheliers en droit, LL. B.

Origines de Columbia College. — Columbia College n'est devenu que peu à peu ce qu'il est aujourd'hui. Fondé en 1754, sous le nom de « King's College », avec une dotation de 17000 dollars environ, produit de loteries publiques; réorganisé en 1787, après la Révolution, sous son nom actuel, il était à ses débuts sous le patronage de l'Église anglicane ; mais dès l'origine pourtant, afin de faire la part aux diverses confessions religieuses, le *Board of governors*, outre le recteur de « Trinity Church », comprenait un ministre de chacune des Églises de New York : Église luthérienne, Église française, Église de la congrégation presbytérienne. « C'est sans doute pour cette raison, fait remarquer l'auteur de l'*Historical sketch of Columbia College*, que Columbia, presque seul de tous les collèges américains antérieurs à la Révolution, n'a jamais eu de Faculté de théologie. »

1. M. de Coubertin, *op. cit.*, p. 49. Le président Barnard était de notre avis quand il disait : « *The location of the institution in the greatest city of the continent is peculiarly favourable* ». (*Report* du Bureau d'éducation, 1887-88, p. 666.)

C'est depuis trente ans surtout que Columbia s'est véritablement transformé en un établissement d'enseignement supérieur. Son école de droit date de 1858; son école des mines, de 1863; l'école de médecine, fondée en 1807, sous le titre de *College of physicians and surgeons in the city of New York*, n'a été incorporée définitivement à Columbia College que depuis 1891 [1]. C'est en 1880 seulement qu'a été organisé le *graduate department* (Faculté de philosophie), et la même année aussi, l'école de science politique.

Il ne faut pas oublier, quand on examine et qu'on prétend juger les Universités d'Amérique, qu'elles sont pour la plupart de création récente, et qu'elles ont eu beaucoup de peine à se dégager de leurs attaches avec l'enseignement secondaire [2]. A Columbia College, l'effort pour s'élever aussi rapidement que possible au niveau de l'enseignement supérieur a été particulièrement remarquable et fécond.

« Par l'inévitable force des choses, disait en 1888 le président Barnard, nous sommes conduits à concentrer notre énergie sur l'enseignement supérieur.... Nos Facultés pourraient trouver amplement leur emploi, si elles se bornaient à instruire exclusivement les *graduate students*. D'autre part, telle a été dans ces dernières années l'excessive multiplication des collèges *undergraduates* dans notre pays, qu'il y aurait un profit réel, pour les intérêts pédagogiques des États-Unis, à voir disparaître un grand nombre de ces collèges.... La ville de New York, par exemple, compte environ un million et demi d'habitants : elle peut par conséquent fournir environ 600 élèves de collège, à raison de 1 par 2 500 habitants. Un seul collège pourrait suffire à recueillir ce contingent. Mais au lieu d'un collège nous en avons trois, sans compter les collèges moins importants, placés sous le patronage de l'Église catholique romaine. Ce ne serait donc pas un grand malheur, si Columbia College cessait d'exister comme institution d'enseignement secondaire, et se consacrait uniquement à l'éducation supérieure. »

Quoiqu'il n'ait pas été donné suite au projet de suppression du collège proprement dit, Columbia prend de plus en plus au

1. Une Faculté médicale, constituée en 1767, avait cessé d'exister au commencement de ce siècle.

2. C'est en 1882 seulement que le président Barnard écrivait, après avoir signalé les fondations nouvelles : « *The college has then taken on the functions and assumed the aspect of a University* ».

sérieux son rôle d'Université, et le prouve en exigeant de ses candidats aux grades supérieurs des conditions de capacité toujours plus sévères.

École de droit. — L'école de droit comprend au minimum trois années d'études, pour la préparation au grade de bachelier[1]. L'étudiant est tenu de suivre par semaine treize heures de cours, dans la première année, quatorze, dans la seconde, douze, dans la troisième; mais en seconde et en troisième année, l'école lui offre d'autres cours facultatifs. Voici d'ailleurs le programme d'études des trois années :

1re ANNÉE. — Contrats, 3 heures; propriété immobilière, 3 heures; « torts », 2 heures; lois et procédure criminelles, 2 heures; lois relatives à la personne et aux relations de famille, 1 heure; « common law pleading and practice », 1 heure; éléments de jurisprudence, 1 heure; « equity », 1 heure.

2e ANNÉE. — Contrats et quasi-contrats, 3 heures; « equity », 3 heures; propriété immobilière, 3 heures; droit administratif, 3 heures; « agency », 2 heures; « bailments and carriers », 2 heures; droit constitutionnel comparé, 2 heures; histoire du droit européen, 2 heures; « Institutes » du droit romain, 2 heures; ventes de propriétés immobilières, 2 heures; pratique du code, 1 heure; « equity pleading and practice », 1 heure; assurances, 1 heure; jurisprudence médicale, 3 heures.

3e ANNÉE. — « Code pleading and practice », 2 heures; corporations, 2 heures; témoignages, 2 heures; droit international, 2 heures; « negotiable papers », 2 heures; sociétés (*partnerships*), 2 heures; cautions et créances hypothécaires, 2 heures; jurisprudence systématique, testaments, 2 heures; droit maritime, 1 heure; « conflict of private law », 1 heure; corporations municipales, 1 heure; législation financière, 1 heure; doctrines particulières de la législation de New York, 1 heure.

Ce qui frappe au premier regard dans ce programme, c'est l'émiettement et la particularisation des études de droit civil; c'est aussi le peu d'attention accordé au droit romain : deux heures seulement en seconde année; et encore ce cours n'a-t-il pas été professé en 1893-94, ce qui montre bien qu'on n'y

1. Cela n'est pourtant pas une règle absolue; en effet, les élèves de la classe des *seniors* (4e année) du collège de Columbia sont autorisés, dans leur préparation au baccalauréat ès arts, à suivre les cours de la première année de droit : ce qui réduit à deux ans leur préparation spéciale au baccalauréat en droit.

attache pas d'importance; — et enfin l'omission de l'économie politique, qui s'explique p[illegible] existence distincte d'une Faculté de science politique, d[illegible] les cours sont ouverts aux étudiants en droit.

Ce qui frappe encore, c'est le grand nombre de cours que l'étudiant est tenu de suivre.

Au-dessus du grade de bachelier en droit, se place celui de *master of laws*, qui est conféré aux bacheliers, à condition qu'ils aient suivi, pendant un an au moins, un cours d'études approuvé par la Faculté, et qui doit être de dix heures au moins par semaine.

Les conditions d'admission à l'école sont des plus tolérantes, quoiqu'on les ait rendues plus difficiles dans ces derniers temps. On admet sans examen les gradués des collèges et des écoles scientifiques, et aussi les jeunes gens pourvus de certificats spéciaux dont on accepte l'équivalence; à défaut de diplôme et de certificat, on se contente de faire passer un examen, en tout semblable à celui qui ouvre les portes de la classe des *freshmen*, sauf que le français et l'allemand peuvent y remplacer le latin et le grec. De sorte qu'il est tout aussi facile d'entrer à l'école de droit que d'être admis dans la classe de collège qui correspond à la troisième classique ou moderne d'un lycée français.

Quant aux conditions de graduation, il n'y en a pas d'autres que d'avoir suivi les cours ci-dessus indiqués, et subi avec succès les examens qui ont lieu à la fin de chaque année de cours. Il n'y a pas d'examen spécial pour l'obtention du grade, lequel n'est que la consécration accordée à des études régulièrement faites.

École de médecine. — La durée des études à l'école de médecine est de trois ans. Pour y être admis, le candidat doit remplir les conditions suivantes[1] : ou bien être bachelier d'un collège, ou bien avoir suivi, pendant trois ans, un cours d'académie, ou de *high school*; ou bien avoir reçu une éducation antérieure que les régents de l'école considèrent et acceptent

1. Ces conditions ont été établies par la législation de l'État de New York, le 9 mai 1893.

comme l'équivalent d'un grade; ou enfin, passer un examen d'entrée, qui porte sur l'arithmétique, l'anglais, la géographie, l'orthographe, l'histoire des États-Unis, la composition anglaise, et la physique.

On est un peu plus exigeant, on le voit, qu'à l'Université de Pensylvanie, sans l'être beaucoup; puisqu'il suffit, pour devenir étudiant en médecine, d'avoir fréquenté les écoles secondaires du premier degré, celles qu'on appelle les académies ou les *high schools*. Les exercices obligatoires du *curriculum*, répartis en trois ans, sont les suivants :

1re ANNÉE. — *Leçons didactiques et démonstrations* : 1° anatomie; 2° physiologie; 3° physique et chimie. — *Travaux pratiques* : 1° dissection; 2° histologie normale; 3° chimie physiologique et médicale.

2e ANNÉE. — *Leçons didactiques et démonstrations* : 1° anatomie; 2° physiologie: 3° physique et chimie; 4° matière médicale et thérapeutique, en y comprenant l'hygiène; 5° pathologie et médecine pratique, en y ajoutant les maladies de l'esprit et du système nerveux; 6° principes et pratique de la chirurgie; 7° obstétrique et gynécologie.

Dissection. — *Cliniques* : 1° médecine générale; 2° chirurgie générale.

Travaux pratiques de clinique : 1° médecine générale; 2° chirurgie générale.

3e ANNÉE. — *Leçons didactiques* : 1° matière médicale et thérapeutique; 2° pathologie et médecine pratique; 3° principes et pratique de la chirurgie; 4° obstétrique et gynécologie; 5° ophtalmologie.

Cliniques : 1° maladies mentales; 2° gynécologie; 3° maladies des enfants; 4° maladies vénériennes; 5° maladies de la peau; 6° maladies de la gorge; 7° maladies des yeux; 8° maladies des oreilles.

Travaux pratiques de pathologie et d'histologie pathologique.

Travaux pratiques de clinique obstétricale.

Le plan d'études est certainement satisfaisant dans son ensemble et à peu près complet. Notre Faculté de médecine de Paris ne comprend guère en plus que les cours de médecine légale et d'histoire de la médecine. Mais, il faut bien que nous le répétions, le temps manque évidemment en trois ans pour approfondir un programme aussi vaste, surtout avec des élèves qui, pour la plupart, y sont mal préparés, et qui n'apportent pas à l'école une sérieuse instruction préalable pour les sciences physiques, chimiques et naturelles.

Quant aux examens, ils n'offrent rien de bien particulier,

mais il est pourtant spécifié qu'ils doivent être pratiques et écrits (*practical and in writing*).

École de science politique. — L'école de *political science* a été ouverte en 1880. Voici quel est son objet, ou son but :

« La Faculté aspire à donner une vue générale et complète de tous les sujets de politique publique, à l'intérieur et à l'extérieur, au triple point de vue de l'histoire, de la législation et de la philosophie Son premier but, par conséquent, est de développer toutes les branches de la science politique. Son second but, d'un caractère pratique, consiste :

a. A préparer les jeunes gens pour toutes les branches politiques du service public ;

b. A procurer une instruction appropriée, en économie politique et en droit, à ceux qui veulent faire du journalisme leur profession ;

c. A compléter, par des cours de droit public et de jurisprudence comparée, l'enseignement du droit privé municipal qui est donné par la Faculté de droit ;

d. A former des professeurs de science politique. »

L'école des sciences politiques a pleinement réussi : elle comptait, en 1892-93, 85 élèves gradués et 43 non gradués ; en tout 128. Voici le programme de ses cours :

1re ANNÉE. — Histoire des Constitutions de l'Europe, des États-Unis, et de l'Angleterre ; économie politique ; science financière ; histoire des théories politiques ; histoire financière des États-Unis ; histoire des tarifs de douanes aux États-Unis ; géographie historique et politique ; histoire politique de New York ; relations de l'Angleterre et de l'Irlande ; histoire de France [1].

1. On ne lira pas sans intérêt le programme du cours d'histoire de France depuis 1830. « L'objet de ce cours est de montrer le développement du gouvernement libre en France, depuis la chute de la branche aînée des Bourbons jusqu'à nos jours. D'abord on racontera la révolution de 1830, en indiquant le rôle des partis au moment de l'établissement de la monarchie de Juillet. On déterminera les conditions du gouvernement de cette monarchie à travers son histoire, jusqu'au jour où elle tomba sous les attaques grandissantes d'une démocratie agressive, et où le suffrage universel fut établi, en 1848. On étudiera ensuite l'histoire de la seconde République, avec ses insurrections socialistes, la renaissance du culte de Napoléon, les efforts des vieux partis pour rétablir leur autorité, et la victoire finale de l'idée impériale, au coup d'État du 2 décembre 1851. L'histoire du second Empire est l'histoire de la sophistication (*perversion*) du suffrage universel. Le gouvernement autocratique de l'Empire ne réussit pas à obtenir les sympathies du peuple ; concessions sur conces-

2ᵉ ANNÉE. — Étude comparée des Constitutions des principaux États européens et de la Constitution des États-Unis; les « Institutes » du droit romain; histoire de la législation européenne; étude comparée du droit administratif des États-Unis et des principaux États européens; histoire de l'économie politique; science sociale, théories socialistes et communistes; histoire de la période coloniale des États-Unis; histoire de la diplomatie; histoire de la diplomatie américaine; théories politiques américaines.

3ᵉ ANNÉE. — Jurisprudence comparée; droit international; conflit des lois privées; législation financière; législation des corporations municipales; statistiques, méthodes et résultats; la question des chemins de fer; histoire des États-Unis; droit criminel; sociologie; criminologie.

Ce vaste programme, l'école de science politique de Columbia ne l'offre pas seulement à ses étudiants propres : les *seniors* du *college department* sont admis à le suivre, et aussi bien entendu les élèves de l'école de droit, comme ceux de la Faculté de philosophie. Il y a, à Columbia College, une pénétration des divers enseignements, une fusion des Facultés distinctes, que nous ne trouvons nulle part ailleurs réalisée au même degré dans les Universités américaines. L'école ne confère point d'ailleurs de grades qui lui soient particuliers; mais les cours qu'elle professe peuvent être substitués à ceux du *college department*, pour la préparation au baccalauréat ès arts, et à ceux de la Faculté de philosophie pour le grade de maître ès arts et de docteur en philosophie.

Faculté de philosophie. — L'*University Faculty of philosophy* a pour office l'enseignement de la philosophie, de la philologie, de la littérature, et aussi les recherches, les investigations nouvelles afférentes à ces trois branches. Tout étudiant régulièrement inscrit peut d'ailleurs combiner avec les

sions ont dû être faites à un esprit plus libéral, en apparence, il est vrai, plus qu'en réalité. La non-réussite du système impérial se découvre enfin dans les désastres de la guerre franco-allemande. On montrera le développement de la constitution républicaine sous les présidents Thiers et Mac Mahon, et, après la victoire du parti républicain, les efforts qu'il a faits pour détruire, par ses lois scolaires nouvelles, par ses lois de charité (*eleemosynary laws*), le pouvoir de l'Église catholique. Le récit devra être conduit jusqu'au jour où le pape Léon XIII a adopté une politique de réconciliation avec la République française. » — Le professeur est M. Cohn; le cours est d'une heure par semaine.

cours de la Faculté de philosophie d'autres cours choisis parmi ceux que lui offrent les Facultés de droit, de médecine, de science politique, de science pure, de sciences appliquées (école des mines). Certains cours sont ouverts au public; les femmes comme les hommes peuvent y assister, à la condition de payer, avec le consentement du professeur, un droit d'auditeur (*an auditor's fee*). Le programme d'études et de recherches (*courses of study and research*) comprenait, en 1893-94, treize cours de philosophie, quinze de pédagogie, trois de psychologie expérimentale; huit cours de langue et littérature grecques; cinq d'archéologie et de géographie; treize cours de latin; quatorze cours d'anglais; quatre d'histoire et de critique littéraire; un cours de rhétorique; douze de langues germaniques; quinze de français; cinq d'italien, quatre d'espagnol; quatre de sanscrit; onze de langues sémitiques; cinq de langue persane; etc., soit plus de cent cours sur des sujets distincts. La Sorbonne littéraire et le Collège de France réunis n'en ont pas davantage. Sans doute plusieurs de ces cours sont confiés au même professeur; mais on ne peut pas nier qu'il y ait là une division du travail vraiment remarquable, une extraordinaire abondance d'enseignements[1]. On remarquera d'ailleurs que l'histoire proprement dite, dont l'étude est réservée à l'école des sciences politiques, ne figure pas dans ce programme.

Thèses de doctorat en philosophie. — Nous avons sous les yeux quelques-unes des thèses de doctorat en philosophie de Columbia College : elles traitent des sujets les plus variés; mais il est à remarquer que la philosophie proprement dite y paraît seule oubliée.

L'une, qui date de 1893, a pour titre : *la Séparation des pouvoirs*. C'est un travail de 129 pages, où l'auteur, s'inspirant de Montesquieu dans la théorie et, pour la pratique, de diverses Constitutions des États-Unis et de leurs commentateurs, expose la question avec une grande abondance de faits et de citations, comme le ferait chez nous un étudiant des Facultés de droit, dans sa thèse de doctorat. Une autre thèse, du même

1. Voir plus loin, chap. v.

genre, des mêmes dimensions, présentée, comme la précédente, en 1893, à la Faculté des sciences politiques, a pour objet la *Taxe d'héritage*. L'auteur y compare les législations de l'Europe continentale, de la Grande-Bretagne, des États-Unis, et termine par des conclusions générales, où il s'attache à démontrer que la taxe d'héritage est une institution légitime, démocratique, qui gardera sa place nécessaire dans le système d'impôts de l'avenir. Dans la bibliographie très étendue qui accompagne le volume, nous voyons cités le *Dictionnaire des finances* de M. Léon Say, les ouvrages spéciaux de MM. Cagnat, Clamageran, Vuitry, Paul Leroy-Beaulieu, etc.

Voici maintenant des thèses d'un genre tout différent, et où, en 1891, ont été abordées des questions de pure philologie. L'une est consacrée aux *Consonnes palatales dans la langue anglaise* (*palatal consonants in english*). L'auteur, M. Benjamin Duryea Woodwarth, avant d'étudier à Columbia College, a obtenu le brevet élémentaire à Paris; il a pris son grade de bachelier ès sciences à la Sorbonne, en 1885, et le premier degré du baccalauréat ès lettres, en 1886. Il a été élève du lycée Condorcet et du lycée Janson-de-Sailly.

A la philologie savante appartient une autre thèse de doctorat en philosophie, celle-ci écrite en latin, et dont nous reproduisons intégralement le titre à la page suivante.

École de science pure. — La faculté de philosophie délivre, on vient de le voir, des diplômes de maître ès arts et de docteur en philosophie.

Mais ces grades peuvent être recherchés aussi par les élèves de l'école de science pure, qui est de fondation toute récente (1892); elle est divisée en onze départements : mathématiques, mécanique, physique, chimie organique et inorganique, minéralogie, astronomie, géologie, lithologie et paléontologie, biologie, botanique, et physiologie.

L'école de science pure, en 1894-95, a compté 66 étudiants qui se décomposent ainsi : 31 gradués, 14 *seniors* de l'école des arts, 3 élèves de l'école de médecine, 9 de l'école des mines, et 9 étudiants spéciaux.

COMMENTARIVS ISAACIDIS

QVATENVS AD TEXTVM TALMVDIS INVESTIGANDVM ADHIBERI POSSIT,

TRACTATV 'ERVBHIN OSTENDITVR,

DISSERTATIO INAVGVRALIS

QVAM

CONSENSV ET AVCTORITATE

AMPLISSIMI PHILOSOPHORVM ORDINIS

IN

COLLEGIO COLVMBIAE

AD

SVMMOS IN PHILOSOPHIA HONORES

RITE IMPETRANDOS

SCRIPSIT

MAX. LEOPOLDVS MARGOLIS, A. M.

NOVI EBORACI

MDCCCXCI.

École des sciences appliquées (école des mines). — Ce qui surprendra davantage, c'est qu'on puisse devenir maître ès arts et docteur en philosophie, en suivant les cours de l'école des mines, qui d'ailleurs distribue aussi les titres spéciaux d'ingénieur des mines, d'ingénieur civil et électricien. L'école des mines de Columbia College est la plus ancienne des États-Unis, quoiqu'elle n'ait que trente ans d'existence. « Elle est, disait dès 1871 un écrivain américain, une des meilleures écoles du monde, plus scientifique que celle de Fribourg, plus pratique que celle de Paris. »

Enseignement de la pédagogie. — Une des innovations les plus récentes de Columbia College a été l'organisation d'un enseignement régulier de la science de l'éducation, qui est maintenant un *department* distinct de la Faculté de philosophie. En 1893, un accord a été conclu entre Columbia et le *Teachers College*, aux termes duquel tous les cours de ce dernier établissement sont placés sous le contrôle de la Faculté de philosophie, et des grades sont conférés aux étudiants. En 1893-94, le programme des cours donnés les uns à Columbia College, les autres au *Teachers College*, ont été au nombre de quinze [1] :

I. Histoire des théories et des institutions pédagogiques. — II. Pédagogie systématique ; psychologie de l'enfant. — III. Séminaire pédagogique. — IV. Psychologie appliquée à l'éducation. — V. Science et art de l'enseignement. — VI. Histoire de l'éducation. — VII. Principes de l'éducation, d'après Laurie, Rosenkranz et Herbart. — VIII. Méthodes de l'enseignement de l'anglais dans les écoles secondaires. — IX. Méthodes de l'enseignement de l'histoire dans les écoles secondaires. — X Méthodes de l'enseignement des sciences dans les écoles secondaires et primaires. — XI. Méthodes de l'enseignement du travail manuel. — XII. Méthodes de l'enseignement du latin, du grec, de l'allemand et du français. — XIII. Lecture et explication des ouvrages pédagogiques allemands et français dans le texte. — XIV. Méthodes de l'enseignement de la psychologie. — XV. Organisation scolaire et discipline.

1. L'organisation de cet enseignement déjà si complet de la science de l'éducation est due à un des hommes les plus actifs et les plus distingués de Columbia College, au doyen de la Faculté de philosophie, M. Nicholas Murray Butler, le directeur de l'*Educational Review* et de la collection *the Great Educators*.

Éducation des femmes. — C'est en 1883 seulement que Columbia College a ouvert ses portes aux jeunes filles; mais elles n'y ont guère figuré jusqu'ici que dans les cours du *collegiate department*. Depuis 1889 — et ce changement semble prouver que la coéducation perd du terrain, — c'est dans une dépendance de Columbia College, dans un établissement distinct, Barnard College, que les jeunes filles sont instruites. Barnard College est l'analogue de l'annexe féminine de Harvard. Le programme est absolument le même que celui de l'école des arts de Columbia College; le grade de bachelier ès arts y est conféré après quatre ans d'études dans des conditions identiques. Ce sont du reste les professeurs de Columbia College qui sont chargés de la plus grande partie de l'enseignement; ce sont eux qui président à tous les examens. La séparation, absolue pendant les trois premières années, n'est plus aussi rigoureuse pendant la quatrième année; certains cours de Columbia sont ouverts aux jeunes filles de la classe des *seniors* de Barnard. En outre les graduées de Barnard sont autorisées à suivre les cours d'Université de Columbia, pour s'y préparer aux grades supérieurs de la maîtrise ès arts et du doctorat en philosophie. Il ne semble pas qu'elles aient jusqu'à présent beaucoup profité de cette faveur : mais cela viendra.

Columbia College a été administré pendant vingt-six ans (de 1863 à 1889) par le président Barnard, qui, en mourant, lui a légué tout ce qu'il possédait [1]. Pendant son administration la population scolaire s'est élevée de 622 à 1612 élèves. Voici en quels termes il est apprécié dans l'*Historical sketch* déjà cité : « C'était un homme qui avait profondément étudié les questions d'éducation, qui sympathisait avec toutes les formes de la haute culture littéraire aussi bien que scientifique, très ouvert aux idées nouvelles,... — un *scholar* classique, et en même temps u[n] physicien, un chimiste, un mathématicien, qui joignait à toutes ces qualités celle d'être un poète et un musicien de quelque mérite. »

1. Le président actuel est M. Seth Low.

VI. — DARMOUTH COLLEGE (1770).

Nous n'insisterons pas sur Darmouth College, qui n'est guère qu'un établissement d'instruction secondaire. On lui fait un honneur qu'il ne mérite pas, semble-t-il, en le classant parmi les Universités de premier rang. Son effectif scolaire ne dépassait guère 400 élèves en 1889-90, et sur ce nombre 256 appartenaient au *collegiate department*.

Darmouth College n'a, ni école de droit, ni rien qui soit l'équivalent de la haute culture littéraire et philosophique. L'enseignement supérieur et professionnel n'y est représenté que par un *medical college*, qui comptait, en 1890, 15 professeurs et 74 étudiants; par un *collège d'agriculture et d'arts mécaniques*, avec 9 professeurs et 31 élèves; par une école de génie civil, *school of civil engineering*, qui ne comptait la même année que 2 professeurs et 6 élèves; enfin, par une école de sciences, *Chandler scientific school* (1851), avec 12 professeurs et 64 élèves.

Darmouth College a été fondé en 1770, avec des ressources modestes. Il est placé sous le patronage de l'Église orthodoxe congrégationaliste; il est exclusivement réservé aux garçons. Établi à Hanover, petite ville de l'État du New Hamsphire, il ne paraît pas appelé à un grand développement. Mais le niveau des études y est élevé; et c'est pour cette raison sans doute que les statistiques du Bureau d'éducation lui ont fait place, dans leurs catalogues, parmi les établissements les plus importants. Il a aussi, grâce à son ancienneté, l'honneur de compter parmi ses élèves un certain nombre d'hommes célèbres aux États-Unis : le philologue Marsh, l'historien George Ticknor, et Daniel Webster. Sa bibliothèque est assez riche : 70 000 volumes; mais la valeur de ses immeubles n'est que de 200 000 dollars, et son revenu annuel de 63 000 dollars, ce qui est peu pour l'Amérique.

VII. — COLUMBIAN UNIVERSITY (1821).

Quoiqu'elle ait son siège à Washington, l'Université Colombienne est une des moins peuplées de celles que nous sommes en train d'examiner : 46 professeurs, 618 élèves (dont 586 garçons et 32 filles). Il est à remarquer pourtant que le *preparatory* et le *collegiate departments* ne prélèvent sur ce chiffre total qu'une toute petite partie : 154 élèves (chiffres de 1889-90), répartis dans diverses sections : écoles d'anglais, de grec, de latin et de mathématiques, de quatre années chacune; écoles de français et d'allemand, de trois années chacune; école de sciences naturelles, trois années; école de philosophie, deux années. Ces divers cours conduisent aux grades de bachelier ès arts, de maître ès arts, de bachelier ès sciences. Les autres élèves appartiennent aux écoles d'enseignement supérieur, et ce sont les plus nombreux : 212 à l'école de droit, qui date de 1864 (7 professeurs); 128 à l'école de médecine, dont 117 garçons et 11 filles (15 professeurs); — l'école de médecine a été fondée en 1824; — 113 à l'école scientifique Corcoran, établie en 1821, et qui rappelle le nom de son fondateur (16 professeurs); enfin 11 à l'école d'art dentaire.

En 1889-90, l'Université a conféré 20 diplômes de docteur en médecine, 3 de docteur en chirurgie dentaire, 73 de bachelier ou de maître en droit.

L'Université colombienne est relativement pauvre, puisque sa bibliothèque ne possède que 7 000 volumes, puisque son capital n'est que de 250 000 dollars et son revenu de 41 000 dollars.

VIII. — Université de Pauw (1837).

Les donations généreuses dont les Américains sont coutumiers ne sont pas toujours destinées à créer des établissements nouveaux; elles viennent parfois s'appliquer à des institutions déjà existantes, dont elles améliorent le budget et dont elles relèvent la fortune. Tel est le cas de l'Université de Pauw, qui s'est appelée Asbury University, de 1837 à 1884, jusqu'au jour où M. W. C. de Pauw a mérité par un don de 1 500 000 dollars de lui donner son nom. Nous n'insisterons pas longuement sur cette Université, qui ne présente point de caractères particuliers, sauf qu'elle est affiliée à la confession méthodiste. Installée dans une toute petite ville de l'État d'Indiana, Greencastle, qui ne compte que 5 000 habitants, elle a un nombre assez considérable d'élèves [1], plus de 1 000 (778 garçons, 260 filles), qui, pour la plus grande partie, se distribuent soit dans le *preparatory department*, soit dans le *collegiate department* (plus de 600); les autres suivent les cours du *graduate department* (16), de l'école de théologie (86 garçons et 5 filles), de l'école de droit (30), de l'école de musique (75 garçons et 115 filles), de l'école des arts (19 garçons et 30 filles), enfin de l'École normale, « école de didactique », comme on l'appelle encore (70 garçons et 75 filles). Les professeurs sont au nombre de 51, dont 18 pour la seule école de musique. On le voit, quoique M. Harris la compte parmi les établissements d'un ordre très élevé (*of a very high order*), l'Université de Pauw n'est guère qu'un collège d'enseignement secondaire, autour duquel se groupent quelques écoles spéciales, qui ne sauraient toutes prétendre à l'honneur de représenter l'enseignement supérieur. Sur les 85 grades qu'elle a conférés en 1888-89, la plupart sont des grades d'enseignement secondaire, de bachelier ès arts, de bachelier ès sciences, de bachelier en philosophie; elle n'a fait dans le courant de cette année, la dernière dont nous ayons sous les yeux le recensement, que 12 bacheliers en droit, 1 docteur en droit, plus 1 docteur en théologie.

IX. — Cornell University (1868).

L'Université Cornell n'a pas trente ans d'existence; elle a été instituée en 1865 et organisée en 1868. Elle est ouverte aux filles comme aux garçons.

En 1889-90, elle comptait déjà 1 329 élèves, dont 186 filles, et 104 professeurs; mais sur ce nombre il n'y a guère que 200 étudiants d'enseignement supérieur, le *collegiate department* ayant un effectif de plus de 1 100 élèves. Sa bibliothèque possède 108 138 volumes (chiffres de 1889-90) et 30 000 brochures. La valeur de son mobilier scientifique est estimée 466 611 dollars; celle des terrains et des bâtiments, 1 033 965 dollars. Son revenu annuel dépasse 330 000 dollars, soit plus de 1 500 000 francs. Le bienfaiteur généreux dont

1. Chiffres de la statistique de M. Harris, 1889-90.

elle porte le nom, M. Ezra Cornell (1807-1874), lui a fait don de 500 000 dollars; l'État de New York lui a attribué de son côté une riche dotation, et d'autres libéralités encore ont porté son capital au chiffre énorme de 4851688 dollars[1].

M. de Coubertin, dans son livre sur les *Universités transatlantiques*, a décrit avec verve les origines et les progrès de cette institution plusieurs fois millionnaire :

« Tout d'abord, dit-il, à l'appel généreux de M. Cornell répondirent une foule de fruits secs, de ratés, d'agités, de toqués; on vit venir près de 800 étudiants, et parmi eux des réfugiés politiques, russes, serbes, et bulgares, des rastaquouères brésiliens, des aigris de partout. « Jamais, a dit depuis un des professeurs de l'Université, jamais « on n'avait assisté à pareille réunion, depuis le jour où Romulus passa « en revue les citoyens qui avaient accepté de fonder avec lui l'empire « romain. » Il fallut renvoyer chez eux la moitié des candidats. M. Cornell s'en désolait : « C'est tout simple qu'ils ne sachent rien, puisqu'ils viennent apprendre », disait-il aux examinateurs d'entrée.... Que les temps sont changés! Et combien l'on a peine à comprendre, en parcourant aujourd'hui l'Université Cornell, que ces 1400 étudiants, que ces édifices innombrables, que toute cette richesse et toute cette science soient l'œuvre de vingt-cinq années? Plus d'utopies ni d'excentricités, mais un ton sérieux et laborieux que l'on constate bien vite. Il n'y a pas ici de jeunes fainéants; il y a des riches et des pauvres, mais tous étudient; il est resté quelque chose des nobles efforts du fondateur; il est resté un esprit d'ordre, d'économie et de travail, un esprit d'égalité et de fraternité sociales qui font de Cornell la plus franchement américaine des Universités transatlantiques [2]. »

Ce qui est certain, c'est que l'Université Cornell, par ses tendances pratiques et techniques, se distingue de ses rivales, qui attachent plus d'importance à la vieille culture classique; et c'est ce qui explique sans doute que, dans un certain milieu, elle ne jouisse pas d'une grande faveur[3]. Ce ne sont point les humanités, ni la science pure, qui dominent dans son programme, comme à Harvard ou à Yale; c'est l'étude des appli-

1. Notamment celles de M. Sage, pour le développement des études grecques, de M. Barnes, l'éditeur de New York, etc. Le président White a fait don de sa bibliothèque, 30 000 volumes.

2. M. de Coubertin, *op. cit.*, p. 191.

3. « Quand vous parlez de Cornell à un homme de Harvard ou de Yale, il tombe en pâmoison, etc. » (Coubertin, *op. cit.*, p. 213.)

cations industrielles qui y est surtout en honneur. Dans les *Reports* du Bureau d'éducation, l'Université Cornell est qualifiée « collège agricole et d'arts mécaniques » (*agricultural and mechanical college*). Et c'est en effet à ce titre qu'elle a été appelée à bénéficier, lors de sa fondation, des subventions de l'État, de ce qu'on a appelé le « *congressional land-grant*[1] ».

L'enseignement de l'Université Cornell est avant tout professionnel, dans le sens français du mot, ou technique, comme disent les Américains. Outre des cours littéraires et scientifiques analogues à ceux des autres collèges, et qui comprennent à la fois un *collegiate* et un *graduate department*, on y trouve cinq cours techniques qui portent sur les matières suivantes : 1° l'agriculture; 2° l'architecture; 3° l'électricité; 4° le génie civil; 5° les arts mécaniques. Chacun de ces cours dure quatre ans et conduit à des grades appropriés. Mais il y a aussi un second cours de génie civil, plus approfondi, et qui dure cinq ans. On en sort avec le titre d'ingénieur civil, tandis que le cours de quatre ans ne prépare qu'au grade de bachelier en génie civil (B. C. E.).

En outre, d'autres cours moins complets et qui n'aboutissent pas à des grades, sont organisés pour l'agriculture (3 ans), pour la préparation aux études médicales (2 ans), pour l'étude de l'histoire et de la science politique (2 ans), au profit des jeunes gens qui n'ont ni le temps ni les moyens de suivre un cours régulier d'études. Le libre génie de l'Amérique se plaît à varier ainsi ses programmes, afin de les adapter aux circonstances, et à se dégager d'une uniformité tyrannique qui ne tient pas compte de la diversité des besoins.

C'est depuis 1870 que l'enseignement dans les arts mécaniques a pris surtout son essor à l'Université Cornell. Grâce aux générosités de M. Hiram Sibley, on a construit le *Sibley College of mechanical engineering and mechanical arts*. L'instruction qu'on y donne est à la fois théorique et pratique; les élèves

1. En échange de ses subventions, l'État a le droit de faire instruire gratuitement dans l'Université un étudiant par district (*a student from each assembly district*). L'Université Cornell fait partie de ces établissements de sciences appliquées qu'on appelle les *Land-grant colleges*, et qui, en 1888, étaient au nombre de 32.

passent plusieurs heures par jour dans les ateliers, et on leur demande, aux examens du baccalauréat, de produire des œuvres de leur façon. On trouve à Sibley College une collection de modèles de constructions préparée par les soins du professeur Rouleau, directeur de l'école impériale des arts et manufactures de Berlin. On y trouve aussi les spécimens des meilleurs travaux de construction exécutés en Amérique; et en 1882, le président de l'Université, M. White[1], disait : « De plus en plus l'État et la nation ont des raisons de remercier le bienfaiteur qui a si libéralement pourvu ici à l'application de la science dans les grandes industries mécaniques de notre pays ».

L'Université Cornell possède aussi, depuis 1887, une école de droit et une école de pharmacie. L'école de droit, en 1889-90, avait 105 élèves avec 4 professeurs; et l'école de pharmacie, avec 11 professeurs, seulement 6 élèves, 5 garçons et 1 fille.

Il est probable que, sans renoncer à ses tendances plus particulièrement pratiques et industrielles, l'Université Cornell s'efforcera, à l'imitation de Harvard ou de Yale, d'embrasser peu à peu le champ entier des connaissances humaines. Déjà elle fait un assez grand nombre de gradués dans les lettres et dans les sciences pures, comme le prouve le tableau suivant, qui indique par catégories la nature des grades qu'elle a conférés en 1888-89 : bacheliers ès lettres, 19; bacheliers ès arts, 11; maître ès arts, 1; bacheliers ès sciences, 26; maîtres ès sciences, 6; bacheliers en génie civil et ingénieurs civils, 11; bacheliers en génie mécanique et ingénieurs mécaniciens, 33; bacheliers en philosophie, 18; docteur en philosophie, 1; gradué en pharmacie, 1; bacheliers en droit, 36.

X. — Université de Boston (1871).

En Amérique on ne craint pas les doubles emplois (*reduplications*), en matière d'instruction. On aurait pu croire que, dans le voisinage de Harvard, on hésiterait à créer un autre centre de hautes études; et cependant l'Université de Boston a vu le jour en 1871.

1. Le président actuel est M. Charles Kendell Adams.

Ce qui nous paraît la caractériser surtout, et ce qui ne saurait nous surprendre, Boston étant assurément, de toutes les grandes villes des États-Unis, celle où le développement intellectuel et le goût des choses de l'esprit sont le plus manifestes, c'est que les études générales qui correspondent à l'enseignement de nos Facultés des lettres et des sciences y sont particulièrement en honneur. L'Université de Boston a moins d'élèves dans son *college of liberal arts* que dans ses diverses écoles de hautes études; et c'est le contraire, on l'a vu, qui se produit presque partout ailleurs : 292 seulement sur un ensemble de 928 élèves, en 1889-90. Le *graduate department*, ce que nous appellerions en France les Facultés des lettres et des sciences, comprend 100 jeunes gens, 76 garçons et 24 filles. L'enseignement leur est donné dans un établissement distinct, l' « école de toutes les sciences » (*school of all sciences*), dont le programme véritablement encyclopédique embrasse « toutes les langues civilisées et leurs littératures, toutes les sciences naturelles et mathématiques, toutes les études théologiques et médicales, tous les beaux-arts, et enfin toutes les branches des études historiques ». Les écoles de théologie, de droit et de médecine, ont aussi, à l'Université de Boston, une assez nombreuse clientèle : 136 élèves dans la première, 179 dans la seconde, 102 dans la troisième; et sur ce nombre de 102 élèves en médecine, il est intéressant de constater que 40 sont des jeunes filles.

Enfin l'Université de Boston se flatte, avec raison, semble-t-il, de posséder un des meilleurs conservatoires des États-Unis, une école de musique qui vaut surtout par la qualité de son très petit nombre d'élèves : 10 garçons et 9 filles.

XI. — Vanderbilt University (1875).

L'Université Vanderbilt appartient, comme l'Université de Boston, à l'Église méthodiste épiscopale. Elle date de 1875 et ne compte guère plus de 600 élèves, avec 63 professeurs. Elle ne reçoit que des garçons.

Elle comprend un *collegiate department*, de 112 élèves; une section peu nombreuse de *gradués*, 8 seulement en 1889-90 : une école de droit, dont les cours durent deux ans, avec 4 professeurs et 50 étudiants; une école de médecine, beaucoup plus importante, avec 18 professeurs et 279 étudiants; une école d'art dentaire, 10 professeurs et 100 élèves; une école de pharmacie, 7 professeurs et 15 élèves; une école de théologie, 7 professeurs et 51 élèves; enfin une école de génie civil, 21 professeurs et 49 élèves.

Sa bibliothèque est pauvre encore, 13 500 volumes, et son revenu annuel ne s'élève pas beaucoup au-dessus de 100 000 dollars.

Elle a conféré, en 1888-89, 151 grades : 2 de bachelier ès lettres, 4 de bachelier ès arts, 1 de maître ès arts, 7 de bachelier ès sciences, 2 de bachelier en génie civil, 1 de bachelier en philosophie, 4 de bachelier en théologie, 82 de docteur en médecine, 28 de docteur en chirurgie dentaire, 6 de gradué en pharmacie, enfin 13 de bachelier en droit.

Elle porte le nom de ses bienfaiteurs, MM. Cornelius Vanderbilt et William H. Vanderbilt. Un certain avenir paraît réservé à cette Université, qui est établie à Nashville, capitale de l'État du Tennessee. Nashville compte plus de 70 000 habitants et paraît être le centre d'études le plus important dans le sud des États-Unis, surtout pour la race nègre.

On y trouve en effet l'Université Fisk (400 étudiants), l'Université Roger Williams (300 étudiants), et le *Central Tennessee College*, qui sont les principales institutions d'enseignement secondaire et supérieur pour les jeunes gens de couleur.

XII. — Johns Hopkins University (1876).

Johns Hopkins University a une réputation bien établie d'originalité scientifique. Récemment établie à Baltimore, « la cité monumentale », comme on appelle la capitale du Maryland, elle a dès le début dirigé surtout ses efforts vers l'étude des sciences.

Elle doit son origine à la munificence d'un riche commerçant, M. Johns Hopkins, qui lui a fait don, en 1867, de la plus grande partie de sa fortune, de trois millions et demi de dollars; mais elle n'a ouvert ses cours que neuf ans après, en 1876.

Elle ne comprend encore que deux *departments*, le collège, et une école d'études supérieures, littéraires et scientifiques (*graduate department*); elle ne confère que deux grades, celui de bachelier ès arts et de docteur en philosophie (36 bacheliers ès arts et 20 docteurs en philosophie, en 1889; 37 docteurs en philosophie en 1892).

Mais elle est en train d'organiser une école de médecine (ouverte en 1893), qui trouvera dans l'hôpital Johns Hopkins (établi en 1889 par la générosité du même bienfaiteur, avec une dotation de près de 10 millions de francs) un centre d'observations et d'expériences des mieux organisés.

En 1889-90, l'Université Johns Hopkins ne comptait que 58 professeurs; elle en a maintenant plus de 70[1]. Les élèves sont au nombre de 600 environ[2], sur lesquels plus de la moitié sont des gradués. Sa bibliothèque renferme 35 000 volumes; son mobilier scientifique représente une valeur de 167 000 dollars, ses terrains et ses bâtiments sont estimés 682 000 dollars; enfin ses revenus sont de 113 702 dollars, dont 38 800 dollars proviennent des rétributions scolaires.

L'importance réelle de Johns Hopkins dépasse de beaucoup celle que semblerait lui attribuer la seule considération du nombre de ses élèves, qui est relativement médiocre. Par son système particulier d'études, qui tend surtout aux recherches originales, par ses publications extrêmement nombreuses et qui se répandent jusqu'en Europe, Johns Hopkins se place tout à fait au premier rang parmi les foyers de la haute instruction en Amérique.

Voici les titres de quelques-unes de ses publications périodiques :

I. — *American Journal of mathematics* (trimestriel), fondé en 1878;
II. — *American chemical Journal* (huit numéros par an), fondé en 1879;
III. — *American Journal of philology* (trimestriel), fondé en 1880;

1. Voir *the Johns Hopkins University Register*, 1892-93.
2. 551 exactement en 1892-93.

IV. — *Studies from the biological laboratory* (4 volumes ont paru depuis 1879);

V. — *Studies in historical and political science* (dix séries ont été publiées depuis 1882).

Citons encore les *Modern langage notes*, journal mensuel; les *Morphological monographs*; les *Contributions to Assyriology and comparative semitic philology*, etc., etc.

Johns Hopkins — outre ses ressources propres et celles que lui fournit Baltimore, une ville de 434 000 âmes [1], — profite aussi du voisinage de Washington, pour envoyer ses élèves visiter les collections de la *Smithsonian Institution* et des autres musées de la capitale fédérale des États-Unis, en même temps qu'elle lui emprunte des conférenciers. C'est ainsi que M. William T. Harris fait à Johns Hopkins des conférences de pédagogie.

Le président actuel est M. Gilman, que nous avons souvent cité, et qui présidait à Chicago le congrès de l'enseignement supérieur [2].

Johns Hopkins est de toutes les Universités d'Amérique celle qui compte le plus d'étudiants en lettres et en sciences, comme nous disons, de *graduate students*, comme disent les Américains : 229 en 1889-90, sur lesquels 65 étudiants étrangers. Ce sont les deux *departments* d'études philosophiques et de science chimique qui paraissent le plus populaires; je veux dire que c'est là surtout que les élèves affluent. Il faut sans doute faire honneur à la réputation méritée des maîtres de l'Université Johns Hopkins, et à l'ampleur de ses programmes, du succès qu'elle obtient. Mais les Américains n'hésitent pas à dire qu'une part dans les causes de sa prospérité doit être attribuée à son système de bourses : tandis que Harvard n'accorde de *fellowships* qu'aux gradués de Harvard, Johns Hopkins offre ses vingt bourses à des gradués de n'importe quelle institution [3].

1. Baltimore possède un grand nombre d'établissements d'enseignement supérieur et secondaire : Baltimore medical College, Baltimore University, School of medicine, College of physicians and surgeons, University of Maryland school of medicine, Woman's medical college, School of law of the University of Maryland, et enfin Loyola College, qui, comme son nom l'indique, est un établissement catholique.

2. Voir plus haut, p. 44.

3. M. Harris dit même que c'est là « *the true cause of the popularity of Johns Hopkins* (*Education Report*, 1889-90, p. 821).

XIII. — Clark University[1] (1889).

L'Université Clark se rapproche du type de Johns Hopkins. De fondation toute récente, comme elle, cette jeune Université scientifique s'en distingue d'ailleurs en ce qu'elle n'a pas de *collegiate department* et se consacre exclusivement à l'enseignement supérieur.

Elle a été ouverte, en 1889, à Worcester, la seconde grande ville de l'État du Massachusetts, qui possédait déjà Harvard et l'Université de Boston (Worcester est une ville de 84 655 habitants). Elle a été fondée, grâce aux libéralités de M. Jonas G. Clark[2], dans un esprit de liberté absolue. Dans la lettre par laquelle il confiait à M. Stanley Hall la direction de l'établissement, le *Board of trustees* s'exprimait ainsi :

« Nous ne voulons pas vous imposer d'entraves ; nous n'avons pas de théories favorites et préconçues ; nous ne songeons pas à peser sur vous et à influencer votre jugement propre. Notre seul *desideratum* est que vous prépariez des hommes pour les plus hauts devoirs de la vie, et que, par conséquent, cette Université, dans quelque voie qu'elle s'engage, devienne un guide et soit une source de lumières. »

L'homme éminent auquel les administrateurs de la nouvelle Université témoignaient cette confiance, M. Stanley Hall[3], y a répondu en organisant une école exclusivement scientifique et d'un genre tout nouveau aux États-Unis.

1. Cette Université et les deux suivantes ne figurent pas dans le tableau des *leading Universities*, dressé en 1889-90 par M. Harris, mais elles y figureront très probablement dans l'avenir. Voir sur l'Université Clark un ouvrage déjà cité, *the History of the higher education in Massachusetts*, p. 379-387.

2. M. Jonas Clark, outre les libéralités qui ont permis la construction de l'Université nouvelle, a versé dans sa caisse la somme nécessaire pour payer 30 bourses de 200 dollars chacune pour autant d'étudiants. En outre, pour 8 de ces 30 étudiants, il a créé 8 *fellowships* de 400 dollars par an, et 8 autres de 200 dollars. Mme Clark, participant aux œuvres généreuses de son mari, a fondé 4 *fellowships*, 2 de 200 dollars et 2 de 400 dollars.

3. M. Stanley Hall était précédemment professeur de psychologie à Johns Hopkins. Il publie *the American Journal of psychology*, et *the Pedagogical Seminary*, deux des plus intéressantes revues philosophiques et pédagogiques des États-Unis.

Voici comment il définit lui-même l'œuvre projetée par l'Université qu'il dirige [1] :

« 1° Elle doit être, dit-il, un établissement d'instruction du degré le plus élevé, en donnant la prépondérance aux recherches originales. C'est ce qui manque le plus à notre pays pour son bien-être matériel comme pour son progrès pédagogique.

« 2° Nous ne devons pas prétendre embrasser du premier coup le domaine entier de la connaissance humaine : il doit nous suffire de choisir d'abord un groupe de sciences fondamentales de même famille, et de concentrer tous nos efforts pour en assurer le mieux possible l'avancement. Chaque science est devenue aujourd'hui si vaste, si complexe, qu'il est impossible dans une seule Université de cultiver le territoire de toutes les sciences.... Si les Universités nouvelles au lieu de copier les anciennes, se consacraient à les compléter, en s'attachant chacune à un seul groupe d'études, tout le profit qu'un travail réglé peut assurer sur un travail non réglé, comme économie de dépenses, aussi bien que comme efficacité de résultats, serait garanti à la haute éducation.

« 3° Nous nous bornerons pour notre part à étudier cinq sciences. C'est le travail scientifique qui peut être le plus rapidement organisé. De grandes bibliothèques, des musées, et tout ce que le temps seul permet de collectionner, on peut s'en passer au début, tandis qu'un équipement complet des meilleurs appareils de recherche scientifique, ainsi que de tous les livres indispensables, peut être réalisé en peu de temps. Une autre raison qui nous a déterminés, c'est que nous vivons dans un pays pratique, dont les industries dépendent de plus en plus des progrès de la science. Jusqu'à présent, nous avons utilisé la science avec une extraordinaire habileté dans nos diverses inventions, mais nous avons relativement peu fait pour créer la science ou la faire avancer. Nous avons l'ambition de tenter un effort patriotique pour développer dans les esprits des Américains le génie de la découverte au même degré que celui de l'invention. Enfin, et par-dessus tout, si nous avons choisi la science pour objet d'étude, c'est que la science, avec ses méthodes modernes, est devenue une école incomparable de discipline, de culture et aussi de respect (*reverence*).

« 4° Nous devons rechercher, pour en faire nos collaborateurs, les jeunes hommes les plus distingués par le talent comme par les connaissances déjà acquises. Nous ne songeons pas à les exploiter pour la gloire de notre institution, à les faire travailler comme des machines, ni à retarder leur progrès personnel : nous devons leur fournir tous les instruments, tous les stimulants du travail. Les traitements seront chez nous les plus élevés qu'on reçoive dans notre pays ; et

1. Voir la brochure intitulée : *Clark University, opening exercises*, 2 octobre 1889, et aussi les *Annual Reports*, 1890, 1891.

cependant nous ne leur demanderons pas de dépenser le meilleur de leur énergie dans les travaux de l'enseignement, de se préoccuper surtout d'accroître au profit de l'Université le nombre des étudiants payants; nous leur laisserons ouvertes toutes les occasions, toutes les possibilités de recherches personnelles, en réservant pour l'avenir la question de savoir s'il n'y aurait pas lieu, par exemple, de leur donner les moyens d'aller périodiquement passer une année en Europe.

« Nous devons offrir à tous ceux qui sauront apprécier ces avantages toutes les facilités possibles, afin qu'ils puissent travailler pour la science et pour eux-mêmes, leur demandant simplement en retour de se conformer à quelques règlements très simples, et de nous consacrer une somme limitée d'instruction mutuelle, instruction assez spéciale et assez savante pour qu'elle les aide dans leurs propres recherches, plutôt qu'elle ne les en détourne; et personne d'ailleurs ne saurait mettre à enseigner le peu qu'il convient d'enseigner autant d'ardeur et de compétence que le fera un chercheur original (*a discoverer*). »

Ces lignes méritaient d'être citées. Elles montrent dans quel esprit libéral et scientifique s'est ouverte la nouvelle Université du Massachusetts.

Elle se distingue entre toutes ses rivales par une tendance marquée à la spécialisation. Elle a quelque ressemblance avec notre École française des Hautes Études, que M. Stanley Hall mentionne avec faveur dans la relation qu'il a écrite de son voyage scolaire en Europe. Elle sera, dans le sens le plus précis du mot, une école de savants, un laboratoire de vérité; et nous ne croyons pas qu'il y ait en Amérique beaucoup d'hommes qui parlent le langage de la science, qui en comprennent les nécessités, avec autant d'élévation et de netteté que M. Stanley Hall.

Les cinq sciences pour le moment étudiées à l'Université Clark sont les mathématiques, la physique, la chimie, la biologie (en y comprenant l'anatomie et la physiologie, la paléontologie), et enfin — un psychologue tel que M. Stanley Hall ne pouvait l'omettre dans son programme — la psychologie, à laquelle on rattache la neurologie, l'anthropologie, la science de l'éducation, la criminologie et l'histoire de la philosophie.

En outre, on enseigne les langues modernes, surtout au point de vue des sciences qui sont l'objet essentiel des études, et qui ne sauraient se passer de la connaissance de l'allemand et du français.

Ce n'est là d'ailleurs qu'un début, et l'Université se propose d'adjoindre progressivement à ce premier fonds d'études les sciences les plus intimement liées à celles qui figurent déjà dans le premier programme, en suivant exactement dans ces additions successives l'ordre de relation et le degré d'affinité : de sorte que l'Université Clark est appelée à se développer comme un organisme vivant, comme une classification des sciences, qui aurait pris corps et vie.

A une Université ainsi comprise on ne peut promettre beaucoup d'élèves. Elle n'en demande pas un grand nombre. A vrai dire le professeur ne s'y distingue pas nettement de l'étudiant; le professeur lui-même y est un étudiant; et l'étudiant, comme nous le constatons dans le *Register* de 1889-90, est appelé lui aussi à professer : « Il donne, sur des sujets spéciaux, de courtes leçons auxquelles assistent les professeurs ». En 1889-90, c'est-à-dire dans l'année d'inauguration, sur 900 postulants, l'Université n'a accepté que 60 professeurs et élèves; et c'est même une statistique curieuse que celle qui est donnée par le *Report* de M. Harris[1] : « nombre des professeurs, 60; nombre des étudiants, 60 ».

XIV. — Université catholique de Washington (1889).

Installée sur un coteau boisé, à quelques kilomètres de la capitale fédérale des États-Unis — non loin de la maison des soldats, *Soldiers' House*, sorte d'Hôtel des invalides, — la nouvelle Université de Washington réalise l'idéal d'une Université à la campagne. On y accède par des tramways électriques, ou par le chemin de fer, à l'*University station*. Elle a ce caractère original qu'elle est la seule Université catholique des États-Unis. La fondation en a été décidée en 1884, au congrès catholique tenu à Baltimore. Elle a été constituée (*incorporated*) en 1889. La première pierre avait été posée, l'année précédente, par le cardinal Gibbons, archevêque de Baltimore, en présence du Président de la République et d'une nombreuse assistance. Sans être aussi richement dotée que le sont la plupart des

1. *Report*, etc. (1889-90), p. 1589.

Universités américaines, l'Université catholique a déjà recueilli plus de 4 millions de souscriptions. La principale libéralité lui est venue d'une dame de Philadelphie, miss Mary Gwendoline Caldwell, qui lui a fait le don « magnifique et providentiel » de 300 000 dollars. Le portrait de la bienfaitrice de la maison figure à côté de celui du Pape Léon XIII, dans le parloir de l'établissement. Jusqu'à présent l'Université ne possède guère qu'une école de théologie, ouverte en 1889; mais d'autres Facultés suivront, les sciences, la médecine, les lettres, le droit. Un *Board of directors*, composé de cinq archevêques, de six évêques et d'autres dignitaires ecclésiastiques, est préposé à l'administration de l'Université. Le cardinal Gibbons est président du *Board*, et l'évêque de Washington, Mgr John Keane, est recteur de l'Université.

Nous avons eu occasion de rencontrer plusieurs fois Mgr Keane, soit dans son Université même, où il nous a fait un charmant accueil, soit au congrès de Chicago, où il a pris souvent la parole, avec une éloquence ardente et persuasive. Nul doute que l'Université de Washington ne profite, sous la direction d'un homme aussi libéral et aussi actif, du progrès que les idées catholiques ont fait incontestablement en Amérique dans ces dernières années.

XV. — Université de Chicago (1890).

Chicago n'avait pas encore d'Université, ou du moins n'en avait plus, celle qui y avait été une première fois instituée ayant dû fermer ses portes en 1886, parce qu'elle ne faisait pas de brillantes affaires. Dans une cité qui aspire, et elle y a des droits, à devenir la première ville des États-Unis et sans doute aussi la première ville du monde, c'était une lacune qu'on vient de combler. L'initiative de la fondation appartient à l'Église baptiste, et les premières libéralités, les plus considérables, furent faites par un membre éminent de cette Église, M. John D. Rockefeller. La somme de 600 000 dollars, qu'il s'engageait en 1889 à verser au compte de la nouvelle Université, n'était d'ailleurs payable que le jour où d'autres souscripteurs auraient de leur côté promis 400 000 dollars. Les Américains aiment beaucoup ces générosités conditionnelles, subordonnées à d'autres, mais par le fait aussi positives que si elles étaient faites sans conditions : car les autres générosités, celles qu'on escompte, suivent toujours, provoquées et excitées par le premier exemple qui leur est donné. Le tout est que quelqu'un commence. Au bout de quelques mois, le premier million de dollars était complété. Mais ces cinq millions de francs, les organisateurs de l'Université n'ont pas voulu y toucher : ils les destinaient à constituer le premier capital intangible, dont les revenus seuls devaient être consacrés à l'entretien de l'institution nouvelle. C'est alors qu'un autre donateur intervint, M. Marshal Field, qui, pour les frais de construction du premier bâtiment universitaire, offrit de donner 100 000 dollars, si dans 90 jours 400 000 dollars étaient garantis par d'autres souscripteurs : ce qui fut fait. Rien d'intéressant comme cette concurrence dans la générosité, comme cet empressement de plusieurs bonnes volontés autour de la même œuvre. Mais le premier donateur, comme entraîné à son tour par la contagion des libéralités qu'il avait lui-même suscitées, ne s'en est pas tenu à son premier versement; il a ajouté un second million de dollars au premier, puis deux autres millions encore : soit au total 4 600 000 dollars, près de 24 millions de francs. A l'heure qu'il est, le capital réservé de l'Université dépasse 26 millions de francs. En outre, plus de 10 millions ont déjà été employés à la construction et à l'aménagement des édifices. L'Université peut loger 400 étudiants, mais elle rêve — que ne rêve-t-on pas à Chicago? — d'en héberger 3 500. Aussi fait-on appel aux largesses de nouveaux bienfaiteurs : on a besoin d'une quarantaine de millions encore, rien que pour l'installation matérielle [1]. On les trouvera.

L'Université de Chicago a été officiellement constituée (*chartered*) le 10 septembre 1890. Elle est située dans la partie sud de la ville, à côté de Jackson Park, où la « ville blanche » de l'Exposition universelle de 1893 a fait son apparition féerique

1. Voir l'ouvrage récent de M. Henry de Varigny, *En Amérique, souvenirs de voyage et notes scientifiques*. Paris, Masson, 1894, p. 158 et suiv.

et éphémère. Elle est placée sous le patronage d'un *Board of trustees* de 21 membres, dont les deux tiers, aussi bien que le président de l'Université, devront toujours appartenir aux Églises baptistes régulières. Le président actuel est M. William R. Harper, docteur en philosophie, précédemment professeur de langues sémitiques et de littérature biblique à l'Université Yale.

L'établissement est ouvert aux deux sexes; déjà trois bâtiments ont été construits pour les étudiants du sexe féminin; il y en aura sept en tout. Pour les étudiants du sexe masculin, on prévoit une vingtaine de constructions similaires. Les autres édifices déjà achevés sont un laboratoire de physique (coût 3 millions de francs environ); un laboratoire de chimie; un musée de géologie, chacun de ces trois instituts provenant des générosités d'un donateur particulier.

Les cours de la nouvelle Université ont commencé en octobre 1892, et voici comment son *Bulletin* officiel définit et détaille l'œuvre qu'elle a déjà entreprise, et qu'elle compte mener peu à peu à bonne fin :

« L'œuvre de l'Université comportera trois divisions générales : 1° l'Université proprement dite; 2° l'œuvre de l'*University extension*; 3° l'œuvre des publications de l'Université.

« L'Université proprement dite comprendra :

« 1° Des académies (c'est-à-dire des établissements d'enseignement secondaire préparatoire).

« 2° Des collèges : — *a*. le collège des arts libéraux, où les études conduiront au grade de B. A.; — *b*. le collège des sciences, où l'on se préparera au grade de B. S.; — *c*. le collège des lettres, où l'enseignement sera organisé en vue d'une étude spéciale des langues et littératures modernes, de l'histoire, etc., et qui aboutira également au grade de B. S.; — *d*. le collège des arts pratiques, où l'on accordera plus d'importance aux études commerciales et professionnelles, et qui conduira également au grade de B. S.

« 3° Des collèges affiliés; le caractère de l'affiliation sera déterminé par les circonstances et selon les cas particuliers.

« 4° Des écoles (c'est-à-dire des cours d'enseignement supérieur) : — *a*. l'école des gradués, qui comprendra toutes les études n'ayant pas un caractère professionnel (lettres, sciences); — *b*, l'école de théologie[1];

1. Dans son acte de donation, M. Rockefeller, qui est un baptiste convaincu, stipule formellement que sur un des millions de dollars dont il a

— *c.* l'école de droit; — *d.* l'école de médecine; — *e.* l'école des ingénieurs (génie civil, arts mécaniques, électricité); — *f.* l'école de pédagogie; — *g.* l'école des beaux-arts; — *h.* l'école de musique. »

On le voit, l'Université de Chicago ne pèche point par la maigreur de son programme; elle embrasse presque autant de sections que les plus hautes maisons de la « cité magique », comme on l'appelle, comptent d'étages.

Ce qui n'est pas moins intéressant que la variété et l'abondance des enseignements intérieurs, c'est l'action que l'Université entend exercer au dehors, dans les divers quartiers de la cité, ou aux environs, soit par des cours suivis, par les leçons du soir, soit par correspondance, et aussi par la mise en circulation des livres de sa bibliothèque. Le rayonnement extérieur de l'Université n'a pas aux yeux des Américains une moindre importance que l'œuvre propre de l'instruction distribuée à ses étudiants réguliers. Et de même, la question de la publication des journaux pédagogiques, des revues techniques, des livres originaux ou des éditions nouvelles d'ouvrages anciens, des échanges à faire avec les autres Universités, est considérée comme un des éléments essentiels de l'œuvre universitaire. Il est évident que l'Université en Amérique tend de plus en plus à devenir autre chose qu'une maison d'études fermée et repliée sur elle-même; elle aspire à agir sur le milieu environnant, par le livre, par le journal, par la parole; comme les communautés religieuses, et à vrai dire l'Université de Chicago en est une, elle exerce une propagande; elle a ses missionnaires.

XVI. — Leland Stanford Junior University (1892).

Nous ne savons encore ce que l'avenir réserve à la jeune Université Leland Stanford, qui est née d'hier. Fondée en 1887, ouverte en 1892, elle n'a guère eu le temps encore de faire ses preuves; mais avec la colossale mise de fonds que la générosité de son fondateur a jetée dans son berceau, avec le programme

fait don à l'Université, un demi-million sera consacré à la construction de l'école de théologie.

encyclopédique qu'elle a tracé pour les études de ses futurs élèves, avec l'esprit de liberté et d'enthousiasme qui l'anime, elle paraît avoir le droit de compter sur de glorieuses destinées; et elle constitue en tout cas, pour le moment, un de ces phénomènes où se manifestent la prodigieuse richesse et l'extraordinaire intensité de vie des États-Unis, le seul pays du monde assurément où l'on voie en cinquante ans apparaître, où était le désert, des villes de près de deux millions d'habitants, et en cinq ans surgir de terre, dans les champs la veille encore livrés à la culture du blé et de la vigne, des pépinières d'hommes, des Universités équipées de toutes pièces et munies de tout ce que la science moderne exige d'appareils et d'instruments de recherches.

Origines de l'Université Leland Stanford. — Rien de plus touchant d'ailleurs que l'histoire des origines de la jeune et opulente Université dont nous parlons. Un deuil de famille en a été le principe. Un homme considérable de la Californie, longtemps mêlé aux affaires politiques et aux travaux industriels de son pays, perd son fils unique : d'accord avec sa femme, qu'il met de moitié dans toutes ses pensées et dans toutes ses résolutions, il ne croit pas pouvoir faire un meilleur emploi de sa richesse qui n'a plus d'héritier, que de l'attribuer, pour la plus grande partie, à une œuvre d'éducation, où les parents plus heureux qui n'ont pas perdu leurs enfants trouveront pour leurs fils et pour leurs filles toutes les ressources de la haute culture intellectuelle, aussi bien que l'instruction pratique et technique. « Nous voulons, ma femme et moi, écrit M. Leland Stanford — convaincus que nous sommes que notre fils, s'il avait été appelé à disposer de notre fortune, eût désiré l'appliquer dans une large mesure à cette destination, — nous voulons que, pour tout le temps à venir, l'institution que nous fondons ici porte son nom, et soit connue sous le titre de « Leland Stanford Junior University ». Et l'honorable M. Leland Stanford, agissant en son nom et au nom de sa femme, Mrs Jane Lathrop Stanford, par un acte authentique en date de 1884, a fait don à l'Université qui perpétuera le nom de son fils, d'environ 30 millions de dollars, soit plus de 150 millions de francs.

En 1885, les pouvoirs législatifs de la Californie ont accepté et sanctionné la donation; le *Board of trustees* a été nommé. La première pierre de l'établissement a été posée le 14 mai 1887, jour du 19e anniversaire de la naissance du jeune Stanford; et enfin, le 1er octobre 1892, l'Université ouvrait régulièrement ses portes aux étudiants.

Jamais, chez un peuple où il est pourtant de mode de faire grand, on n'a assisté à une entreprise scolaire aussi énorme; et l'on devine ce que doit être — avec une dotation dont se contenteraient presque pour satisfaire aux besoins de toutes leurs Universités des pays moins fortunés — une seule Université; ce qu'elle a pu dépenser comme constructions, comme aménagement intérieur, comme organisation de laboratoires et d'ateliers, comme installation de musées; ce qu'elle peut payer aussi de traitements magnifiques à un brillant et nombreux état-major de professeurs (de 8 000 à 12 000 dollars par personne).

Le bon sens pratique n'abandonne pourtant jamais les Américains, même quand ils ont l'air de faire des folies; et il est bon de noter cette réflexion pleine de sagesse inscrite dans une des *Circulaires d'information* de la nouvelle Université : « Une institution d'enseignement, quelque large que soit son plan, et quelque noble que soit son but, doit être non une création, mais une œuvre de développement (*not a creation, but a growth*), et pour que ce développement soit heureux et continu, il faut que ses commencements soient modestes[1] ».

Installation matérielle. — Mais la « modestie » américaine pourrait passer partout ailleurs pour du luxe et de l'ostentation. Que penser en effet, pour parler d'abord de l'organisation matérielle, d'une Université dont les terrains ont une superficie de plus de 8 000 acres, c'est-à-dire de plus de 3 000 hectares? Dans leurs publications officielles, les dirigeants de l'Université ne dissimulent pas la satisfaction que leur cause une installation aussi vaste, et, avec ce ton de réclame qu'affectent volontiers en Amérique les documents scolaires eux-mêmes, ils ne tarissent pas d'éloges sur les avantages qu'assurent à leur établissement les larges espaces où il se développe à l'aise, dans un site enchanteur. Construite en pleine campagne, à trente-

1. *Circular of information* n° 3, 1891, p. 5.

trois mille au sud-est de San Francisco, dans la belle vallée de Santa Clara, l'Université de Palo Alto est comme noyée dans un océan de verdure, au milieu de chênes séculaires et d'eucalyptus gigantesques. Son domaine s'étend dans la plaine et sur les premiers étages des montagnes de la Serra Morena. Elle est voisine de la résidence de ses fondateurs, M. et Mme Leland Stanford, qui depuis longtemps, et avant qu'ils songeassent à élever à leurs frais des jeunes hommes et des jeunes filles, ont rendu ces parages célèbres, soit par des plantations d'arbres et des vergers splendides, soit par des haras qui ne renferment pas moins de 1 500 ou 1 600 chevaux, et où ont été nourris quelques-uns des plus fameux trotteurs d'Amérique. Mais laissons parler la circulaire de l'Université :

« La vallée de Santa Clara est une des parties les plus attrayantes de notre région, pour son climat, pour sa beauté naturelle, pour sa fertilité et l'appropriation de son sol à la culture de toutes les variétés des fruits de Californie. Ce qui caractérise son climat, c'est une température égale; c'est un air pur et doux; c'est qu'on y est à la fois à l'abri des brouillards et des âpres vents de la côte, et de l'accablante chaleur estivale des vallées de l'intérieur. En hiver, le thermomètre descend rarement au-dessous de 30 degrés Fahrenheit, et la température moyenne à midi est de 58°; en été, elle est de 75° à 80°, et les nuits sont toujours fraîches. »

On ne saurait rêver, pour y installer un séjour d'études, un emplacement plus délicieux. Les moines cherchaient autrefois eux aussi, pour y abriter leur vie de contemplation, les recoins les plus ravissants de la nature. Cet encadrement de paysages supérieurement beaux (*surpassingly beautiful*) ne convient pas moins à une maison de travail universitaire.

Dans ce cadre merveilleusement choisi, les architectes américains, que ne gênait, ni le manque d'espace, ni l'insuffisance des ressources, ont édifié, dans le style mauresque des vieilles missions espagnoles de Californie, des constructions qui font plaisir à voir, en même temps qu'elles sont des plus exactement appropriées à leur destination scolaire.

Les pédagogues américains recommandent volontiers dans l'enseignement ce qu'ils appellent la méthode concentrique[1]. Les

1. Voir, par exemple, les méthodes appliquées avec succès à l'École normale de Cook County (Chicago) par le colonel Parker.

constructeurs de Leland Stanford semblent s'être inspirés dans leurs plans d'une conception analogue. Ils ont imaginé d'édifier deux constructions quadrangulaires, dont la plus étendue enveloppera complètement l'autre, la seule qui soit complètement achevée. A mesure que les besoins croissants de l'Université le demanderont, d'autres bâtiments, quadrangulaires eux aussi, mais plus petits, viendront flanquer, à l'ouest et à l'est, l'édifice actuel. Au dehors, dispersées dans la vallée, s'élèvent des constructions isolées, chacune avec son affectation spéciale, et aussi la petite ville universitaire avec les maisons des professeurs. La cour intérieure ne mesure pas moins de 586 pieds (*feet*) de longueur et de 246 pieds de largeur, soit une superficie d'environ 2 hectares. Tout autour court une galerie en arcades, qui relie les douze bâtiments distincts du *quadrangle* intérieur; c'est là q̀ e, derrière les colonnades, circulera la foule des étudiants, les jours de pluie tout au moins; car il pleut quelquefois, même en Californie, mais seulement de décembre à avril.

Le fond de la maçonnerie est en pierre brune, agréablement nuancée de pierres de couleurs variées; la toiture est en tuile rouge. Les bâtiments n'ont qu'un étage; c'est là qu'on a établi les classes, la bibliothèque, avec une salle de lecture qui peut contenir des centaines de lecteurs, les ateliers des arts mécaniques, les fourneaux, la fonderie, les laboratoires, et aussi les dortoirs; à l'est, le dortoir des garçons, « des hommes », approprié pour 315 élèves, avec la lumière électrique, l'eau froide et l'eau chaude, la vapeur chaude, les chambres de bains : c'est l'internat, mais l'internat avec tout le confort américain; à l'ouest, le dortoir des filles, en état de recevoir 100 pensionnaires.

Quels singuliers contrastes et mélanges d'idées présente la civilisation américaine! Voici d'une part le musée établi à quelque distance des constructions centrales; on y a réuni les collections d'art et d'archéologie. La façade en est décorée de quatre bustes : ceux de Platon, d'Hérodote, d'Aristote et de Plutarque. Et après que vous avez admiré, transplantés à l'extrémité du monde civilisé de l'Occident, ces souvenirs de l'antiquité classique de l'Orient, vous entrez à la bibliothèque, où vous apprendrez que le plus beau cadeau qui lui ait été fait est une collection de livrets de chemins de fer, don de M. Timothée Hopkins de San Francisco [1]!

L'Université Leland Stanford, au point de vue des constructions et de l'architecture, fait donc déjà bonne figure, et le président Jordan, dans son discours inaugural de 1891, ne s'est point fait faute de s'en prévaloir. Détail curieux cependant : tandis que nous autres Français, quand nous voyageons en Amérique, nous sommes surtout frappés de l'exagération des dépenses, de ce que l'on pourrait appeler beaucoup plus justement que chez nous « les palais scolaires », l'opinion des Américains est que sous ce rapport ils n'ont pas encore fait assez et qu'ils sont restés au-dessous de leurs devoirs. « On a fait, disent-ils, ce reproche à l'Amérique que c'était pour les meilleurs de ses fils et de ses filles qu'elle se mettait le moins en frais. Elle a bâti des palais pour les lunatiques, pour les idiots, les estropiés, pour les aveugles et même pour les pauvres et les criminels. Mais les élèves de ses collèges, les jeunes gens à l'esprit éclairé et aux vaillantes ambitions, les plus nobles trésors de l'État, pour employer les expressions du président White, elle les a logés dans de misérables baraques. Sans doute l'étudiant n'a pas besoin de luxe. Simplicité de la vie et élévation de la pensée ont toujours marché de pair. Mais la grâce et la beauté ont une puissance éducative qu'on oublie trop souvent dans notre époque utilitaire. Il n'en est pas de même à Palo Alto : nos longs corridors avec leurs piliers magnifiques, nos allées de palmiers ondoyant au vent, auront leur part d'influence dans l'éducation de nos élèves, aussi sûrement que le laboratoire chimique ou la chambre d'étude des séminaires. Chaque pierre de nos édifices leur donnera sa leçon de grâce et de pureté, et notre vallée de Santa Clara, la vallée de la « Sainte Clarté », occupera pour toujours une place dans leur cœur. Les tableaux naturels qu'ils auront contemplés dans ce beau pays s'asso-

1. On pourrait croire que la générosité prodigieuse de M. Leland Stanford suffirait à l'Université qu'il a créée. Mais non : il se trouve encore d'autres donateurs pour l'enrichir. M. Hopkins, après lui avoir fait des dons de livres, lui a en outre attribué une somme de 1 000 dollars pour acheter des ouvrages de biologie. Et l'Université n'est pas encore satisfaite : elle tend la main, et fait appel pour enrichir ses musées à toutes les personnes de bonne volonté.

cieront dans leur mémoire avec les figures qu'ils auront étudiées dans la salle de dessin. Ils n'oublieront jamais les belles ondulations de nos deux lignes de montagnes, couronnées par un ciel doux et bleu, par un ciel de Grèce, ni les chênes antiques, ni les champs qui s'inclinent doucement, passant avec le changement des saisons du vert le plus tendre au jaune le plus riche. Les nobles colonnes de la galerie d'art, ses amples collections, les reliques de l'idéal des différents âges,... toutes ces choses et d'autres encore rempliront leurs âmes de brillantes images que rien n'effacera jamais dans les combats de la vie [1]. »

Esprit de la nouvelle Université. — Si l'Université Leland Stanford n'était que riche et merveilleusement située, elle mériterait déjà notre admiration; mais elle a encore d'autres qualités, d'autres garanties d'avenir. Ce ne sont pas les milliers de dollars seulement, c'est un esprit d'enthousiasme, de foi ardente dans les destinées de l'instruction, c'est une conception élevée du rôle de la science dans le monde, qui ont présidé à son organisation.

Quelques citations le prouveront et détermineront nettement le but que se proposent ses fondateurs.

Voici d'abord comment, au jour de l'inauguration, s'exprimait le donateur lui-même, M. Leland Stanford :

« On a quelquefois avancé cette opinion qu'il y avait des limites à l'action bienfaisante de l'éducation et que cette limite était atteinte dans notre pays.... Nous ne l'avons pas pensé. Nous ne croyons pas qu'il puisse y avoir du superflu en matière d'éducation. L'homme ne saurait avoir ni trop de santé, ni trop d'intelligence, et par conséquent il n'y aura jamais une éducation trop haute pour lui.... »

Ce n'est pas d'ailleurs au profit d'une simple élite intellectuelle, d'une aristocratie de la science, que M. Leland Stanford compte avoir prodigué ses millions. L'Université nouvelle doit comprendre tous les degrés d'instruction.

« Nous espérons avec le temps étendre son domaine, depuis le *Kindergarten*, en passant par la *high school*, jusqu'aux études proprement

1. *Discours inaugural* du président Jordan.

universitaires, qui offriront toutes les ressources pour les progrès ultérieurs et les recherches originales des gradués et des spécialistes.

L'esprit positif des Américains se marque à chaque phrase dans le discours de M. Leland Stanford. Il ne s'agit pas d'ouvrir une académie de beaux esprits, de savants et de théoriciens; il s'agit de procurer à tous, même aux plus humbles ouvriers, le bénéfice de l'instruction, afin d'ennoblir le travail (*dignify labor*), afin d'achever une révolution pacifique et d'établir une république fondée sur l'activité, le mérite et la science.

« Les nations d'Europe, ajoute-t-il, sont assez extravagantes pour préparer à la guerre environ cinq millions d'hommes.... Mais lorsque nous considérons ce que peut la civilisation, ce que peut l'éducation, nous avons le droit de prédire qu'un jour viendra où tous ces soldats se transformeront en citoyens utiles, en producteurs, occupés à alléger les charges du peuple, au lieu de contribuer à les accroître. Rappelez-vous que la vie, par-dessus tout, est pratique, que vous êtes ici pour vous préparer à une profession utile.... »

C'est donc tout autre chose qu'un foyer de science pure, c'est une école réellement universelle — où il semble qu'on ait pris pour devise la formule de Comenius, *omnes omnia doceantur*, — que la jeune et brillante Université Leland Stanford.

On est bien loin de souhaiter que les étudiants y apprennent à se désintéresser du monde et des nécessités de la vie pratique, pour s'abstraire dans des études de spéculation et de théorie. On désire au contraire que filles et garçons — car l'Université est ouverte aux deux sexes — y reçoivent la même éducation (*equal education*), pour se préparer aux devoirs de la vie pratique et sociale. L'idée sociale, en effet, qui n'est nulle part absente dans les institutions américaines d'enseignement supérieur, est ici particulièrement manifeste. « Nous avons stipulé dans nos statuts, dit encore M. Leland Stanford, que l'on enseignerait ici les bienfaits de la coopération : car c'est la coopération qui a surtout contribué aux progrès des temps modernes. »

Du discours prononcé le même jour par le président Jordan — discours enthousiaste, poétique, non sans quelque emphase, où les comparaisons abondent non moins que les idées, — nous donnerons aussi quelques extraits, qui montreront quelles hautes ambitions conçoit pour l'avenir de l'œuvre nouvelle celui qui a l'honneur de présider à ses premiers pas :

« Notre espoir, déclare-t-il, est d'assurer à nos étudiants cet inestimable privilège de l'homme instruit : le pouvoir de connaître exactement ce qui est (*what really is*). La haute éducation doit mettre les hommes en contact direct avec la vérité. Elle doit les arracher aux mains mourantes des vieilles traditions et les rendre capables de se faire à eux-mêmes des opinions conformes aux faits nouveaux que la science chaque jour étale devant eux.... Un homme instruit ne doit pas être l'esclave du passé, ni la copie des hommes qui ont vécu avant lui. Il doit être pour ainsi dire le fondateur d'une nouvelle dynastie intellectuelle, car chaque penseur nouveau est un nouveau type humain. »

Dans notre bon sens français un peu terre à terre, nous ne pouvons nous empêcher de penser qu'il y a là quelque déclamation; mais en revanche nous ne saurions qu'approuver le passage où le président Jordan, sans déprécier bien entendu les services que la nouvelle Université attend d'un mobilier scientifique hors de pair, fait entendre que tout cela ne servirait de rien, si l'on ne pouvait compter sur la valeur des maîtres :

« Dans une école, comme dans une forteresse, ce n'est pas la beauté extérieure des constructions qui importe, c'est la solidité des matériaux. Avec une garnison dont les hommes ont des cœurs de chêne, il n'est pas même besoin qu'il y ait une forteresse. Quelles que soient la beauté, l'organisation matérielle, les ambitions d'une Université, ce qui en détermine le caractère, ce sont les hommes qui y enseignent. « Ayez, si vous voulez, votre Université dans des hangars, sous des « tentes, disait le cardinal Newman, mais ayez dans cette Université « de grands professeurs [1]. » Ce sont les hommes forts, les grands professeurs qui font les Universités fortes. »

L'Université Leland Stanford trouvera-t-elle ces grands professeurs? En tout cas elle les cherche; et elle a fait tous ses efforts pour recruter, pour enrôler sous sa bannière des hommes considérables. Elle a emprunté aux autres Universités d'Amérique quelques-uns de leurs meilleurs maîtres.

1. M. David Starr Jordan, comme la plupart des professeurs des Universités américaines, a enseigné dans plusieurs Universités : au collège médical d'Indiana, dans les Universités Butler, Cornell, Lombard. Il était en 1891 président de l'Université d'Indiana. Il est surtout humaniste, quoique à ses titres de maître ès sciences, de docteur en philosophie, de docteur en médecine, il joigne celui de docteur en droit.

L'idéal que le président Jordan propose à ses collaborateurs est un haut idéal, mais on ne peut s'empêcher de constater que, dans ses ambitions juvéniles, l'imagination pédagogique américaine perd pied quelquefois et fréquente les nuages. N'est-ce pas aller un peu loin qu'en venir, comme le fait M. Jordan, à déclarer indigne de professer dans une Université quiconque n'est pas un inventeur en son genre, quiconque n'a pas à son actif des recherches originales? Et n'y a-t-il pas quelque exagération aussi à dire : « On en viendra à reconnaître que dans les Universités les professeurs les plus utiles sont ceux qui ne professent pas et qui consacrent tout leur temps, toutes leurs peines, à leurs recherches savantes »?

Mais, jusque dans ces exagérations même, il y a une part de vérité et je ne sais quelle naïveté d'enthousiasme qui touche et appelle la sympathie. Comment ne pas être frappé de ce spectacle que nous donne l'Amérique, qui passe pour être si enfoncée dans ses appétits matériels, si acharnée à la poursuite des dollars, et qui cependant témoigne avec un tel élan de ses aspirations vers la science et la conquête de la vérité! « Laissez-moi dire, écrivait un jour Agassiz, qu'un seul dollar donné pour l'enseignement supérieur dans n'importe quel domaine de la connaissance est appelé à exercer une plus profonde influence sur le futur caractère de la nation, que même les milliers, les millions de dollars que nous avons dépensés et que nous dépenserons encore pour développer le bien-être et le confort de tous. »

A l'Université Leland Stanford, comme partout en Amérique, on ne sépare pas de l'instruction le souci de l'éducation, et il faut ajouter de l'éducation chrétienne. L'esquisse que nous venons de tracer serait incomplète, si nous n'indiquions dans quel esprit religieux est conçue l'institution nouvelle. Il suffirait d'ailleurs pour s'en convaincre de lire le programme de la séance d'inauguration (*opening exercices*). Le premier numéro était un chant de Mozart, « Gloire à Dieu »; puis venaient une prière, une lecture de la Bible (Proverbes, IV), d'autres chants religieux encore, les discours des personnages officiels; et pour conclure, la bénédiction finale.

Les statuts ne sont pas moins significatifs : ils interdisent toute instruction confessionnelle, mais ils exigent qu'on enseigne qu'il y a une âme immortelle, qu'il existe un créateur sage et bon (*all wise and benevolent Creator*), et que l'obéissance à ses lois est le premier devoir de l'homme. Et c'est ce sentiment de piété sincère et de large moralité religieuse que nous retrouvons partout dans le discours de M. Leland Stanford. « Les influences civilisatrices (*humanizing*) proviennent à la fois de la notion que l'homme a de ses droits et de la conscience de ses devoirs envers le Créateur. S'il les entend bien, l'homme aura développé en lui tous les principes actifs de la religion, c'est-à-dire la bienveillance, la tolérance, la douceur, la patience, l'épargne, et aussi le devoir de secourir les autres créatures, la charité qui s'efforce de relever toutes les conditions humaines. »

Ce que deviendra cette fondation extraordinaire de l'Université Leland Stanford Junior, l'avenir le dira. On serait parfois tenté de croire qu'on l'a rencontrée dans un voyage au pays d'Utopie. Mais non, elle existe pourtant bien avec ses cinquante professeurs déjà, avec ses 1 000 élèves, avec ses écoles de tout ordre, ses instituts mécaniques, ses galeries d'art, son enseignement qui comprend les vieilles humanités, les sciences pures, les sciences pratiques; elle existe avec ses fabuleuses ressources et ses magnifiques programmes.

CHAPITRE III

Les Universités d'État.

Les Universités d'État n'ont pas, pour la plupart, le même lustre que les Universités de fondation privée. Les Américains en sont moins fiers.

Quelques-unes cependant, par l'ampleur de leurs cadres, par l'affluence considérable des élèves, par la solidité de l'enseignement, peuvent rivaliser avec les meilleures des Universités que nous avons déjà étudiées. Et les plus humbles se glorifient de ne dépendre que de l'État, de la communauté sociale qui les a créées. Voici ce qu'on dit, par exemple, de l'Université de la Géorgie : « Elle n'est la création ni d'un homme, ni de plusieurs hommes; elle n'est le don d'aucun parti politique, ni le rejeton d'aucune secte religieuse; elle tire sa vie de l'État qui l'a créée; elle est du peuple, par le peuple, pour le peuple ».

Les plus vieilles d'entre elles n'ont guère plus de cent ans : elles n'ont été constituées que depuis la Révolution qui a émancipé les États-Unis. Plus de douze ne datent que de la seconde moitié du XIXe siècle. Elles ont été surtout établies dans les États du Sud, du Centre et de l'Ouest, les plus déshérités au point de vue de l'instruction, les plus tardivement venus à la vie intellectuelle, et où l'on ne pouvait attendre de l'initiative privée les prodiges qu'elle a accomplis dans les États de l'Est [1].

1. Les Universités d'État, aussi bien que les Universités libres, ne se

« C'est depuis la Révolution, disait au congrès de Chicago le président Gilman qu'ont été fondées les Universités d'État, principalement dans les États du Sud (où l'Université de Virginie porte l'empreinte des relations familières que Jefferson entretenait avec les Universités du continent européen plus qu'avec celles de la Grande-Bretagne), et ensuite dans les États de l'Ouest, où des étendues considérables de terrain ont été réservées pour leur entretien [1]. »

Nous donnons aux pages 132-133 le catalogue des 28 Universités d'État (statistique de 1889-1890). Il suffira de le parcourir pour se rendre compte de la diversité de ces établissements. Les uns reçoivent de leurs élèves plus de 400 000 fr. de rétributions scolaires; d'autres moins de 2 000 fr. L'Université du Michigan a un revenu total de plus de 1 400 000 fr.; l'Université de la Géorgie est dix fois moins riche, avec son revenu de 150 000 fr. L'Université du Minnesota compte plus de 100 professeurs; l'Université de la Louisiane n'en a que 13, etc. (Voir le tableau des pages 132 et 133.)

Nombre des étudiants d'enseignement supérieur dans les Universités d'État. — Pour apprécier dans son ensemble le rôle des Universités d'État au point de vue de l'enseignement supérieur, il n'y a qu'à recueillir le total de leurs élèves. Elles n'ont à elles toutes, sur une population de 12 846 élèves, que 4066 étudiants proprement dits, 308 dans le *graduate department* (étudiants en lettres et en sciences), 3 758 dans les écoles professionnelles (droit, médecine, pharmacie, et art dentaire) : ce qui donne à chacune une moyenne de 45 à 50 élèves de cette catégorie [2]. Mais à elles seules, quatre ou cinq de ces Universités, celles du Michigan, de la Californie, de l'Iowa, du Tennessee, du Wisconsin, représentent plus des deux tiers du nombre total : on voit ce qui reste aux autres. Quelques-unes

développent souvent que par additions successives. Ainsi l'Université de la Virginie de l'Est n'a été d'abord qu'une école d'agriculture.

1. *Proceedings*, etc., p. 99.

2. Comme dans les quinze Universités de fondation privée on compte environ 6 000 élèves appartenant aux *graduate departments* ou aux écoles professionnelles, on voit que le nombre des étudiants américains d'enseignement supérieur est peu considérable.

ne sont que des collèges secondaires, où l'on n'enseigne, ni les lettres, ni les sciences supérieures, ni le droit, ni la médecine : par exemple, l'Université de l'Illinois, celle de la Louisiane, etc. Il n'y en a qu'un très petit nombre qui possèdent l'équivalent de nos quatre Facultés.

Sans doute il y a lieu de considérer que quelques-uns de ces vingt-huit établissements sont encore en enfance, et qu'il est juste de leur faire crédit. Ce sont de jeunes rejetons, qui, dans quelques années peut-être, auront poussé des branches vigoureuses. D'autres cependant, qui datent de plus de cinquante ou de près de cent ans, paraissent condamnés à végéter toujours, si leur passé préjuge leur avenir.

Caractères généraux des Universités d'État. — Faisant partie du système public d'instruction, les Universités d'État sont toutes non confessionnelles. De même, comme les autres écoles publiques, elles sont ouvertes aux deux sexes, d'après le principe de la coéducation. Quelques-unes sont gratuites absolument, quelques autres partiellement; mais le plus grand nombre exige des étudiants des droits d'inscription, des frais d'études, etc. Leurs ressources proviennent, soit des libéralités du gouvernement fédéral qui a fait en faveur des États de larges concessions de terrains, qu'il a destinées par une affectation spéciale à la fondation des Universités; soit des subventions parfois très généreuses des États particuliers, soit enfin des donations privées. En 1888-89, les dons des *benefactors* se sont élevés à 181 200 dollars; en 1889-90, à 43 080 dollars.

M. Harris, dans un de ses derniers *Reports*, expose très nettement les origines financières des Universités d'État.

« Dès 1787, dit-il, le gouvernement général publia un décret d'après lequel on réservait dans le pays qui est maintenant l'État de l'Ohio deux *townships* de terre pour l'entretien d'une Université; et ce précédent a été suivi depuis, toutes les fois qu'un État nouveau a été incorporé à l'Union. Les fonds provenant de la vente de ces terrains ont été presque partout consacrés à l'entretien des Universités d'État. »

Mais M. Harris rappelle que dans beaucoup de cas, la gestion de ces terrains a été mauvaise : on les a vendus à des prix

UNIVERSI[…]

(Statistique[…]

UNIVERSITÉS	VILLES où elles sont situées.	DATE de l'ouverture.	NOMBRE des écoles professionnelles.	NOMBRE DES PROFESSEURS dans les preparatory et collegiate departments.	NOMBRE DES PROFESSEURS dans les écoles professionnelles.	NOMB[…] des professeurs[…]
1. De l'Alabama.	University.	1819	1	23	3	[illegible]
2. De la Californie.	Berkeley.	1869	4	38	33	[illegible]
3. Du Colorado.	Boulder.	1877	1	13	10	[illegible]
4. De la Géorgie.	Athènes.	1801	2	13	15	[illegible]
5. De l'Illinois.	Urbana.	....	0	36	0	[illegible]
6. De l'Indiana.	Bloomington.	1894	1	28	2	[illegible]
7. De l'Iowa.	Cité d'Iowa.	1869	5	26	55	[illegible]
8. Du Kansas.	Lawrence.	1866	2	25	5	[illegible]
9. De la Louisiane.	Baton Rouge.	1860	0	13	0	[illegible]
10. Du Michigan.	Ann Arbor.	1859	5	53	43	[illegible]
11. Du Minnesota.	Minneapolis.	1869	5	28	64	[illegible]
12. Du Mississippi.	University.	1848	1	11	1	[illegible]
13. Du Missouri.	Columbia.	1840	2	...	38	[illegible]
14. Du Nebraska.	Lincoln.	1871	0	34	0	[illegible]
15. De la Névada.	Reno.	1874	0	40	0	[illegible]
16. De la Caroline du Nord.	Chapel Hill.	1795	1	16	2	[illegible]
17. Du Dakota du Nord.	Grand Forks.	1884	0	11	0	[illegible]
18. De l'Ohio.	Columbus.	1873	2	32		[illegible]
19. De l'Orégon.	Eugène City.	1876	2	9	23	[illegible]
20. De la Caroline du Sud.	Columbia.	1805	2	23	4	[illegible]
21. Du Dakota du Sud.	Vermillion.	1883	0	21	0	[illegible]
22. Du Tennessee.	Knoxville.	1795	3	18	21	[illegible]
23. Du Texas.	Austin.	1881	1	15	2	[illegible]
24. De la Virginie.	Charlottesville.	1825	2	22	10	[illegible]
25. De Washington.			0	10	0	[illegible]
26. De la Virginie de l'Ouest.	Morgantown.	1867	1	14	2	[illegible]
27. Du Wisconsin.	Madison.	1849	2	40	10	[illegible]
28. Du Wyoming.	Laramie.	1887	...	...	...	[illegible]
			45	591	313	91[…]

1. Ce total est celui de la statistique de 1889-90; mais dans les deux colonnes qui […] les chiffres de 1888-89.

NOMBRE DES ÉLÈVES …			NOMBRE total des élèves.	NOMBRE de volumes dans les bibliothèques.	VALEUR du scientific apparatus.	VALEUR des terrains et des bâtiments.	PRODUIT de la rétribution scolaire.	REVENU total.	DONATIONS EN 1890.
…	dans les graduate departments.	dans les écoles professionnelles.							
					dollars	dollars	dollars	dollars	dollars
…2	3	24	206	12 000	20 000	250 000	900	36 900	0
…0	21	300	701	41 330	150 000	1 050 000	0	213 947	0
…0	7	23	150	8 440	16 000	80 000	300	45 000	0
…0	1	158	319	44 000	75 000	166 000	0	31 199	225
…3	6	0	460	19 000	133 118	450 000	12 626	98 983	0
…9	12	17	438	12 000	4 000	200 000	5 155	51 932	2 000
…8	9	459	737	23 656	50 000	300 000	27 583	100 710	400
…7	17	88	509	12 544	125 000	300 000	270	82 735	4 500
…7	0	0	157	19 000	10 000	300 000	0	39 556	0
…5	78	1 155	2 158	74 599	450 000	740 000	93 884	274 271	-
…0	48	265	1 002	23 000	80 000	1 600 000	12 000	330 000	
…7	13	16	216	13 000	50 000	300 000	809	35 513	0
…5	..	326	737	23 647	50 000	300 000	10 605	73 414	
…4	15	0	475	11 442	65 000	425 000	.....	110 000	0
…7	0	0	137	3 000	2 000	35 000	.....	28 000	
…5	14	33	200	30 000	60 000	250 000	8 218	28 887	
…4	0	0	151	3 000			0	24 100	25
…6	13	26	425	9 313	50 000	800 000	6 868	129 072	0
…2	0	52	292	3 300	15 000	4 000	2 991	23 417	4 100
…5	10	44	227	30 000	115 000	315 000	5 000	55 000	0
…1	4	0	435	2 100	......	......	0	39 000	0
…0	1	259	510	7 000	......	......	3 000	41 810	0
…6	4	79	307	6 300	50 000	150 000	3 840	58 340	16 000
…3	11	264	483	45 000	270 800	778 000	12 010	109 681	.....
…7	0	0	287	3 000	.....	......	4 000	9 000	.....
…8	..	10	208	6 000	10 000	100 000	1 000	32 400	.....
…4	21	163	800	33 000	125 000	900 000	16 549	202 987	20 000
…3	..	...	80	1 500	......	......	....	......	.....
…1	308	3 758	12 846	494 838	15 146 588 [1]		259 661	1 106 684	43 950

…vons donné pour le matériel scientifique, d'une part, pour les terrains et bâtiments de l'autre.

dérisoires; on a gaspillé ou détourné de leur affectation le produit des ventes effectuées. Les États les plus jeunes, en revanche, ont profité de l'expérience; ils ont disposé avantageusement des terres concédées; et le jour où elles auront été toutes vendues, leurs Universités auront des dotations qui dépasseront de beaucoup celles des institutions plus anciennes. D'autre part, dans un grand nombre de cas, le produit de la vente des « terres d'Université » a été considérablement accru par la nouvelle concession de terrains résultant du *Land Grant* de 1862. Certains États ont affecté ces nouveaux fonds à leurs Universités; d'autres, il est vrai, les ont employés à créer des établissements distincts (écoles d'agriculture ou d'arts mécaniques). Enfin, les Universités d'État ont été généralement traitées avec générosité par les législatures de leurs États respectifs, qui ne leur ont pas ménagé les allocations spéciales et annuelles. Tout récemment, les pouvoirs législatifs du Missouri concédaient à l'Université d'État de Columbia les impôts directs remboursés à cet État par le gouvernement général, et qui s'élevaient à la somme de 647 000 dollars [1].

Université du Michigan (1841).

Caractères particuliers de l'Université du Michigan. — Plus connue sous le nom de Ann Arbor — petite ville de 9 000 âmes où elle est établie, — l'Université du Michigan, de la région des Grands Lacs, ne diffère guère des grandes Universités de l'Est que par son caractère d'institution d'État [2]. Elle fait partie du système public d'éducation, elle est le complément, le couronnement des *public schools* et des *high schools*. Et si elle dépend de l'État qui la subventionne, au point de vue de son budget, elle en dépend aussi dans son administration : son *Board of regents* est composé de 8 administrateurs élus pour huit ans par le suffrage populaire. C'est pour cette raison sur-

1. *Report of the commissioner*, etc., 1889-90, p. 780.
2. Voir, sur l'Université du Michigan, l'ouvrage de M. Mc Laughlin, *History of higher education in Michigan*, Washington, 1891. Pour les renseignements statistiques, nous suivons le *Calendar of the University*, 1891-92.

tout qu'elle a été appelée l'« Université du peuple » (*People's University*).

Prospérité de cette Université. — L'Université Ann Arbor est plus peuplée que les plus florissantes des Universités de fondation privée. Elle avait, en 1891-92, 2693 élèves : Harvard seul la dépasse, avec ses 3000 élèves. Mais si, par l'ensemble de son effectif, elle n'arrive qu'au second rang, elle se place au premier, au-dessus même de Harvard, par le nombre de ses étudiants, de ses élèves gradués : 1071, en 1891-92. Harvard n'en avait que 1300 en 1892-93. Elle est moins riche sans doute que ses rivales : quinze cent mille francs de revenu environ, au lieu des quatre millions de Harvard ou de Columbia College. Elle a, par suite, un moins grand nombre de professeurs, une centaine à peu près. Mais ses professeurs se dépensent dans une multitude d'enseignements; ils se multiplient, pour ainsi dire, par leur activité, et, en 1891-92, dans un seul de ses *departments*, celui des lettres, des sciences et des arts, elle offrait au choix de ses élèves près de 400 cours dictincts[1]. Elle n'a pas dit son dernier mot d'ailleurs, n'ayant pas encore soixante ans d'existence[2], et elle est la preuve que les Universités d'État peuvent réussir en Amérique aussi bien que les Universités libres.

Nomenclature des écoles dont se compose l'Université. — Comme toutes les Universités d'Amérique, à l'exception de Clark et de Johns Hopkins, Ann Arbor comprend d'abord un collège d'enseignement secondaire, auquel ont été annexés successivement un *graduate department* de lettres et de sciences, une école de médecine et de chirurgie en 1850, une école de droit en 1859, une école d'art dentaire en 1870, une école de pharmacie en 1878. Elle n'a pas, il est vrai, d'école des mines, bien qu'elle ait tenté dans ce sens un effort infructueux en 1875; mais elle prépare cependant dans des cours spéciaux quelques-uns de ses élèves aux grades de *civil*, *mechanichal*, *mining* et *electrical engineers*. De même, si elle ne possède pas une école distincte de science politique, elle a cepen-

1. Mc Laughlin, *op cit.*, p. 85.
2. Autorisée en 1837, l'Université Ann Arbor a ouvert ses cours en 1841.

dant organisé des cours d'histoire politique et constitutionnelle, de droit international, d'économie politique, d'hygiène, etc., qui conduisent au grade de docteur en philosophie [1]. Enfin, la science de l'éducation n'est pas négligée à Ann Arbor; et nous aurions mauvaise grâce à l'oublier, puisque des livres que nous avons des raisons personnelles de bien connaître y sont employés comme ouvrages classiques. C'est depuis 1879 que l'Université, « sans vouloir empiéter sur les fonctions propres des Écoles normales », a introduit cet enseignement pédagogique, destiné surtout aux futurs professeurs des *high schools* [2].

L'Université Ann Arbor présente donc un ensemble à peu près complet d'études professionnelles (droit, médecine, pharmacie, pédagogie, etc.), et de hautes études non professionnelles (sciences et lettres). De plus, en ce qui concerne surtout les études littéraires et scientifiques, elle emploie des méthodes assez particulières qu'il convient d'examiner ici.

« Department of literature, science and arts. » — Remarquons d'abord que, dans le domaine des lettres et des sciences, Ann Arbor pousse plus loin qu'aucune autre Université d'Amérique la division du travail scolaire. Ce qui le prouvera tout de suite, c'est la simple énumération des grades qu'elle confère. L'Université Ann Arbor ne fait pas seulement des bacheliers ès arts; elle a des catégories spéciales de bacheliers en philosophie, de bacheliers ès lettres, de bacheliers ès sciences. Le baccalauréat ès sciences lui-même est divisé en six séries : baccalauréat en biologie, en chimie, en électricité, en génie mécanique, en génie civil, en science générale [3]. La même spécialisation persiste pour les grades supérieurs, qui sont au nombre

1. De 1881 à 1887, une école spéciale de science politique avait été établie, et « elle donnait, dit M. Mc Laughlin, d'excellents résultats »; mais, depuis 1887, on a renoncé à une organisation distincte. Les cours de science politique font partie de l'ensemble des enseignements du *department* des lettres et des sciences.

2. Voir le programme de cet enseignement pédagogique dans le *Calendar*.

3. En 1891, Ann Arbor a fait 10 bacheliers ès lettres, 40 bacheliers ès sciences (2 en biologie, 8 en chimie, 3 en électricité, 4 en génie mécanique, 11 en génie civil, 12 en science générale), 35 bacheliers en philosophie, 55 bacheliers ès arts; 3 maîtres ès sciences; 4 maîtres en philosophie; 10 maîtres ès arts; 4 docteurs en philosophie.

de sept : *Master of arts, of philosophy, of science, of letters*; *Doctor of philosophy, of science, of letters* [1].

Cette surabondance de grades est la conséquence d'un système, qui est sans doute général en Amérique, mais qui, à Ann Arbor, est plus complètement appliqué que partout ailleurs : le système des « cours électifs ». Nulle part on ne s'est autant ingénié à faciliter le travail aux élèves, à complaire à leurs goûts, à leurs aptitudes, en multipliant les possibilités d'option entre un plus grand nombre d'études. Dès 1878, dans son rapport annuel, le président Angell [2], qui depuis 1871 administre avec une haute compétence l'Université Ann Arbor, indiquait nettement le sens et l'esprit des méthodes adoptées :

« Notre Université, disait-il en substance, s'est montrée dès ses débuts originale et hardie. Elle s'est moins préoccupée de suivre aveuglément les programmes traditionnels des anciens collèges, que de chercher à faire le mieux possible. Elle a commencé par ouvrir les cours électifs aux élèves de la classe des *seniors*. Le succès qu'a obtenu cette première tentative a suggéré l'idée d'étendre la faculté d'option à tous les étudiants. D'autre part — il y a longtemps qu'on l'avait remarqué, — tandis que les cours des Universités sont généralement ajustés avec soin aux cours classiques des *high schools*, les cours qu'on appelle cours anglais (*the so-called English courses*) ne trouvent dans les Universités rien qui les continue. Une Université ne doit-elle pas cependant s'efforcer, sans sacrifier les intérêts de l'éducation classique, de mettre ses cours en harmonie avec ceux des *high schools* qui, déshéritées des études grecques et latines, possèdent un cours anglais approfondi? »

En d'autres termes, l'enseignement supérieur ne doit pas être seulement le couronnement privilégié de la seule instruction classique : il a le devoir de s'approprier aussi aux études déjà faites par les élèves des cours qui correspondent à ce que nous appelons en France l'enseignement moderne.

« C'est dans le même esprit libéral, continue M. Angell, que l'Université a examiné la question du temps dans l'éducation du collège.

1. Le baccalauréat ès lettres est le grade recherché par les élèves qui suivent le cours anglais; le baccalauréat ès arts, celui qui couronne le cours classique.

2. Le Président Angell, que nous avons vu à Chicago, où il a présidé avec une rare distinction plusieurs séances du congrès, est un des présidents d'Université les plus considérés en Amérique. Il a étudié en Europe de 1850 à 1853. Il est docteur en droit.

Le système des cours réguliers, tel qu'il est universellement adopté dans les collèges, exige une assiduité de quatre ans, sans qu'il soit tenu compte de l'intelligence des élèves; de sorte que les mieux doués sont obligés de marcher du même pas, avec la même lenteur, que les plus médiocres. Pour remédier à cet inconvénient, nous avons eu recours à un système de libre option (*a free elective system*), qui permet à l'étudiant diligent et particulièrement capable d'arriver au but, c'est-à-dire au baccalauréat, en moins de quatre ans. »

Le « credit system ». — Au système dit « électif », l'Université du Michigan joint ce qu'elle intitule le *credit system*, qui autorise des échanges, des substitutions d'un cours à un autre.

« Par là, l'Université écarte la question de temps des conditions nécessaires qu'elle exige des candidats aux grades. Lorsqu'un élève a achevé une certaine quantité de travail (*a certain amount of work*), il est considéré comme digne d'obtenir le diplôme, quand bien même il n'aurait passé que trois ans à l'Université. D'après le *credit system*, la Faculté recommande pour le grade les étudiants qui ont suivi un nombre déterminé de « cours complets d'études » (*full courses of study*). Un cours complet d'études comporte cinq exercices par semaine pendant un semestre : exercices de classes, de travaux de laboratoire, etc. Il n'est pas nécessaire que les exercices qui constituent un « cours complet » appartiennent à une seule et même branche d'enseignement. Ainsi une portion de ce cours complet (deux cinquièmes, par exemple, sur les cinq exercices hebdomadaires, soit deux heures de travail) peut être empruntée aux mathématiques; une autre portion (soit deux heures encore), au grec; enfin le complément (soit un cinquième), au latin.... »

En d'autres termes, au lieu d'imposer à tous les élèves cinq heures de latin ou de grec par semaine, si dans leur ardeur au travail et dans la vivacité de leur intelligence ils n'ont pas besoin de tout ce temps pour arriver au même résultat que leurs camarades, on les autorise à faire des mathématiques, de la physique ou autre chose encore, pendant un certain nombre des heures régulièrement affectées à l'étude du latin ou du grec. On leur fait « crédit », pour ainsi dire, parce qu'on a confiance dans leur bonne volonté et dans leur capacité.

Les universitaires de Ann Arbor se louent beaucoup des conséquences de cette méthode : d'abord, un élève bien doué peut ainsi arriver en trois ans au but désiré; cela dépend de sa volonté, de son énergie; mais de plus et surtout, à supposer même qu'il emploie quatre années aux études du collège, il est assez avancé dès le commencement de la quatrième année pour aborder des études plus hautes — un travail de recherches personnelles, des lectures générales, — qui le prépareront à l'enseignement des écoles professionnelles. De cette façon, dès la dernière année du collège, la vie universitaire s'ouvre déjà pour l'écolier, et la soudure est faite, cette soudure qui précisément fait défaut presque partout en Amérique, — entre le collège et l'Université.

« **University system.** » -- Mais nous ne sommes pas au bout des appropriations ingénieuses, des méthodes accommodantes que l'Université du Michigan a imaginées dans l'intérêt de ses élèves. En 1882, elle a introduit ce qu'on appelle *the University system.*

« Dans ce système, un élève, après deux ans de résidence, et ayant obtenu « crédit » pour certaines études spéciales comprises dans le programme du grade qu'il recherche, n'est plus astreint à suivre un nombre déterminé de cours : il peut concentrer toutes ses forces sur trois études à son choix, une *major* et deux *minor*, — études qu'il poursuit sous la direction d'un comité de professeurs. A la fin de la quatrième année, il est appelé à passer un examen sur ces trois sujets. Par là, on encourage chez les élèves un esprit de recherche plus libre, plus profond et plus large; et ce système s'adapte de lui-même aux besoins de l'Université. »

On le voit, et c'est ce qui nous excuse d'avoir placé ici ces renseignements sur l'organisation de l'enseignement secondaire à Ann Arbor, — les études du collège sont nettement orientées vers la préparation aux études universitaires. L'élève du collège est déjà un étudiant, qui choisit selon ses goûts la voie où il veut marcher; qui n'est plus mécaniquement conduit de classe en classe, par une règle inflexible; qui peut, s'il le veut, franchir plus rapidement les distances, faire enfin l'apprentissage des études libres et l'essai de l'énergie de son caractère.

N'y a-t-il pas pourtant des dangers à craindre? — que l'élève entreprenne trop, qu'il s'imagine pouvoir plus qu'il ne peut, qu'il n'aille trop vite, qu'une instruction hâtive, expéditive, fiévreuse, ne substitue des résultats plus apparents que réels aux effets plus sûrs d'une marche lente et tranquille? On s'en doute bien à Ann Arbor, et on répond : « Le plus ardent désir de la Faculté est de convaincre les étudiants que l'enseignement du collège répond à une période de croissance intellectuelle; que des connaissances approfondies valent mieux qu'une instruction superficielle; que le « bourrage » (*cramming*) n'est ni une assimilation, ni une vraie croissance ».

Tout de même, il est permis de penser qu'il y a quelque excès de facilité complaisante dans l'organisation des études à Ann Arbor. En voici une preuve : on n'y exige pas des candidats au grade de *master of arts* la condition de la résidence[1]. Un bachelier ès arts, ès sciences, en philosophie, ou ès lettres, pourvu qu'il ait obtenu ce grade à Ann Arbor, peut être proposé pour la maîtrise ès arts, sans qu'il ait besoin de résider à l'Université, à la condition d'avoir consacré au moins deux ans à un cours d'études approuvé par la Faculté, de passer ensuite un examen, et de présenter une thèse satisfaisante. « Chaque candidat doit d'ailleurs, une fois au moins par semestre, adresser au président de la Faculté un rapport sur la marche de ses travaux. »

Le « diploma system ». — Il n'est pas douteux que ces facilités de travail ne soient pour quelque chose dans le succès de l'Université du Michigan. Il en est de même d'un autre procédé, qui a pour but de dispenser les nouveaux élèves de tout examen d'entrée, à condition qu'ils soient munis d'un diplôme délivré par l'établissement où ils ont commencé leurs études. Ce privilège, qui précédemment n'était accordé qu'aux établissements scolaires du Michigan, a été maintenant étendu à d'autres États. Les écoles dont on accepte les diplômes doivent d'ailleurs avoir reçu préalablement l'*approbation* de l'Université, qui les inspecte ou les fait inspecter, et juge si par la compétence de leurs professeurs elles sont en état de donner une bonne instruction. En 1891, il y avait 91 écoles ainsi *approuvées*, les unes pour tous leurs cours, les autres pour un cours seulement.

Les grades de la maîtrise et du doctorat. — L'Université du Michigan draine ainsi dans différents États, mais surtout

1. *Calendar*, etc., p. 89.

dans l'Illinois, un grand nombre d'élèves dont elle complète l'éducation, et qu'elle conduit aux différents grades que nous avons déjà énumérés. Pour les différentes maîtrises, elle exige le grade correspondant de bachelier, un an de résidence (sauf l'exception indiquée plus haut), un examen oral et un travail écrit. Pour les doctorats, elle n'exige qu'une année de résidence des candidats qui possèdent déjà la maîtrise, et deux années de ceux qui sont simplement bacheliers. L'Université du Michigan a pour règle d'être très large sur les conditions de résidence. « Elle ne veut pas que le grade soit simplement le résultat de l'assiduité; mais elle exige de ses docteurs, d'abord qu'ils aient approfondi une branche d'études et qu'ils en aient convenablement étudié deux autres, ensuite qu'ils présentent une thèse, afin de prouver par là leur talent pour les recherches et les investigations originales. »

Ecole de médecine; coéducation. — Les Universités d'État sont beaucoup plus largement ouvertes à la coéducation que les Universités libres. Elles se conforment, sur ce point, aux traditions des autres écoles publiques, qui sont toutes des écoles mixtes. A Ann Arbor, un cinquième ou tout au moins un sixième de la population scolaire est formé par les jeunes filles. A l'école de médecine, comme dans les autres sections de l'Université, le programme est le même pour les étudiants des deux sexes. Cependant, il est de règle que les exercices d'anatomie pratique doivent avoir lieu dans des salles distinctes, et aussi que certaines leçons ou démonstrations, qu'il ne conviendrait pas de présenter à la fois aux jeunes hommes et aux jeunes filles, leur soient données à part. Pour tout le reste, pour la plupart des cours, pour les cliniques, pour les travaux de laboratoire, « on a reconnu que les deux sexes pouvaient convenablement y participer ensemble ». Dans la liste des 103 docteurs en médecine de 1891-92, nous relevons les noms d'au moins 10 doctoresses [1].

Conditions d'admission. — Les conditions d'admission à l'école de médecine sont relativement plus sévères qu'ailleurs.

1. Outre son école de médecine normale, Ann Arbor possède une école de médecine homéopathique, fondée en 1875, et qui comptait 71 élèves en 1891.

Pour tous ceux qui ne sont pas en possession d'un grade ou d'un diplôme, un examen est exigé qui porte sur huit sujets : — pour l'anglais, une explication d'auteur, et une composition de deux pages (correcte pour l'orthographe, la ponctuation, les lettres capitales, la grammaire, la construction et la disposition des paragraphes) ; l'arithmétique et l'algèbre, la physique, la botanique, la zoologie, la physiologie, l'histoire et enfin le latin. On n'en demande pas tant, nous l'avons vu, à Columbia College, ni à l'Université de Pensylvanie. Il n'en est pas moins vrai qu'à Ann Arbor, comme partout ailleurs, l'école de médecine reçoit des étudiants trop peu préparés, puisqu'il suffit pour y entrer d'être un bon élève d'une bonne *high school*, et d'avoir dix-huit ans.

Conditions de graduation. — Vingt et un ans d'âge, *a good moral character*, selon la formule consacrée, quatre années d'études régulièrement suivies et vérifiées par des examens appropriés, telles sont les conditions exigées pour le doctorat en médecine.

École de droit. — On entre à l'école de droit presque dans les mêmes conditions qu'à l'école de médecine. Une éducation de *high school*, au minimum, suffit pour en ouvrir l'accès. A défaut de grade, on subit un examen qui comprend : 1° l'arithmétique et la géographie ; 2° l'orthographe, la grammaire et l'art de la composition ; 3° l'histoire des États-Unis et l'histoire de l'Angleterre ; 4° quelques parties d'un livre de droit élémentaire, les *Commentaires* de Blackstone [1]. Toutes ces épreuves sont écrites.

Le cours d'études est de deux ans pour le grade de bachelier en droit ; une troisième année conduit les bacheliers à la maîtrise.

L'école de droit de Ann Arbor est une des plus importantes, sinon la plus importante des États-Unis. Elle a fait, en 1891-92, 266 bacheliers et 15 maîtres en droit. Elle comptait, la même année, 631 élèves. Columbia College seul s'approche de ces chiffres. « A tous les points de vue, dit le *Calendar* de l'Univer-

1. On voit par là que l'école de droit de Ann Arbor, comme elle le déclare d'ailleurs formellement, encourage ses étudiants à faire, avant d'entrer à l'école, quelques études juridiques préliminaires.

sité, notre école de droit offre une organisation exceptionnellement bonne. »

Université de la Californie (1868).

Organisation récente de l'instruction en Californie. — Si les Universités d'Amérique méritent en elles-mêmes notre admiration, pour la puissance de leurs efforts et l'ampleur de leurs résultats, notre étonnement augmente, si nous considérons que quelques-unes d'entre elles se développent et prospèrent dans des régions où, il y a moins de cinquante ans, l'instruction même élémentaire était un mythe.

Voici, par exemple, la Californie, qui possède aujourd'hui deux Universités importantes : l'Université Leland Stanford, dont nous avons déjà parlé, et une Université d'État fondée en 1868. Cela ne tient-il pas du prodige, dans une contrée où la première école primaire a été fondée en 1847? La Californie n'a été incorporée à l'Union qu'en 1850, et c'est trois ans auparavant que le conseil municipal (*the town council*) de San Francisco avait organisé une petite maison d'école, qui s'ouvrit en 1848, « avec Thomas Douglass, un gradué de Yale, comme seul professeur (aux appointements de 1 000 dollars), et avec six élèves seulement [1] ». Ce n'est que douze ans plus tard, en 1860, que l'enseignement secondaire proprement dit (*the college instruction*) fut inauguré à Oakland (Oakland est le Brooklyn de San Francisco).

C'est le collège d'Oakland qui a été le premier germe de l'Université de la Californie [2]. Il avait commencé en 1853, sous forme d'école préparatoire, avec trois élèves : l'Université en compte aujourd'hui plus de mille.

Il semble, par un heureux privilège qu'expliquent les beautés naturelles d'une contrée enchanteresse, que les Universités californiennes aient sur toutes leurs rivales l'avantage d'une

1. Voir, dans une publication de l'Université de Californie, *Riverside addresses*, 1892, le mémoire de M. Martin Kellogg : *Educational progress in California*.

2. L'Université, d'abord établie à Oakland, la « terre des chênes », a été transférée à Berkeley, en 1873.

situation exceptionnellement agréable et d'un cadre charmant. Nous avons décrit la merveilleuse installation de la jeune Université Leland Stanford. Son aînée, qui l'a vu naître sans jalousie et qui lui a souhaité cordialement la bienvenue au monde [1], n'a pas à se plaindre non plus des conditions matérielles de son établissement. Elle est située au milieu des arbres, à quelques milles de San Francisco, à Berkeley, d'où elle domine une vue admirable sur la Porte d'Or et sur la ville entière. Les constructions, très pittoresques, les terrains et le matériel scolaire représentent une valeur approximative de 9 millions de francs. Sa bibliothèque renferme environ 40 000 volumes. Ses revenus sont de près de 1 100 000 francs; et il est à noter que ces ressources proviennent exclusivement, soit des taxes scolaires, soit des subventions de l'État, soit des donations de bienfaiteurs généreux : les contributions des élèves n'y figurent pour presque rien, l'Université de la Californie étant, comme les écoles primaires et les écoles secondaires, une école à peu près gratuite [2].

L'Université de la Californie comprend 11 *departments*, dont les six premiers sont installés à Berkeley :

1. Un collège de lettres, qui lui-même se subdivise en trois séries de cours :
   a. Cours classique.
   b. Cours littéraire.
   c. Cours de lettres et de science politique.
2. Un collège d'agriculture.
3. Un collège de mécanique.
4. Un collège des mines.
5. Un collège de génie civil.
6. Un collège de chimie.

1. *Riverside addresses*, p. 13. « Aux forces éducatrices de cet État, une Université entièrement nouvelle a été ajoutée par la baguette magique de l'or, etc. »

2. « *Our State took a step in advance of any other in making tuition in the University absolutely free* » (*Riverside addresses*, p. 9). Dans les écoles professionnelles (médecine, droit, pharmacie, art dentaire), qui ont leur siège à San Francisco, mais qui dépendent de l'Université, on exige cependant, sauf dans l'école de droit, une rétribution scolaire peu élevée, *a moderate tuition fee*.

7. L'observatoire Lick, établi sur le Mont Hamilton, dans le comté de Santa Clara, et annexé à l'Université en 1888.

8. Un collège de droit
9. Un collège de médecine
10. Un collège d'art dentaire
11. Un collège de pharmacie
} établis à San Francisco.

Ajoutons que tous ces établissements sont ouverts aux deux sexes.

Nombre des élèves. — Le nombre total des élèves de l'Université de la Californie était, en 1892-93, de 1 082, dont 858 garçons et 224 filles [1]. Ce total se décompose ainsi :

Collège de Berkeley : *undergraduates*, 648 (444 garçons et 204 filles); *graduates*, 46 (dont 33 garçons et 13 filles).

Collèges professionnels de San Francisco : 435 élèves (dont 415 garçons et 20 filles).

Divers grades de baccalauréat. — Dans le collège des lettres, on se prépare aux grades de bachelier ès arts (cours classique), de bachelier ès lettres (cours littéraire), de bachelier en philosophie (cours de lettres et de science politique); dans les cinq collèges des sciences, au grade de bachelier ès sciences. En 1892, on a conféré 11 diplômes de baccalauréat ès arts, 10 de baccalauréat ès lettres, 21 de baccalauréat en philosophie, 17 de baccalauréat ès sciences.

Diverses catégories d'étudiants. — Des cours réguliers de quatre ans, qui comprennent des études obligatoires et des études électives, conduisent à ces différents grades. Mais en dehors des étudiants réguliers, l'Université admet diverses catégories d'étudiants libres : d'abord ceux qu'on appelle les *students at large*, qui sont autorisés, sous le contrôle de la Faculté, à choisir dans l'ensemble des enseignements normaux un certain nombre de cours à leur goût; les étudiants *spéciaux*, qui se consacrent à une seule étude; enfin les *limited students*, qui ne pouvant, pour raisons de santé, suivre tous les cours réguliers, ou résider à l'Université pendant les quatre années réglementaires, obtiennent le privilège de ne participer qu'à un cours limité (*a limited course*). Ces divers étudiants libres

1. Voir le *Register* de l'Université de la Californie, 1892-93.

ne sont pas régulièrement des candidats aux grades; néanmoins, si la Faculté juge qu'ils ont réalisé une somme de travail équivalant aux études du cours régulier, elle peut les recommander pour le grade correspondant.

Maîtrise et doctorat. — Les grades supérieurs de maîtrise et de doctorat paraissent assez peu recherchés dans l'Université de la Californie, qui, en 1892, n'a pas fait un seul docteur en philosophie, et n'a distribué que trois diplômes de maître ès arts et deux de maître ès lettres. Les étudiants qui se préparaient à la maîtrise n'étaient, la même année, qu'au nombre de 11 : 9 pour la maîtrise ès arts, dont 2 jeunes filles, 1 pour la maîtrise ès lettres, et 1 pour la maîtrise ès sciences. Les candidats au doctorat en philosophie étaient un peu plus nombreux, 13, dont une jeune fille, dans le collège de Berkeley; plus 3 dans le *Lick astronomical department*.

Les conditions exigées sont les suivantes : pour la maîtrise, avoir obtenu le grade de bachelier correspondant; se faire inscrire dans la Faculté compétente (arts, lettres ou sciences), en faisant connaître exactement le genre d'études que l'on veut poursuivre; puis, pendant un an au moins, travailler sous la direction d'un comité de trois professeurs, appartenant à deux *departments* distincts ou à trois; — ce comité est chargé de surveiller le travail du candidat, de présider aux examens qu'on lui fait subir, et de juger la dissertation originale qu'il doit présenter. Cette année de préparation doit être une année d'assiduité et de résidence à l'Université, sauf dans le cas où le candidat, étant déjà bachelier de l'Université de la Californie, peut être dispensé, par un vote de la Faculté intéressée, de la condition de la résidence; seulement la durée de la préparation doit être dans ce cas de deux années.

Quant au doctorat en philosophie, voici les règles qui sont établies :

1° Être gradué du collège des lettres ou d'un des collèges des sciences, ou de quelque autre Université ou collège qui passe pour donner un bon enseignement.

2° Le candidat doit suivre un cours d'études, qu'il choisit avec l'approbation de la Faculté des lettres parmi les cours suivants : 1° *Philosophie intellectuelle et morale*; 2° *Histoire et science politique*; 3° *Sciences philologiques*; 4° *Sciences naturelles*. Ce cours d'études comprend un sujet principal et deux sujets subsidiaires.

3° La durée de la préparation sera au moins de trois années, dont une au moins devra être passée à l'Université, sans aucune interruption dans la résidence. On pourra cependant autoriser quelques mois d'absence; mais, dans ce cas, le candidat ne sera admis à l'examen final qu'après quatre années d'études.

4° Trois mois au moins avant l'examen final, le candidat soumettra à l'approbation de la Faculté des lettres une thèse relative au sujet principal de ses études, « et de nature à montrer qu'il est capable d'un travail original ». Il est dit en outre qu'il doit posséder, en langue latine, l'équivalent des connaissances exigées pour l'admission dans le cours classique de l'Université.

On remarquera cette dernière condition : une certaine culture latine, pas bien approfondie d'ailleurs, puisqu'elle est simplement adéquate à celle d'un élève de troisième de nos lycées français. On remarquera aussi que c'est sous la direction de la Faculté du collège des lettres que se poursuivent les études préparatoires au doctorat en philosophie[1].

Écoles professionnelles : École de droit. — Les écoles professionnelles de l'Université de la Californie sont au nombre de quatre : *Droit*, *Médecine*, *Art dentaire*, *Pharmacie*.

L'école de droit, ouverte en 1878, avait en 1892-93 un auditoire de 120 élèves, dont deux jeunes filles. La durée des études y est de trois ans. Le programme des cours comprend les enseignements suivants : 1° personnes et droits personnels; 2° propriété réelle; 3° contrats; 4° lois commerciales; 5° testaments et successions; 6° jurisprudence; 7° témoignages; 8° plaidoirie et pratique; 9° loi constitutionnelle; 10° morale légale. Pour être admis à ces cours, l'étudiant doit avoir au moins dix-huit ans, et, s'il n'est pas gradué, satisfaire à un examen d'admission, qui porte sur l'anglais, l'arithmétique,

1. Outre le doctorat en philosophie, l'Université confère des diplômes d'ingénieur civil, d'ingénieur des mines, etc.

l'algèbre, la géométrie plane, l'histoire et la géographie, enfin le latin. Au bout de trois ans d'études, le baccalauréat en droit est conféré aux étudiants qui ont satisfait à tous les examens, et ce grade leur ouvre l'entrée du barreau dans toutes les Cours de l'État. L'enseignement de l'école de droit est gratuit, à part une somme de dix dollars par an que l'étudiant doit verser pour couvrir les dépenses accidentelles. En 1892-93, le nombre des bacheliers en droit a été de 16 seulement.

École de médecine. — C'est en 1873 que le *Toland college of medicine* est devenu partie intégrante de l'Université de la Californie. Il a été un des premiers aux États-Unis à instituer un cours de trois ans et un système gradué d'études. D'autre part, on a voulu y renforcer les conditions d'admission, « afin d'élever le niveau des études médicales ». L'examen d'entrée se compose d'épreuves écrites, qui portent sur l'anglais, l'arithmétique, l'histoire des États-Unis et la physique. Sont dispensés d'ailleurs de cet examen les gradués des Universités et collèges, des *high schools* et des académies, des écoles normales, etc. On n'est donc guère plus rigoureux qu'ailleurs, et à San Francisco, comme partout en Amérique, on ouvre la porte de l'école de médecine à des étudiants qui ne justifient que d'une instruction primaire passable. C'est du mois de mars au mois de décembre, à raison du climat de San Francisco, « alors que des brises fraîches soufflent chaque jour sur la ville et tempèrent la chaleur de l'atmosphère », que les études fonctionnent. Voici quel en est le programme : 1° théorie et pratique de la médecine; 2° théorie et pratique de la chirurgie; 3° obstétrique; 4° physiologie; 5° thérapeutique; 6° matière médicale et chimie médicale; 7° anatomie; 8° maladies nerveuses et mentales; 9° histologie et pathologie; 10° bactériologie; 11° hygiène; 12° clinique médicale et pathologie; 13° clinique chirurgicale; 14° clinique obstétricale et gynécologie; 15° ophtalmologie, otologie et laryngologie; 16° maladies des enfants. Le grade de docteur en médecine est conféré aux étudiants qui ont atteint l'âge de vingt et un ans, qui ont suivi régulièrement pendant trois années l'enseignement médical (la dernière année au moins à l'Université), qui ont satisfait aux examens réglementaires, écrits et oraux, qui ont poursuivi l'étude de l'anatomie pratique au moins pendant deux sessions, et qui présentent des certificats attestant qu'ils ont disséqué sur le cadavre toutes les parties du corps humain; enfin qu'ils ont acquitté les différents droits d'études et d'examens. L'enseignement de l'école de médecine n'est pas gratuit, en effet, et chaque étudiant est tenu de verser, pour son inscription, 5 dollars; pour la première année, 130 dollars, 130 encore pour la seconde (la troisième année est gratuite); pour les droits de graduation, 40 dollars, etc., — soit au total, pour les trois années, 315 dollars. En 1892-93, le grade de docteur en médecine a été conféré à 14 étudiants.

Autres écoles. — Le collège d'art dentaire est de fondation toute récente. « Les progrès de l'art des dentistes, dit le *Register*, lui ont donné place parmi les professions libérales », et depuis 1881, le *College of dentistry* a pris rang parmi les établissements de l'Université. Mais il n'a été ouvert qu'en 1893. Les études y durent trois ans et conduisent au grade de docteur en chirurgie dentaire. Nous remarquons que les conditions de l'examen d'admission sont plus sévères que celles qu'on exige des futurs médecins. On demande, en effet, aux élèves dentistes quelques connaissances de plus : la géographie, la chimie élémentaire et la « grammaire latine de pharmacie et de médecine ».

L'école de pharmacie, qui a délivré, en 1892-93, 33 diplômes de *graduate in pharmacy*, demande à ses élèves une bonne instruction primaire, *a good common school education*; elle souhaite, sans l'exiger, qu'ils possèdent les éléments du latin, afin qu'ils n'aient pas à les apprendre pendant leur séjour à l'école. Pour obtenir le titre de gradué, l'étudiant en pharmacie doit être âgé de vingt et un ans, avoir suivi pendant deux ans l'enseignement pharmaceutique, enfin avoir fait un stage de quatre ans dans une bonne pharmacie.

CHAPITRE IV

Organisation administrative et vie intérieure des Universités.

I

Autonomie des Universités. — Les Universités américaines, du moins toutes celles qui ne sont pas des Universités d'État, constituent chacune un corps indépendant, qui se suffit financièrement à lui-même, une personne civile et morale qui reçoit des dons et des legs et en dispose à son gré, qui s'enrichit, s'accroît sans cesse, qui crée, au fur et à mesure que ses ressources augmentent, des sections nouvelles d'enseignement, qui s'administre et se gouverne comme elle l'entend, qui jouit enfin d'une autonomie absolue. Ne dépendant que d'elle-même, une Université américaine est par suite obligée de constituer sur place une administration des plus complètes. Tandis qu'en France la direction générale des établissements d'enseignement est centralisée à Paris, et que les ordres, les instructions, les règlements viennent du cabinet du Ministre, des bureaux des directeurs, imposer partout les volontés du pouvoir central, en Amérique, au contraire, il y a pour ainsi dire autant de Ministères locaux d'instruction publique que d'Universités distinctes. De là, dans chacune d'elles, le grand nombre des autorités constituées, la diversité des conseils et des comités établis pour régler la marche des affaires : en un mot, la multiplicité des rouages administratifs d'une machine le plus souvent très compliquée.

En général, l'Université libre américaine est administrée et gouvernée par deux conseils : un conseil de professeurs, — et « un conseil d'amis de l'Université », qui porte les titres divers de *Board of trustees*, de *Board of overseers*, ou encore de *Board of curators* [1]. Elle a d'ailleurs à sa tête un chef nominal, le président. Mais pour bien se rendre compte de cette administration au premier abord confuse, il est nécessaire d'entrer dans quelques détails, d'autant que, d'une Université à l'autre, il y a des variantes notables.

Organisation administrative de Harvard. — Voici, par exemple, comment les choses sont réglées à Harvard. L'Université a été de tout temps placée sous la direction de deux conseils, qui se sont peu à peu affranchis de toute sujétion religieuse et politique. De ces deux conseils, l'un est subordonné à l'autre; mais dans leur ensemble ils exercent un gouvernement tout à fait indépendant, puisqu'ils ont pleins pouvoirs pour l'administration de l'Université et que les membres qui les composent tiennent leurs droits de l'élection.

Ces deux conseils sont, d'une part, la *Corporation*, dont le nom officiel est : *President and fellows of Harvard college*; d'autre part le *Conseil de surveillance*, plus exactement le « Bureau des surveillants », *Board of overseers*.

La « Corporation ». — La *Corporation* est le conseil d'administration proprement dit. Ce conseil comprend sept personnes : le président de l'Université, cinq professeurs (*fellows*) et un trésorier, tous membres à vie. C'est la *Corporation* qui administre la maison, qui gère les biens de la communauté, qui règle les études, qui choisit et nomme les professeurs. Elle a des pouvoirs financiers et des pouvoirs administratifs. Elle est d'ailleurs perpétuelle (*self perpetuating*), en ce sens qu'elle se recrute elle-même par *cooptation*. Mais elle n'agit cependant que sous le contrôle d'un autre conseil, le *Board of overseers*, devant lequel elle est responsable.

Le « Board of overseers ». — Le *Conseil des surveillants* comprend un assez grand nombre de membres, trente-deux, les uns désignés d'office par leurs fonctions universitaires [2]; tous

1. Université du Missouri.

2. Jusqu'en 1865, le gouverneur de l'État, le lieutenant gouverneur, le président du Sénat, le *speaker* de la Chambre des représentants, et le

les autres sont élus; — jusqu'à ces derniers temps, ils l'étaient par les membres du Sénat et de la Chambre des représentants du Massachusetts; mais, en 1865, l'esprit d'autonomie universitaire a complètement triomphé, et l'Université a secoué la tutelle des pouvoirs politiques [1]. Il a été décidé par l'*act* ou décret de 1865 que dorénavant les *overseers* seraient élus par les anciens élèves de l'Université (*the alumni of the college*), « par tous ceux qui ont obtenu à Harvard College le grade de bachelier ès arts, de maître ès arts, ou un grade honoraire; sous ces réserves qu'aucun membre de la *Corporation*, aucun administrateur ou professeur de l'Université (*officer of government or instruction*) ne peut être ni électeur, ni éligible; que les électeurs doivent être présents de leur personne; et en outre que les gradués qui constituent le corps électoral n'ont le droit de voter que la cinquième année qui suit leur admission au grade ». Le bureau des *overseers* est divisé d'ailleurs en six séries, de cinq membres chacune, et il se renouvelle par série : chaque année cinq membres nouveaux remplacent cinq membres sortants [2].

secrétaire du *Board of education*, étaient membres de droit, *ex officio*, du *Board of overseers*; mais depuis l'*Act* ou décret de 1865, ces personnages, sans être exclus du conseil, ne peuvent y être introduits, comme tous les autres membres, que par le vote des gradués de l'Université.

1. Primitivement, seize ministres de l'Église dite congrégationaliste devaient faire partie du conseil des *overseers*. Cela a duré jusqu'en 1834, époque à laquelle l'Université s'est dégagée de ses liens avec cette confession particulière, et où un *act* du pouvoir législatif, qui n'a d'ailleurs été appliqué qu'en 1843, a admis que le *Board of overseers* serait ouvert aux *clergymen* de toutes les confessions. Voir le catalogue de Harvard, 1892-93, p. 26 et suiv.

2. « La fonction réelle du *Board of overseers*, disait le président Eliot dans son discours inaugural, est de stimuler et de surveiller le président et la *Corporation*. Sans eux, le président et la *Corporation* seraient un conseil d'administrateurs privés, se renouvelant à perpétuité, de sa propre autorité et ne relevant que de lui-même. Pourvue, comme elle l'est, de deux conseils gouvernants, l'Université possède cette principale sauvegarde de tous les gouvernements américains, à savoir l'antagonisme naturel entre deux corps qui diffèrent par leur constitution, leurs pouvoirs et leurs privilèges. Tout en prenant avec la *Corporation* l'intérêt le plus vif à la prospérité de l'Université et à l'avancement des sciences, les *overseers* doivent toujours garder vis-à-vis d'elle l'attitude d'une vigilance soupçonneuse. Donner sans cesse l'impulsion et s'ingérer dans tout, tel est leur devoir. On ne saurait exagérer l'importance du contrôle public exercé par les *overseers*. L'expérience prouve que sur cette organisation à double

C'est donc bien en définitive l'Université qui se gouverne elle-même, par une sorte de constitution parlementaire, avec deux assemblées, dont l'une est la vraie chambre dirigeante; tandis que l'autre, dont le rôle consiste à présider de haut aux destinées de l'Université, à approuver les actes et au besoin à s'opposer aux décisions de la *Corporation*, émane des suffrages, sinon des membres actuels de l'Université, du moins de ceux qui en ont été les élèves et qui y ont conquis leurs grades.

L'organisation administrative de Harvard est plus compliquée que celle de la plupart des autres établissements similaires. Après les deux conseils dont nous avons défini les origines et les attributions, se place le *Conseil de l'Université*, qui comprend le président, les professeurs et les professeurs adjoints de l'Université : avec l'approbation des *overseers*, la *Corporation* peut y adjoindre d'autres membres de l'Université. Ce conseil détient dans ses attributions toutes les affaires qui intéressent plus d'une Faculté à la fois, et aussi les questions de discipline universitaire.

Les Facultés. — Au-dessous de ces divers conseils viennent les Facultés : la Faculté des arts et des sciences, de laquelle relèvent le collège, l'école scientifique Lawrence et aussi l'école des gradués; la Faculté de l'école de théologie; celles de l'école de droit, de l'école de médecine, de l'école d'art dentaire, de l'école vétérinaire, de la « Bussey Institution »; en tout sept Facultés. Chacune d'elles comprend tous les professeurs titulaires, les professeurs adjoints, les *tutors*, qui à des titres divers sont chargés de l'enseignement dans chaque école, et aussi ceux des *instructors* qui sont nommés pour plus d'un an[1]. Le président de l'Université est membre de chaque Faculté; chef supérieur de l'ensemble des écoles, il est aussi le chef particulier de chacune d'elles.

Une Faculté a le droit — en ce qui concerne les affaires ordinaires d'administration et de discipline, à l'exception toutefois du pouvoir de congédier et de renvoyer les élèves — de délé-

tête repose notre plus grand espoir pour la permanence de l'Université et l'agrandissement constant de son action et de ses services. »

1. Rappelons que l'*assistant professor* est nommé pour cinq ans, le *tutor* pour trois ans, l'*instructor* pour « autant de temps qu'il sera nécessaire ».

guer ses pouvoirs à des comités pris dans son sein, et qu'on appelle les *Administrative Boards*. Les membres en sont nommés par le président, d'accord avec la *Corporation* et les *overseers*. Ces *Administrative Boards* n'agissent d'ailleurs que sous l'autorité de leurs Facultés respectives. C'est ainsi qu'il y a un *Administrative Board* pour l'école scientifique, un autre pour la *graduate school*, un autre pour le collège.

Rien de plus complexe, on le voit, que les ressorts multiples de cette administration très minutieuse qui préside à tant d'enseignements divers, au travail et à la vie de tant de catégories d'élèves. La division du travail est poussée aussi loin que possible. Dans la Faculté des arts et des sciences, il n'y a pas moins de 14 comités, dont chacun est chargé de fonctions spéciales : *instruction*, *examens d'admission*, *cours électifs*, *bourses*, *conseils à donner aux « freshmen »*, etc.

Les doyens. — Chaque Faculté a son doyen, lequel est nommé par la *Corporation* parmi les membres de la Faculté, et sous réserve de l'approbation des *overseers*. Dans la Faculté des arts et des sciences, il y a trois doyens, un pour chacune des trois écoles qui relèvent de cette Faculté. Le doyen est le « chef du pouvoir exécutif » (*the chief executive officer*); il est responsable de la préparation et de la direction des affaires dans sa Faculté ou école, et il est tenu d'adresser tous les ans un rapport au président.

Ajoutons, pour être complet, que les affaires financières sont confiées à un trésorier (*treasurer*), qui fait partie de la *Corporation*, et qui est le gardien des propriétés de l'Université — c'est lui qui fait les placements, qui règle les comptes, — et à un économe (*bursar*), qui est le sous-agent du trésorier; c'est lui qui perçoit les rétributions scolaires, qui délivre les reçus, etc.

N'oublions pas de mentionner enfin le secrétaire, chargé de la correspondance de l'Université, et qui porte le titre de *Secretary of the Board of overseers*; les prédicateurs de l'Université (*University preachers*), au nombre de cinq, nommés chaque année par la *Corporation* avec le consentement des *overseers*; le *Parietal Board* (comité des bâtiments), composé des professeurs qui résident dans les bâtiments universitaires et des *proctors* [1]; sa fonction est de maintenir l'ordre et le décorum dans l'enceinte de l'Université et de veiller au bon état des bâtiments.

Administration de Columbia College. — A Columbia College, les choses ne sont pas réglées tout à fait de la même manière, au point de vue administratif. Nous y trouvons, comme équivalent du *Board* des *overseers* de Harvard, un conseil de *trustees*, auquel appartient la direction générale, et subdivisé en cinq comités : finances, terrains et bâtiments, honneurs, éducation, bibliothèque. Le conseil des *trustees* se compose de vingt-cinq membres. Le président de l'Université n'en fait point partie. Au-dessous du conseil des *trustees* se place l'*University Council*, qui comprend le président, les doyens des différentes Facultés, *ex officio*, plus un membre de chaque Faculté élu par elle pour trois ans.

« Le Conseil de l'Université (soumis d'ailleurs au pouvoir de contrôle des *trustees*) exerce son autorité dans toutes les affaires qui ne sont pas réservées par les statuts au président ou aux diverses Facultés :

« 1° Pour déterminer les conditions d'après lesquelles sont conférés les grades de maître ès arts et de docteur en philosophie, et pour recommander les candidats jugés dignes d'aspirer à ce grade;

« 2° Pour établir la corrélation des cours dans les diverses Facultés, afin d'accroître l'efficacité et d'élever le niveau du travail universitaire; pour encourager les recherches originales; pour résoudre toutes les questions qui intéressent plus d'une Faculté;

« 3° Pour adresser aux *trustees* et aux Facultés, sur l'administration pédagogique de l'Université, telle recommandation, tel avis qu'il paraîtra à propos;

« 4° Pour régler la forme des exercices du *Commencement Day*, et choisir les orateurs;

« 5° Pour instituer les *fellowships*....

« Le Conseil peut inviter à prendre séance un représentant des Facultés de l'Église protestante épiscopale et un représentant de « l'Union des séminaires théologiques », mais avec voix consultative seulement [2]. »

Administration de Princeton. — Au collège de New Jersey (Princeton), le pouvoir supérieur est aux mains des *trus-*

1. Le *proctor*, ou censeur, est nommé pour un an; il a pour mission, soit d'assister les diverses Facultés dans la direction des examens, soit de veiller au bon ordre. En 1892-93, il y avait à Harvard 14 *proctors*.
2. *Historical sketch of Columbia College*, p. 17.

tees, qui gèrent les propriétés de l'institution, établissent les règlements généraux, nomment le président du collège, les professeurs (*the Faculty*) et les *instructors*, qui enfin confère les grades. Le conseil des *trustees* est formé de vingt-sept membres, qui sont inamovibles, et que remplace, quand ils meurent, le libre choix des survivants. Mais, à Princeton, l'autonomie universitaire n'est pas complète; tout lien n'est pas rompu entre l'autorité politique et l'Université. C'est en effet le gouverneur de l'État de New Jersey qui est de droit, *ex officio*, président du *Board* des *trustees*. En son absence, c'est le président du collège qui le remplace à la présidence du *Board*.

Administration de Yale University. — A Yale, le système administratif a aussi sa physionomie particulière. La *Corporation* qui gouverne l'Université a pour chef le président même de l'Université, et elle se compose de dix-huit autres membres (*fellows*), parmi lesquels le gouverneur de l'État, le lieutenant-gouverneur, et d'autre part six *gradués* de Yale élus par leurs pairs. Jusqu'en 1872, ces six places, aujourd'hui électives, étaient attribuées d'office à des sénateurs. Il y a une tendance manifeste, au moins dans quelques Universités d'Amérique, à chercher dans le suffrage des universitaires eux-mêmes, totalement ou en partie, la base des pouvoirs administratifs.

La *Corporation* de Yale porte le nom de *President and fellows of Yale University* (depuis 1887; — auparavant, *of Yale College*).

Administration de Johns Hopkins University. — A Johns Hopkins, le *Board* des *trustees*, composé de dix-huit membres et du président de l'Université, a au-dessous de lui trois conseils : l'*Academic Council*, qui comprend le président et neuf professeurs; il a pour charge de « guider les diverses sections d'études », de choisir les *fellows*; le *Board of University studies* (le président, dix-neuf professeurs), qui règle l'enseignement pour les étudiants gradués, et qui confère le grade de docteur en philosophie; enfin un *Board of collegiate advices* (le président et des représentants de chaque enseignement), qui préside aux études des *undergraduates*, et qui confère le grade de bachelier ès arts.

En résumé, sous des formes diverses, le gouvernement administratif de chaque Université libre est confié à un ou plusieurs conseils supérieurs, qui ont pour agent d'exécution le président de l'Université, lequel à son tour a pour auxiliaires les doyens et les professeurs des diverses Facultés.

Rôle et fonctions du président. — Le président [1], dans les Universités américaines, est donc le chef nominal de l'institution; il en est le recteur, comme on dirait en France [2], avec cette différence qu'il est élu par la *Corporation*, et qu'il dépend, non d'un Ministre ou d'un Gouvernement, mais du *Board* des *trustees*, dont il est lui-même membre *ex officio*. Les présidents des Universités américaines sont le plus souvent des hommes considérables, particulièrement distingués par leur savoir et par leur mérite : tels M. Eliot, président de Harvard University; M. Angell, président de Ann Arbor; M. Gilman, président de Johns Hopkins; M. Stanley Hall, président de Clark University, etc.

Voici comment le *Board of trustees* de Johns Hopkins University définit les devoirs et les fonctions du président :

« Le président de l'Université est l'intermédiaire légal entre le *Board* des *trustees* et les différents agents d'instruction ou d'administration employés dans l'Université; il a le devoir de consulter les professeurs et de s'entendre avec eux sur la marche et le développement de leurs services respectifs, et sur les intérêts généraux de l'Université; de déterminer les fonctions des professeurs associés (*associates*) et des *fellows*; d'exercer sur les bâtiments, sur le matériel d'enseignement, sur les livres, sur toutes les propriétés de l'Université, une surveillance qui en garantisse la conservation et l'usage approprié. Sur ces questions et sur toutes celles qui intéressent le bon ordre de l'Université, il doit se mettre fréquemment en rapport avec la commission exécutive (*executive commitee*), une des quatre commissions entre lesquelles se partage le *Board* des *trustees*; et il doit assister à toutes les réunions du *Board*. Les achats, les réparations et autres dépenses accidentelles ne peuvent être ordonnés par aucun membre de l'Université sans son assentiment préalable, ou sans une décision formelle du *Board*. »

1. « Président » est le titre consacré. A l'Université de Pensylvanie, le président est appelé « le Prévôt ».

2. Aux États-Unis, nous ne voyons guère que l'Université d'État de la Virginie, qui date de 1825, où l'appellation de recteur soit en usage. Cette Université est gouvernée par un recteur et un *Board of trustees*, nommés par le gouverneur de l'État.

De son côté, l'Université Harvard détermine ainsi qu'il suit dans ses statuts les fonctions du président :

« C'est le devoir du président de l'Université de convoquer les assemblées de la *Corporation* et de les présider, d'agir comme intermédiaire entre la *Corporation* et les *overseers*, entre la *Corporation* et les Facultés; de présenter aux *overseers* un rapport annuel sur la situation générale de l'Université : de présider les cérémonies publiques; de présider les diverses Facultés, de diriger la correspondance officielle de l'Université; de se tenir au courant de l'état des finances, des intérêts et des besoins de l'établissement tout entier; enfin d'exercer une surintendance générale sur toutes ses affaires. Pour mieux s'acquitter de ses devoirs, le président doit résider à Cambridge. »

Le Président est donc un chef constitutionnel, qui règne peut-être plus qu'il ne gouverne [1], mais qui a incontestablement une grande autorité. Il n'est pas seulement un administrateur : il est l'âme de la maison, et parfois il se mêle à l'enseignement. Le président Dwight donnait des leçons dans la Faculté de théologie de Yale, en 1887, quatre ou cinq fois par semaine, et, en 1888, il professait aussi dans l'*academical department* [2]. Les présidents les mieux rétribués ont des traitements de 10000 dollars.

Les professeurs. — On a vu comment étaient nommés les professeurs : par le conseil des *trustees* le plus souvent. Rappelons d'ailleurs les différentes catégories de professeurs qui participent à l'enseignement :

1° Les *professeurs* titulaires, nommés sans limitation de temps (traitement, 4 000 dollars à Harvard [3]; 5 000, à Columbia; 7 000, à Leland Stanford);

1. « Les Universités américaines, dit M. de Coubertin, ont des rois qui exercent le pouvoir avec une autorité indiscutée »; oui, des rois, mais des rois constitutionnels. Ce qui est très exact, c'est d'ajouter : « Leur influence dépasse même les limites de leurs royaumes; on leur demande de poser des premières pierres, on leur offre des bouquets... ».

2. « Le président d'une Université, disait en 1887 le président de Yale, ne doit pas être simplement un homme d'affaires et un homme d'administration : il doit entrer en contact intellectuel avec tous les membres de la communauté. »

3. Les professeurs de droit à Harvard sont avantagés et touchent 5 000 dollars.

2° Les professeurs adjoints (*assistant professors*, ou *associate professors*), nommés en général pour cinq ans (traitement, 2 000 dollars à Harvard);

3° Les *tutors*, nommés pour trois ans, et qui ne sont chargés de l'enseignement que dans la classe des *freshmen* (traitement, 1 000 dollars à Harvard);

4° Les *lecturers*, nommés pour un an;

5° Les *instructors*, qui en général ne sont mis en possession de leurs fonctions que pour un an, parfois pour une période plus longue : leur traitement varie avec le nombre de classes qu'ils font par semaine. Les *tutors* et les *instructors* sont responsables, pour leur enseignement et leurs méthodes, vis-à-vis des professeurs de la même spécialité;

6° Les *proctors*, ou censeurs, nommés pour un an.

Il y a encore d'autres catégories de maîtres : les *assistants*, qui correspondent à nos préparateurs, attachés aux divers laboratoires, nommés pour un an et payés en proportion de leur travail; les *demonstrators*, etc.

Administration des Universités d'État. — Dans les Universités qui ne relèvent, au point de vue financier, que de leurs ressourses propres et des générosités privées, l'administration, nous venons de le voir, est aux mains de la *Corporation* elle-même : le gouvernement universitaire est absolument un *self government*. Les choses ne sont évidemment pas réglées de la même façon dans les Universités des États, qui font partie intégrante du système national d'instruction publique, qui sont entretenues par l'impôt, par les taxes scolaires; et quoique parfois le principe de l'autonomie tende à prévaloir, chacune de ces Universités, dans son administration, dépend plus ou moins, soit des autorités publiques de l'État, soit de la volonté du peuple tout entier.

Université du Michigan. — Voici, par exemple, la plus brillante des Universités d'État, celle de Ann Arbor. Ce n'est plus ici le suffrage des gradués de l'Université, c'est le vote populaire qui est le principe des pouvoirs; de sorte qu'au lieu d'une sorte d'oligarchie aristocratique, c'est en quelque sorte un gouvernement républicain et démocratique que nous avons devant nous. « Le conseil de gouvernement (*the governing body*) est un *Board of regents*, élu pour huit ans par le peuple. Ces *regents* sont au nombre de huit; ils ne sont point membres de l'Université, mais ils ont pour chef le président même de l'Université. Une commission de trois inspecteurs (*Board of visitors*) complète l'ensemble des autorités administratives supérieures, en y ajoutant bien entendu le *surintendant de l'instruction publique*, dont le pouvoir s'étend sur toutes les écoles publiques, sur l'Université, aussi bien que sur les écoles primaires et secondaires. Le *Board of regents*[1] est pour l'Université de Ann Arbor l'équivalent des *Boards of trustees* ou des *overseers* des Universités libres, et comme eux il n'exerce qu'un pouvoir général de surveillance et de contrôle. Au-dessous de lui en effet se trouve le *sénat de l'Université*, composé de professeurs de toutes les Facultés, et qui équivaut à peu près par ses fonctions aux conseils généraux des Facultés françaises.

Université de la Californie. — Dans l'Université de la Californie, ce n'est pas le suffrage populaire comme dans l'Université du Michigan, ce sont les autorités politiques constituées qui investissent de son pouvoir administratif le conseil des *regents*. Ce conseil se compose lui-même tout d'abord de hauts fonctionnaires politiques de l'État : le gouverneur, le lieutenant-gouverneur; il comprend en outre le *speaker* de l'assemblée, le surintendant de l'instruction publique, le président de la société d'agriculture de l'État, le président de l'institut d'arts mécaniques de San Francisco; ce sont là, avec le président de l'Université, les membres *ex officio*. Viennent ensuite seize autres régents, dont la nomination appartient au gouverneur et doit être sanctionnée par le sénat. « C'est à cette corporation de régents que l'État a attribué l'administration de l'Université, en y comprenant la gestion des finances, la surveillance des propriétés, la nomination des professeurs, et les règlements d'administration intérieure, dans tous les cas où la loi n'a pas déjà statué. » Au-dessous de ce conseil directeur, un sénat académique, composé des professeurs, règle les programmes d'études et traite les questions de discipline.

Autres Universités d'État. — C'est entre ces deux types, celui de l'élection populaire, le plus rare, et celui de la nomi-

1. Les conseils d'administration des Universités d'État sont presque tous dénommés *Boards of regents*. Quelques-uns cependant sont dits *Boards of trustees*, comme dans les Universités privées.

nation par le gouvernement de l'État, que se partagent les Universités publiques, en ce qui concerne la constitution de leurs conseils d'administration. Dans les Universités du Colorado, de la Nevada, c'est, comme à Ann Arbor, le suffrage populaire qui élit les régents : mais dans la plupart des autres Universités, les administrateurs sont « nommés par le gouverneur et confirmés par le sénat ». Quelques exceptions pourtant méritent d'être notées. Dans les Universités de la Virginie de l'Ouest et du Tennessee, le *Board of regents* est à peu près un corps indépendant et *self perpetuating*, sous certaines conditions. Dans le Tennessee, les désignations faites par le *Board*, afin de pourvoir aux vacances, doivent être ratifiées par l'assemblée générale; dans la Virginie de l'Ouest, le *Board* est tenu, quand il choisit de nouveaux membres, de se conformer à la règle qui veut qu'il y ait un *regent* par chaque district sénatorial.

II

L'association volontaire, principe général de la vie des étudiants. — L'association est le caractère distinctif de la vie universitaire aux États-Unis. Même pour les nécessités quotidiennes de l'existence, par exemple pour leurs repas, les étudiants s'associent. A Harvard, la *Dining association* est une société libre, qui assure à environ 1 000 professeurs et étudiants une nourriture de bonne qualité, ordinairement au prix de 4 dollars par semaine. Ce réfectoire scolaire est établi dans un des bâtiments de l'Université, le *Memorial hall*[1]. Mais les étudiants qui vivent chez eux, et à quelque distance des locaux universitaires, ne renoncent pourtant pas tous aux avantages de la communauté. Le *Foxcroft club* de Harvard est une association d'un caractère coopératif, composée d'étudiants ne résidant pas à l'Université, et qui met à la disposition de ses adhérents des salles d'études, des salles à manger, une bibliothèque, et autres commodités adaptées à leurs besoins.

Logements, réfectoires universitaires. — Il ne faudrait pourtant pas croire que l'Université américaine se désintéresse

1. Voir plus haut, chap. II, p. 56.

entièrement de la vie matérielle de ses étudiants, qu'elle leur laisse soin de se débrouiller tout seuls, et de trouver, soit en s'associant, soit en vivant isolément, les moyens de se suffire à eux-mêmes. Le régime universitaire américain, le plus souvent, est à égale distance du casernement imposé chez nous aux internes des lycées et de la liberté absolue dont jouissent les étudiants de nos Facultés. Même quand elle leur offre des chambres et des réfectoires dans l'intérieur de la maison, l'Université américaine laisse à ses élèves une certaine liberté; et quand elle ne les loge ni ne les nourrit, elle s'entremet pour les aider à vivre convenablement et économiquement; il lui arrive même de les surveiller dans leur vie extérieure.

En ceci, comme en toutes choses, il y a d'ailleurs une grande diversité d'usages.

Voici, par exemple, le collège de New Jersey, qui ressemble beaucoup à un internat, et qui offre à ses élèves la nourriture et le logement [1]. A Ann Arbor, au contraire, à Hopkins, l'Université ne pourvoit ni au *lodging*, ni au *board*. « Il n'y a pas de dortoirs, ni de table commune », dit le *Catalogue* de Ann Arbor [2]. Mais les étudiants, dès leur arrivée à Ann Arbor, trouvent les informations nécessaires pour leurs chambres et leurs repas, en s'adressant au *Stewart office*. La *Ligue des femmes*, composée de dames appartenant à l'Université, se charge de renseigner les jeunes filles qui viennent s'inscrire. A Johns Hopkins on dresse, au *Registrar's office*, la liste de très bonnes maisons (*excellent homes*), où l'étudiant peut s'installer à des prix modérés. En outre, des *clubs* sont organisés, où l'on se nourrit à bon marché.

C'est en 1856-57 que l'on a supprimé les *dormitories* à Ann Arbor, et l'on n'a eu qu'à se féliciter de cette suppression, affirme l'historien de l'éducation supérieure dans le Michigan. « La mesure était combattue par nombre de gens qui estimaient qu'un collège sans *dormitory* n'est plus un collège. Mais les résultats de l'innovation furent bons. Le système de l'espionnage est, dans une certaine mesure, la conséquence nécessaire du régime des dortoirs; et, en les abolissant, on

1. *Catalogue of Princeton*, 1892-93, p. 151-158.
2. *Calendar of the University of Michigan*, p. 29.

inaugura une méthode de discipline plus large et plus libérale. D'une part, on mettait fin aux gamineries ou aux folies plus graves de la vie de l'internat; d'autre part, on habituait les étudiants à ne plus se considérer comme un ordre privilégié d'êtres à part.... La théorie et la pratique de l'Université comportent que les étudiants seront des citoyens de Ann Arbor tant qu'ils habitent cette ville, et qu'ils doivent faire preuve de la même bonne conduite, de la même bonne tenue, que tous les autres habitants. »

A l'Université de la Californie, les élèves vivent dans des familles privées, et les doyens des Facultés de médecine, de pharmacie et d'art dentaire, se mettent à la disposition des étudiants pour leur fournir de bonnes adresses.

A Yale, le régime est mixte : certains élèves vivent au dehors, d'autres sont logés au collège, et prennent leurs repas dans un réfectoire universitaire. Le *Yale dining hall*, adjacent au College Square, est placé sous le contrôle direct de l'Université et peut contenir 450 personnes. Dans les bâtiments mêmes de l'Université, il y a environ trois cents chambres occupées par des étudiants. Mais ces chambres ne sont pas meublées; et l'initiative de l'étudiant s'exerce dans l'acquisition ou la location de son mobilier. Les étudiants qui logent en dehors du collège ne sont pas autorisés à habiter des maisons où ne résideraient pas des familles, excepté par permission spéciale de la Faculté.

C'est donc la vie de famille qui est surtout recommandée à l'étudiant, et quand il aime mieux résider à l'Université, c'est encore l'image de la vie de famille qu'on s'efforce de lui présenter. On ne lui impose jamais le régime du dortoir commun, et on ne va pas au delà de la chambre à deux ou trois lits.

L'Université Harvard possède douze dortoirs, composés d'un grand nombre de chambres à un lit ou à deux lits, et qui peuvent contenir 973 élèves, à condition que les chambres à deux lits soient occupées par deux personnes.

Les étudiants de Harvard ne sont pas tous logés, tant s'en faut, dans les dortoirs universitaires. Mais, ce qui étonnera peut-être dans la libre Amérique, la surveillance des autorités de l'Université s'étend sur ce qu'on appelle « les dortoirs privés », et même sur les maisons particulières où les étudiants ont établi leur domicile. « Il y a, dit M. Frank Bolles, un certain nombre de vastes dortoirs privés dans le voisinage du collège, et les étudiants sont reçus aussi comme locataires dans beaucoup de maisons particulières de Cambridge, de Boston, et des villes des environs. Ils peuvent s'y procurer des chambres meublées convenables pour une ou deux personnes, à proximité du collège, pour un loyer peu élevé, qui va de 35 à 75 dollars par an. Le bon ordre est maintenu dans les dortoirs intérieurs, et aussi dans les dortoirs privés par des gradués ou des *instructors*, appointés en qualité de censeurs (*proctors*). Les proctors sont placés sous la direction du régent; et sur son ordre, un proctor peut s'installer dans les maisons particulières où logent les étudiants, si sa présence paraît nécessaire pour y assurer le bon ordre. »

Les dépenses des étudiants américains. — D'une Université à l'autre, et dans une même Université, les dépenses varient singulièrement pour l'étudiant américain. Les frais d'études seuls sont les mêmes pour tous les élèves, mais dans tout le reste l'écart est considérable, même pour l'étudiant qui vit à l'intérieur du collège, à raison de la faculté qui lui est laissée de choisir, selon ses ressources, une chambre plus ou moins confortable. A Princeton, il y a des chambres à 25 dollars par an, d'autres à 180; à Harvard, le minimum est le même, 25 dollars, mais le maximum peut aller jusqu'à 350 dollars.

Les dépenses de l'étudiant de Harvard. — Dans une curieuse brochure, intitulée *Students' expenses* [1], le secrétaire de Harvard University, M. Frank Bolles a recueilli une quarantaine de lettres, où, sur sa demande, des anciens élèves de Harvard lui indiquent avec précision ce qu'ils ont dépensé pendant leur séjour à l'Université. La lecture en est intéressante; d'abord, parce que ces lettres authentiques nous fixent exactement sur la question, et aussi parce qu'elles nous montrent à quel point l'étudiant américain est pratique, économe, industrieux. Y a-t-il beaucoup d'étudiants français qui tiennent avec cette précision de commerçant leurs cahiers de comptes;

1. Publiée à Cambridge, par l'Université Harvard, 1893.

qui puissent dire, à quelques années de distance, avec cette exactitude mathématique, non pas seulement en chiffres ronds, mais en tenant compte même des centimes, à combien se sont élevés, en telle année, leur budget de recettes et leur budget de dépenses? En tout cas, ce n'est pas chez nous qu'on verrait aujourd'hui, comme on en voyait au moyen âge, des jeunes gens pauvres accepter toute espèce de métiers, se faire domestiques, garçons de restaurant, pour gagner de quoi suffire, au moins en partie, à leur vie matérielle et à leurs études.

Voici, par exemple, un élève des cours du collège qui déclare que sa *freshman year* lui a coûté 282 dollars, et sa *sophomore year* 381 dollars. Mais il s'en faut qu'il ait tout dépensé de sa poche. « Harvard, dit-il, est le meilleur endroit où puisse désirer vivre un étudiant pauvre. Le collège m'est venu en aide par une bourse. Mais j'ai gagné moi-même assez d'argent pour payer au moins mes frais d'études, soit 150 dollars : j'en ai gagné, en servant à table, en donnant des leçons à l'école de nuit, en chantant, et par une douzaine au moins d'autres petits métiers [1]. »

Un autre étudiant nous fait savoir que, pour vivre plus économiquement, il logeait dans un district rural de Cambridge, où il était logé, nourri et chauffé pour rien, en échange du soin qu'il prenait matin et soir du calorifère de la maison qu'il habitait. Un troisième travaillait trois jours par mois pour la compagnie du gaz de Boston, et cela lui rapportait en moyenne 9 dollars mensuellement.

Citons tout au long une lettre bien caractéristique, qui nous montre dans sa réalité la vie d'un jeune homme pauvre à Harvard, dans ce collège qu'on appelle pourtant « le collège des jeunes hommes riches »; et qui nous apprend au prix de quelles privations et de quels expédients, avec quel courage d'ailleurs et quel esprit de ressources, un écolier sans fortune y réussit à se tirer d'affaire :

« Quand je quittai Boston pour Cambridge, j'avais 116 dollars de dettes; ou plus exactement 115 dollars 56 cents, car j'avais dans ma poche 44 cents. J'étais un étranger à Cambridge. Le premier jour, je ne dépensai que 9 cents. Dans le courant de l'année, le collège

1. F. Bolles, *op. cit.*, p. 26.

me vint considérablement en aide, en m'accordant le prix *Greenleaf Aid* dont la valeur est de 250 dollars; mais je ne pus toucher cet argent qu'à Noël. En attendant et pour acheter des livres, afin de commencer mon travail, je mis en gage ma montre et quelques autres objets, pour une somme de 15 dollars.

« Pendant ma *freshman year*, voici ce que furent mes recettes et mes dépenses :

RECETTES	dollars	DÉPENSES	dollars
Prix Greenleaf Aid.......	250	Frais d'études............	150
Pour la montre mise en gage, etc...............	13 50	Chambre meublée et chauffée	50
Travaux d'imprimerie (*Type working*)...............	71 40	Éclairage	5 10
Livres vendus...........	7 50	Achats de livres..........	21 21
Leçons données..........	4 60	Vêtements................	45
		Nourriture................	110
	346 00		381 31

« Outre ces dépenses nécessaires, j'employai encore 58 dollars 90 cents, ce qui fait que pour ma première année je m'endettai de 94 dollars 21 cents. Il y eut des mois où je fus très pauvre. Je procédais moi-même à mon blanchissage. Pendant deux mois, je ne mangeai que d'un ou deux plats par jour. Ce fut la plus rude période, mais ces difficultés m'excitaient plus qu'elles ne me décourageaient.

« Pendant l'été, je me fis concierge dans un hôtel de saison d'été. Je me fatiguai beaucoup, mais j'eus un bénéfice net de 118 dollars. De sorte qu'en entrant dans la *sophomore class*, mes dettes étaient réduites à 91 dollars 77 cents. Dans cette seconde année, mon budget se régla ainsi qu'il suit :

RECETTES	dollars	DÉPENSES	dollars
Sur le *Loan Fund* [1]......	75 »	Frais d'études.............	150 »
Sur les *Beneficiary Funds* [2].	80 »	Chambre, chauffage, éclairage	45 50
Travaux pour le professeur James [3].................	4 50	Nourriture à Foxcroft Club.	93 43
Publication de notes.....	25 50	Vêtements et blanchissage.	29 20
Service à table...........	38 33	Mobilier	24 23
Travaux d'imprimerie....	70 »	Achat de livres...........	19 16
Autres petits travaux, copie ou collage de bulletins..	52 15		
	345 48		361 54

1. Le *Loan Fund*, dont les intérêts annuels montent à environ 2 500 dollars, est distribué, sous certaines conditions, aux élèves méritants des *sophomore*, *junior* et *senior classes*.

2. Le revenu annuel des *Beneficiary Funds* est d'environ 2 000 dollars.

3. Ces travaux consistaient à extraire de leurs crânes des cerveaux de moutons pour les expériences de psychologie instituées par M. James.

« Mes dépenses, cette année-là, furent plus élevées qu'il n'était nécessaire. J'achetai plusieurs livres dont je n'avais pas besoin. De plus, j'aurais pu économiser 20 dollars, en louant mon mobilier à la *Loan Association* d'ameublement.

« Outre les dépenses nécessaires que j'ai énumérées, j'employai encore 151 dollars 61 cents, pour les jeux athlétiques, le théâtre, des achats de livres inutiles, des souscriptions aux divers sports du collège, et pour d'autres dépenses. De sorte que le total s'éleva à 513 dollars 14 cents. Pendant l'été, je gagnai encore, tous frais payés, 158 dollars 4 cents, comme employé dans un hôtel.... »

Et notre étudiant arrive ainsi au bout de ses études, aidé par le collège, qui ne lui ménage pas ses secours, mais surtout s'aidant lui-même, se partageant entre le travail scolaire qu'il paie, et les travaux manuels ou autres qui lui rapportent. Dans sa *junior year*, il achève de payer ses dettes, et reste possesseur, toutes ses dépenses réglées, de 17 dollars 90 cents. Et cependant il a fait de grosses dépenses extraordinaires. Il a acheté une machine à imprimer pour 100 dollars. Il a loué un piano. Et ce qui est un trait de mœurs bien touchant, il est venu en aide à des camarades encore plus pauvres que lui, pour 100 dollars encore. Mais en revanche il multiplie ses profits; il publie des notes et même des livres.... Enfin il sort du collège, gradué *cum laude*, riche de 41 dollars, plus riche de science, de santé aussi. « J'étais arrivé au collège avec une très pauvre santé. J'en suis sorti fort et robuste ».... N'y a-t-il pas dans cette existence, si différente de celle de nos étudiants européens, ample matière à réflexions; et serait-il juste de ménager les éloges à ces intrépides jeunes gens qui se résignent, pour vivre, à se faire garçons d'hôtel, en même temps qu'ils font des expériences sous la direction d'un des psychologues les plus distingués de l'Amérique, M. James; qui écrivent et publient des livres ou collent des affiches, tour à tour, qui enfin, dans leur pauvreté, trouvent encore le moyen de secourir la pauvreté des autres?

On dira, non sans raison, que c'est là une exception. Assurément la plupart des élèves, dans les grandes Universités américaines, appartiennent à des familles riches; mais il suffit de parcourir les textes des quarante budgets d'étudiants collectionnés par M. F. Bolles pour reconnaître que le travail d'été (*summer work*), comme on l'appelle, les professions lucratives auxquelles ces jeunes gens emploient leurs vacances, et aussi les bénéfices qu'ils retirent de travaux de toute espèce dans le cours même de l'année, sont souvent indispensables pour que quelques-uns au moins entreprennent et terminent leurs études [1].

Comment les collèges viennent en aide à leurs élèves. — La preuve que les étudiants de Harvard ne sont pas tous riches, c'est que l'Université leur vient en aide sous diverses formes.

Ce sont d'abord les bourses, et en premier lieu les *scholarships* : — au collège, pour les *undergraduates*, 123 scholarships [2], représentant au total 30 015 dollars [3]; ces bourses ne sont accordées qu'aux *sophomores*, aux *juniors* et aux *seniors*; il faut les avoir méritées par le travail accompli dans le courant de l'année précédente, et c'est pourquoi les *freshmen* ne participent pas aux bourses; — à l'école scientifique, 60 *scholarships*.

Ensuite des *fellowships*, dans les différentes écoles supérieures et professionnelles : à l'école des gradués, à l'école de théologie, à l'école de droit, à l'école de médecine, etc.

Mais l'Université ne dispose pas seulement de bourses pour ses élèves les plus méritants : elle a aussi d'assez grosses sommes d'argent à leur distribuer sous forme de prix. Ce que fait l'Institut de France, grâce à de généreux donateurs, en faveur des hommes de lettres ou de sciences dont il couronne les œuvres, les Universités américaines le font aussi pour les étudiants dont elles encouragent le travail. A Harvard, pour les élèves du collège, il n'y a pas moins de 16 prix, dont la valeur varie entre cinquante et cent cinquante dollars. On distribue aussi des livres. Il y a encore des prix, dont quelques-uns sont de 200 dollars, pour les étudiants de l'école de droit et des différentes écoles professionnelles.

Enfin les étudiants pauvres sont assistés sur ce qu'on appelle les *Beneficiary funds*.

1. Cela est si vrai que, par exemple, l'Université de Ann Arbor, dans son *Catalogue* annuel, « croit devoir prévenir ses élèves qu'elle ne se charge pas de leur procurer des travaux manuels », mais qu'un petit nombre au moins pourra trouver en ville des occasions de travail rémunérateur.

2. *Catalogue*, etc., p. 206.

3. Sur les 123 *scholarships* réservées aux *undergraduates*, une vingtaine pourtant peuvent être attribuées aux *graduates*.

Au total, l'Université Harvard met chaque année au service de ses étudiants comme *money aid*, sous les formes diverses que nous avons énumérées, une somme approximative de 85 000 dollars [1].

Dans toutes les autres Universités nous retrouverions des libéralités analogues : à Johns Hopkins, vingt *bourses d'Université* (*University scholarships*), pour les bacheliers qui veulent continuer leurs études ; quarante-cinq autres *scholarships*, au nom du fondateur (*Hopkins scholarships*), qui sont réservés à des étudiants originaires des États du Michigan, de la Virginie, de la Caroline du Nord [2], etc.

Comparaison des dépenses dans diverses Universités. — On sait que l'Université Harvard tient à se défendre contre la réputation qu'on lui a faite en Amérique de ne pas être « un collège à bon marché ». Aussi, dans le programme officiel qu'elle publie tous les ans, et qui est un volume de 342 pages (presque aussi gros que l'annuaire de l'Université de France), donne-t-elle le tableau exact de la dépense *maxima* et *minima* pour une année. Ce tableau, que nous publions ci-après, ne comprend ni les dépenses d'habillement et de blanchissage, ni celles, bien entendu, des mois de vacances ; il vise quatre catégories, quatre plans de dépenses [3] :

	Plus bas prix.	Prix modéré.	Dépenses libérales.	Très libérales
Pour les frais d'études	150 dollars	150	150	150
Livres et papeterie	25	35	45	61
Chambre	22	50	100	175
Mobilier (moyenne annuelle)	10	13	25	50
Nourriture	114	132	152	304
Chauffage et éclairage	11	15	30	45
Sociétés et souscriptions aux sports			35	50
Service				25
Dépenses diverses (par exemple, frais de tramway pour se rendre à l'Université)	40	85	85	150
	372	472	622	1010

1. Voir l'opuscule souvent cité de M. Frank Bolles, p. 7.

2. Ces *scholarships* sont de deux espèces : tantôt le bénéficiaire est simplement dispensé de payer les frais d'études ; tantôt, outre ce premier avantage, il reçoit une somme de 75 dollars.

3. Ce sont là les dépenses de l'élève du collège. Dans les écoles professionnelles, la note est parfois plus élevée ; ainsi à l'école de médecine les frais d'études sont de 200 dollars.

L'inégalité est grande, on le voit, et l'on est étonné que les Américains n'en soient pas choqués : tandis que l'étudiant le plus économe peut se tirer d'affaire avec moins de 2 000 francs (ce qui est déjà un gros chiffre), le plus dépensier emploie une somme qui, à nos yeux d'Européens, paraît énorme, et qui dépasse 5 000 francs par an, sans compter l'habillement et le blanchissage.

A vrai dire, dans les autres grandes Universités, les dépenses ne sont pas sensiblement inférieures. A Columbia College, en pleine ville de New York, tout compte fait, avec une nourriture à meilleur marché, des locations de chambres plus chères, elles sont un peu moins élevées, les frais d'habillement étant compris dans les totaux portés au tableau suivant :

	TAUX		
	le plus bas.	moyen.	libéral.
Droits d'inscription (*immatriculation*)	5 dollars	5	5
Frais d'études [1]	150	150	150
Livres	15	30	40 et au-dessus.
Frais accessoires du collège	—	15	50 —
Chambre (32 semaines)	80	128	224
Nourriture (32 semaines)	80	128	256
Habillement et blanchissage	35	75	125
Toutes les autres dépenses	15	25	50
	380	556	900 et au-dessus.

A Yale, les frais d'études du collège sont de 125 dollars (soit 25 dollars de moins); pour l'école de droit, de 100 dollars pour la première année, de 125 pour la seconde, de 200 pour la troisième.

A Ann Arbor, les chambres coûtent de 24 dollars à 64 dollars par an; la nourriture dans les *clubs*, de 48 à 90 dollars. La dépense moyenne annuelle, tous frais compris, même ceux de l'habillement, est de 370 dollars [2].

1. Pour les étudiants en médecine, de l'école des mines, de l'école des sciences pures, les frais d'études sont de 200 dollars.

2. En y comprenant les *tuition fees*, qui varient d'ailleurs suivant la section d'études, et aussi selon que l'étudiant est originaire ou non de l'État du Michigan : — *department of literature*, 20 dollars pour les étudiants du Michigan, 30 pour les autres; — *école de médecine*, 25 et 35; — *école de droit*, 25 et 35, etc.

A l'Université de la Californie, où il n'y a pas de rétribution scolaire (sauf dans les écoles de médecine et de pharmacie), les dépenses sont naturellement moindres, et aussi la vie matérielle. Le *board* et le *lodging* dans les familles privées reviennent par mois à 18 dollars au minimum, à 30 dollars au maximum.

A Johns Hopkins, l'étudiant peut vivre et se loger pour cinq ou six dollars par semaine. Les *tuition fees* sont de 150 dollars, comme à Harvard.

A Princeton, les dépenses sont précisées avec exactitude dans le tableau ci-dessous, pour l'*academic department*.

	Minimum dollars	Maximum dollars
Nourriture, 3 à 7 dollars par semaine, soit...	108	252 (36 sem.).
Blanchissage...	18	18
Frais d'études...	150	150
Frais d'inscription...	5	5
Logement...	30	175
Chauffage...	10	30
Gaz...	»	25
	321	655

Peut-être est-il difficile de conclure de ces faits, comme le prétend M. Bryce, qu'il n'y a pas de pays au monde où l'enseignement supérieur soit à meilleur marché et plus accessible [1]. Mais d'autre part il n'est que juste, pour apprécier comme il convient les chiffres que nous avons cités, de tenir compte de la valeur relative de l'argent aux États-Unis.

Les sociétés d'étudiants. — Nous voudrions avoir le loisir de pénétrer plus avant dans les mœurs et dans la vie des étudiants américains. Combien de sujets d'étude intéressants ne nous offrirait pas encore cette partie de notre travail : tout ce qui est fait pour développer l'esprit de liberté; tout ce qui est imaginé aussi pour exciter l'amour-propre — car l'émulation n'est pas considérée comme un mobile à dédaigner, — le système des *honneurs*, des *mentions honorables* (*final honors*, *second year honors*, à Harvard); les jeux athlétiques et tous les efforts physiques et moraux qu'ils encouragent; enfin et surtout les sociétés de toute espèce qui se forment entre étudiants!

1. *American Commonwealth*, 3e édition, 1893, t. II, p. 673.

« Une des institutions les plus intéressantes et les plus originales des Universités américaines, dit M. Bryce [1], ce sont les sociétés aux lettres grecques : — clubs ou « fraternités » d'étudiants, désignés par deux ou trois lettres grecques, les initiales des mots secrets de l'association. Quelques-unes de ces fraternités existent dans un seul collège, mais d'autres sont établies dans un bon nombre d'Universités et de collèges, ayant dans chacun de ces établissements ce qu'on appelle un chapitre et aussi une sorte de *club house*, ou lieu de réunion, avec plusieurs salles de conférences et de lecture et quelquefois des chambres à coucher pour les membres de la société. Dans quelques collèges un tiers ou la moitié des étudiants, dans un petit nombre la totalité s'enrôle dans la fraternité, qui est une institution reconnue et patronnée par les autorités scolaires. Les nouveaux membres ne sont admis que sur un vote du chapitre; et obtenir rapidement l'admission dans quelques-unes de ces sociétés n'est pas un mince honneur. Elles ne sont nullement des sociétés politiques, à ma connaissance, bien que les questions politiques puissent y être discutées et qu'on lise dans leurs *meetings* des essais politiques; et l'on affirme qu'elles ne permettent pas qu'on introduise des boissons alcooliques (*intoxicants*) dans les locaux qu'elles occupent, ni qu'on en use dans les fêtes qu'elles organisent. Elles sont quelque chose d'intermédiaire entre le club anglais et le *Studenten Corps* allemand, en y ajoutant l'élément d'une société littéraire ou de « mutuelle amélioration ». On les considère comme étant une part importante du système universitaire, moins parce qu'elles développent la vie intellectuelle que pour l'influence qu'elles exercent sur les habitudes sociales. C'est un succès que d'être élu membre d'une fraternité : c'est un point d'honneur pour chaque membre de soutenir le bon renom de celle à laquelle il appartient. Les membres les plus anciens, parmi lesquels se rencontrent vraisemblablement quelques-uns des professeurs actuels de l'Université, maintiennent leurs relations avec la fraternité, et assistent fréquemment, soit aux réunions qu'elle tient dans chaque col-

1. *American Commonwealth*, t. II, p. 683.

lège, soit à ses assemblées générales. La plus ancienne et la plus fameuse de ces fraternités est celle qui s'intitule Φ B K, ayant pris pour devise les mots grecs Φιλοσοφία Βίου Κυβερνήτης; elle existe dans presque toutes les Universités importantes des différents États de l'Union [1]. »

Ces sociétés ont toute sorte de bons résultats. Les autorités les encouragent (il y en a une pourtant dont M. Bryce nous affirme, sans nous en faire connaître le nom, qu'elle donne des inquiétudes aux chefs des Universités), parce qu'elles y voient le plus sûr moyen de préparer les jeunes gens à la vie sociale, de développer ces sentiments d'amitié mutuelle que Washington, dans son testament, considérait comme un des meilleurs résultats de la vie universitaire. Les étudiants, en outre, s'y exercent à manier la parole; ils y soumettent aussi au jugement de leurs camarades des essais de composition, des articles de journaux; ils sortent de l'Université déjà orateurs, déjà écrivains.

Il n'y a pas de pays au monde où les journaux, ces journaux dont un numéro contient parfois la matière d'un volume, soient plus puissants qu'en Amérique. C'est sur eux que compte M. Harris pour compléter l'instruction reçue dans les écoles, instruction dont il déplore la trop courte durée. « Il y a, dit-il, trois caractéristiques de la civilisation moderne, les chemins de fer, les *newspapers*, et les écoles publiques [2]. Les *newspapers*, ajoute-t-il, permettent à tout homme et à toute femme qui sait lire de participer à l'expérience de la race humaine tout entière, de sorte que chaque individu met à profit dans sa vie les vies de tous ses semblables. »

Il n'est donc pas étonnant que l'on se préoccupe dans les Universités de préparer quelques élèves au moins à une profession dont le rôle est si considérable. Parfois, c'est pour permettre aux élèves pauvres de gagner leur vie qu'on leur procure, même sur les bancs de l'Université, une collaboration aux

1. Cette société a été établie en 1781 à Harvard; elle existait déjà auparavant au William and Mary College, en Virginie. L'objet de la société, tel que le définissaient ses fondateurs, était « *the promotion of literature and friendly intercourse between scholars* ».

2. Voir *Report*, etc. (1889-90), p. XXII.

newspapers. Mais on songe aussi d'une façon générale à adapter les études à la préparation au journalisme. Ce n'est qu'en Amérique qu'on peut voir une enquête du genre de celle qu'un principal de collège a imaginée en 1893, et qui consistait à interroger les directeurs de plusieurs grands journaux, pour apprendre d'eux s'il ne conviendrait pas de modifier les programmes d'instruction, afin de mettre les élèves en état d'écrire plus tard dans les *newspapers*. Et ce principal déclarait d'ailleurs qu'Homère est un excellent maître pour les apprentis journalistes, pour les futurs *reporters*.... Homère, en effet, disait-il, a ce talent qu'il sait voir, et qu'il dit ce qu'il a vu, non seulement avec exactitude et précision, mais aussi d'une façon toujours pittoresque et intéressante. N'est-ce pas précisément le résumé des qualités qui conviennent à un bon *reporter*?

CHAPITRE V

Les « collegiate » et les « graduate departments ». Programmes de l'enseignement collégial.

« **Collegiate and graduate departments.** » — L'œuvre des Universités d'Amérique est presque toujours double[1]. D'une part, elles donnent dans leurs *collegiate departments* un enseignement qui n'est encore que l'équivalent de l'enseignement secondaire. D'autre part, dans leurs *graduate departments*, et dans leurs écoles professionnelles, elles distribuent l'enseignement supérieur, scientifique et littéraire, juridique et médical. Et à vrai dire elles sont bien plus des collèges, des écoles d'études secondaires ou préparatoires aux divers baccalauréats, que des Universités, des écoles d'enseignement supérieur.

Que l'enseignement supérieur pour les lettres et les sciences est de date très récente. — C'est que les Universités américaines, à part quelques exceptions, ont eu leur berceau dans des collèges, avec lesquels, d'ailleurs, elles restent confondues. Par une sorte d'avancement sur place, le collège a pris le nom d'Université, et aux études secondaires il a ajouté des études supérieures.

« C'est à une date relativement récente, dit M. Harris, qu'a

1. Sauf à Clark et à Johns Hopkins.

eu lieu l'organisation des *departments* d'instruction consacrés à ce qu'on appelle en Amérique *graduate or advanced study or research* [1] », à ce que nous appelons en France les Facultés des lettres et les Facultés des sciences.

C'est en 1844 seulement qu'on a commencé, à Yale, à s'occuper des étudiants gradués, et c'est en 1861 qu'on y a conféré pour la première fois les grades supérieurs de maître ès arts et de docteur en philosophie.

A Harvard, c'est en 1872 que furent institués les grades de Ph. D. et S. D., deux ans après l'établissement des cours électifs, qui date de 1870. Auparavant, il n'y avait à Harvard, outre les cours du collège, que des *University lectures*, c'est-à-dire des leçons d'enseignement supérieur, leçons sans cohésion, sans homogénéité. Organisées pour la première fois en 1863, elles n'eurent pas grand succès; elles ne suffisaient pas pour décider les bacheliers ès arts à prolonger leur séjour et à poursuivre leurs études. C'est dans les premières années de l'administration du président Eliot, vers 1870, que fut enfin constitué un enseignement régulier, systématique, à l'usage des gradués.

De même le catalogue de Princeton ne signale pas la présence d'étudiants gradués avant 1870. A cette date, on en compte pour la première fois trois, pour lesquels furent créées autant de bourses (*fellowships*). Mais ce n'est que quelques années plus tard, en 1877, que des cours d'enseignement supérieur littéraire et scientifique (*postgraduate courses*) commencèrent à fonctionner.

A Columbia College, c'est plus tard encore, en 1880, qu'on a établi des cours d'enseignement supérieur pour les gradués de la *school of arts*. Antérieurement, il est vrai, depuis 1874 ou 1875, on inscrivait sur les registres de Columbia quelques étudiants gradués et pourvus de bourses. Mais le boursier de Columbia, comme celui de Princeton d'ailleurs, n'était nullement obligé de résider dans l'Université; il lui était permis, il lui était même recommandé d'aller chercher dans les Universités d'Europe l'enseignement que ne pouvait encore lui procurer son *alma mater*.

1. *Education Report*, 1889-90, p. 810.

C'est donc dans ces vingt dernières années que l'Amérique a vu naître son enseignement supérieur des sciences et des lettres. Les commencements ont été bien tardifs, mais les progrès ont été rapides. Il n'y avait que 198 étudiants dans les *graduate departments*, en 1871-72; la statistique de 1889-90 en recense 1 098 [1], qui se décomposent ainsi : Harvard, 129; Johns Hopkins, 229; Yale, 81; Princeton, 117; Ann Arbor, 78 [2]; Columbia, 70; Cornell, 84; Université de Boston, 100; Université de la Californie, 21; Université du Minnesota, 48; Université du Kansas, 17; Lafayette College, 10; Université de la Pensylvanie, 37.

Cette progression notable, qui, en vingt ans, a décuplé le nombre des étudiants, tient à plusieurs causes : d'abord aux efforts qui ont été faits à Harvard, à Yale et ailleurs, pour constituer les cadres et les programmes d'un enseignement qui jusque-là n'existait pas; ensuite à la création d'Universités nouvelles qui, comme Johns Hopkins, ont fait de l'enseignement supérieur leur principal, sinon leur unique objet; enfin à l'accroissement du nombre des bourses; il n'y avait que 19 *fellowships* en 1872 : on en compte 172 en 1890.

Ce qu'est l'enseignement des *graduate departments*, nous l'esquisserons dans les chapitres suivants; mais avant d'aborder ce sujet, il est nécessaire de montrer par un ou deux exemples empruntés à quelques-unes des *leading universities*, quelles sont les études de leurs *collegiate departments* : études secondaires certainement, puisqu'elles sont générales ou du moins prétendent l'être, puisqu'elles ouvrent la porte du baccalauréat; mais déjà par quelques côtés études supérieures, d'abord à raison de l'âge des jeunes gens qui les pratiquent — de seize à vingt ans et au delà, — à raison aussi de ce fait qu'elles s'accomplissent dans les mêmes locaux et sous les mêmes professeurs que les études supérieures des gradués.

Nous irons chercher nos exemples dans les Universités de premier rang, où la distinction s'est faite entre les deux ordres

1. *Education Report*, 1889-90, p. 818.
2. Les étudiants de Ann Arbor n'y résident pas tous; quelques-uns sont autorisés à travailler chez eux (*at home*); ils viennent seulement passer des examens à l'Université, et y recevoir les grades.

d'enseignement, bien qu'elle reste encore indécise sur certains points. Mais il faut ajouter que dans la plupart des Universités de second ou de troisième ordre, ou bien le *graduate department* n'existe pas — deux ou trois écoles professionnelles de droit, de médecine, de pharmacie ou d'art dentaire y représentent seules l'enseignement supérieur; — ou bien, s'il existe, avec quelques élèves à peine, il se contente d'ajouter aux cours du collège un tout petit nombre de cours dits « d'Université ».

Les cours du *collegiate department* sont donc à vrai dire la principale raison d'être de la grande majorité des Universités; et nous ne comprendrions rien à leur rôle et à leur influence, si nous ne nous arrêtions d'abord à cette première partie de leur œuvre, celle qui intéresse les quatre cinquièmes de leurs élèves.

L'École des arts de Columbia College. — Étudions de près, pour choisir un exemple typique, l'organisation des études collégiales à Columbia College [1]. Elles y forment ce qu'on appelle la *school of arts*, qui constitue une Faculté spéciale, distincte de l'Université et de ses Facultés propres.

On n'est reçu à la *school of arts* qu'à l'âge de quinze ans [2], si l'on entre en première année, dans la classe des *freshmen*; à seize ans, si l'on est admis d'emblée en seconde année, dans la classe des *sophomores*, et ainsi de suite. Le doyen de la Faculté peut d'ailleurs accorder des dispenses d'âge, s'il juge qu'il y a des motifs suffisants pour le faire.

Avant de subir l'examen d'admission, le candidat doit présenter un certificat de bonne conduite, ou, pour parler plus exactement, de « bon caractère moral », certificat délivré par son dernier maître ou par un citoyen honorable.

Nous avons vu ailleurs quel était le programme des examens d'admission. Voilà l'élève reçu : il entre à l'école le 1er octobre;

1. Voir le *Handbook of information as to the School of arts and as to the University Faculties*, etc., 1893.

2. Nous ne saurions trop faire observer combien les choses sont mal agencées en Amérique sous le rapport de l'âge. D'où peut bien venir l'élève de quinze ans? On quitte l'école primaire à treize ans, l'école secondaire, la *high school*, à dix-huit. Il y a là pour l'étranger un point d'interrogation.

il ne terminera cette première année d'études que le 15 juin. Que devient-il pendant ces huit mois et demi d'études ?

Voyons d'abord ce qu'il paie : 5 dollars à l'entrée, au moment où il signe au registre d'inscription, « comme témoignage de sa bonne volonté à accepter les règlements qui ont été établis pour le gouvernement des étudiants, soit par le conseil des administrateurs (*trustees*), soit par le conseil des professeurs (*Faculty*) ». En second lieu, il doit acquitter le montant de ses frais d'études, une somme considérable, 150 dollars (soit 750 francs) environ ; il est vrai que la seconde année, il pourra obtenir de la Faculté, s'il le mérite, soit la réduction, soit la remise totale de la rétribution scolaire. En outre, pour les livres, il aura à dépenser de 8 à 15 dollars par an. Enfin, quand il sera arrivé au terme de sa quatrième année d'études, pour obtenir le grade de bachelier, il aura à payer 15 dollars de droits d'examen. Nous ne parlons ici que des dépenses scolaires proprement dites. Columbia College est un externat. On a vu ailleurs quelles étaient les dépenses d'un étudiant dans les Universités qui offrent à leurs élèves le vivre et le couvert [1].

L'Américain ne passe pas pour formaliste ; une réglementation très précise est cependant prévue à Columbia College pour l'inscription de chaque élève. Le montant des frais d'études est versé par lui entre les mains du trésorier, lequel délivre un reçu qui est ensuite transmis au président de l'Université par l'intermédiaire de son secrétaire, et sur le vu de ce reçu, le président délivre à son tour une carte d'*immatriculation*, qui doit être finalement visée par le doyen de la Faculté. Cette carte, si péniblement obtenue, on recommande à l'étudiant de la garder précieusement, « sans la plier ni la rouler ».

Pendant cinq jours chaque semaine, ont lieu heure par heure, à partir de 9 heures 30 du matin jusqu'à 5 heures 30 du soir, les divers cours entre lesquels l'élève va être appelé à choisir son lot. Il n'aura dans le cours de l'année que quelques jours de congé : pour Noël, douze jours ; le mercredi des Cen-

1. Voir plus haut, p. 161 et suiv.

dres, le Vendredi saint, quelques jours de commémoration patriotique (l'anniversaire de Washington), ou de fêtes scolaires; — peu de congés en somme, mais la rareté en est compensée par trois mois et demi de grandes vacances.

Ce n'est pas seulement l'assiduité absolue qu'on exige de l'élève — aucune absence n'est tolérée sans motifs sérieux et sans explications satisfaisantes, — mais on avise aussi aux moyens d'assurer le travail et le progrès. Deux fois par an ont lieu des examens : le premier au milieu de l'année (*mid-year examination*), à la fin de janvier; le second (*concluding examination*), à la fin de mai; véritables examens de passage, qu'il faut subir avec succès sous peine d'être arrêté en route ou de rétrograder.

Mais arrivons aux études elles-mêmes. Chez nous le premier acte de volonté sérieux d'un jeune homme ne s'accomplit souvent qu'à la sortie du lycée, dans le choix d'une carrière. Le jeune Américain est invité bien plus tôt à faire usage de sa liberté, puisqu'il doit lui-même, dès son entrée au collège, faire un choix entre les diverses études qui s'offrent à lui.

Même à un pédagogue et à un critique il faut quelque attention pour se démêler au milieu du grand nombre des cours, quelques-uns obligatoires, les autres électifs, entre lesquels se partagent les plans d'études des collèges des États-Unis. Les écoliers américains pourtant s'y reconnaissent et voient clair dans cette confusion : tâchons de faire comme eux.

Le grand principe est, on le sait, que certains cours sont communs à tous les élèves, surtout dans les premières années, tandis que les autres sont à option. Parmi ceux-ci les élèves choisissent, prennent les uns et laissent les autres.

A Columbia, pour l'année des *freshmen*, la plupart des cours sont obligatoires : le grec, le latin, la rhétorique, les mathématiques. L'option s'exerce entre le français et l'allemand, et, suivant la force de l'élève, deux séries de cours de français et d'allemand sont offertes à son choix. S'il entre au collège assez avancé dans l'étude de l'une ou l'autre de ces deux langues pour sauter le cours élémentaire, il passe tout de suite au cours supérieur; et si le cours supérieur lui-même n'a plus rien à lui apprendre, il peut au français et à l'allemand substituer l'italien ou l'espagnol.

Pour les *sophomores*, on exige le grec, le latin, la rhétorique, l'anglais, les mathématiques, l'histoire et un cours d'allemand ou de français (bien entendu, c'est la même langue vivante dont on a commencé l'étude en première année qu'on doit continuer en seconde année). En outre l'élève peut remplacer par un cours de chimie un cours quelconque de langue ancienne ou moderne, à condition que cette langue ne soit pas l'anglais.

Pour les *juniors*, la faculté d'option s'agrandit. Les cours obligatoires sont la rhétorique, la philosophie, l'histoire et l'économie politique. Pour le reste, soit pour onze heures de classes, les élèves choisissent ce qu'ils préfèrent étudier, sous certaines restrictions que nous indiquons plus loin, dans un ensemble de cours dont nous donnons aussi la liste ci-après.

Enfin pour les *seniors*, il n'y a plus du tout de cours obligatoires : liberté complète de choix pour les seize heures de classe qui leur sont imposées. A vrai dire le *senior* de Columbia College, quoiqu'il ne soit pas encore bachelier ès arts, est déjà presque un étudiant d'Université. On a soin de lui rappeler que, outre les cours de la Faculté de philosophie, les cours de l'école de droit, de l'école de médecine, de l'école des mines lui sont ouverts et l'attendent.

Toutes sortes de précautions sont d'ailleurs prises pour que cette liberté extrême des études ne dégénère pas en anarchie. En règle générale, un élève ne peut suivre tel ou tel cours à option sans l'autorisation du doyen. Pour empêcher que certaines études, l'histoire naturelle, par exemple, ne soient délaissées, il est spécifié que tout candidat au baccalauréat devra avoir suivi un cours de sciences naturelles comprenant des travaux de laboratoire. Il se pourrait inversement que d'autres enseignements fussent recherchés avec trop de zèle : on interdit, pour y obvier, que plus de six heures par semaine soient consacrées à un même cours. Enfin, comme il pourrait se rencontrer des élèves trop laborieux, qui, embrassant trop de travaux à la fois, s'exposeraient à une sorte de surmenage, on ne permet pas plus de quatre heures de classe par jour (non compris les exercices de laboratoire et de dessin).

Le surmenage. — En Amérique, comme chez nous, pour le dire en passant, on se plaint parfois du surmenage : on y dénonce la surcharge des programmes. Avec la liberté de l'option, cependant, cette surcharge est plus apparente que réelle. On enseigne assurément plus de choses que chez nous : mais l'élève, puisqu'il choisit, ne suit qu'un petit nombre de ces enseignements, et dans des limites de temps qui sont très raisonnablement réglées.

Quelques-uns des pédagogues les plus éminents de l'Amérique, M. Eliot notamment, estiment tout au contraire que les programmes américains, depuis la première année de l'école primaire jusqu'au bout des études, ne sont pas assez substantiels. « Il n'y a pas assez de nourriture, dit-il, dans notre régime scolaire.... Frédéric Paulsen a probablement dit le vrai, quand il fait observer que la fatigue de l'écolier n'a point pour cause principale le travail; s'il est fatigué, c'est surtout manque d'intérêt, faute de sentir qu'il fait des progrès. Le sentiment que, quoi qu'on fasse, on n'aboutit à rien, est pénible pour l'adulte le plus robuste, à plus forte raison pour l'enfant. Un problème d'arithmétique qu'il ne peut résoudre lui cause plus de tracas que dix problèmes aisément résolus. Une heure d'un travail qui ne l'intéresse pas, qui ne dit rien à son intelligence, lui est plus lourde que deux heures d'un travail auquel il prend goût.... »

M. Eliot ne demande donc pas qu'on allège les programmes; tout au contraire, il veut qu'on les enrichisse, et aussi qu'on fasse passer les enfants plus rapidement d'une étude à une autre. Cela exigera sans doute de la part des maîtres plus d'habileté, plus de science; mais cela n'obligera pas nécessairement les enfants à plus d'efforts. « Le vrai moyen de diminuer l'effort pénible, c'est d'accroître l'intérêt, l'attrait, la conscience d'une œuvre accomplie et d'un progrès réalisé. L'enseignement, dans les écoles et dans les collèges, a consisté principalement jusqu'ici à contraindre et à juger : il devrait se proposer de conduire et d'inspirer.... »

C'est bien de ces principes que s'inspire le plan d'études de Columbia College. Des classes d'une heure (et encore l'heure n'est-elle que de 45 minutes), la multiplicité des sujets d'études qui par leur variété excitent l'intérêt; pas plus de quatre heures de classe par jour; des examens répétés qui donnent à l'élève la conscience de ses progrès : n'est-ce pas là un ensemble de conditions tout à fait propices pour obtenir, sans surmenage, un travail actif et profitable?

Le seul moyen de faire comprendre la richesse et la variété des enseignements dont la *school of arts* de Columbia College dispose pour ses élèves, ce sera de reproduire ici intégralement le tableau des cours annoncés pour l'année 1893-1894.

Ce programme ne comprend pas moins de 150 matières diverses d'enseignement. Si un tel luxe est possible, c'est qu'à côté des cours secondaires proprement dits, les diverses Facultés dont se compose l'Université ouvrent libéralement leurs cours aux élèves de la *school of arts*. Il en résulte une instruction qui serait à peu près encyclopédique, si chaque élève l'absorbait tout entière. Mais dans la réalité, au contraire, c'est à des spécialisations très diverses qu'on aboutit, chaque écolier se traçant librement à lui-même sa voie au milieu de tous les cours électifs qui se disputent ses préférences, et pouvant, par exemple, parvenir au grade de bachelier en philosophie, rien qu'en suivant des cours de géologie, de chimie ou d'architecture.

Dans la liste qui suit, les diverses matières d'enseignement sont énumérées dans l'ordre alphabétique, et dès les premières lignes, consacrées à l'architecture, on sent combien l'instruction secondaire américaine diffère de la nôtre, et à quel point elle nous introduit dans un monde nouveau.

Pour lire le tableau qui suit quelques indications sont nécessaires [1] : les cours obligatoires sont désignés par une lettre majuscule, A, B, qui en précède l'énoncé; les cours électifs, par un chiffre romain, I, II, III, etc. D'autre part un astérisque indique les cours électifs exclusivement réservés aux élèves de la classe des *seniors* : ceux qui n'ont pas d'astérisque, sont ouverts à la fois aux *juniors* et aux *seniors*.

1. Voir le *Catalogue* de Columbia College pour 1893-94, p. 121-136. Le tableau indique en outre à quelles heures et à quels jours ont lieu les classes, et donne les noms des professeurs. Pour abréger, nous omettons ces détails.

Architecture.

* I. *Histoire de l'ornementation ancienne* (1 classe par semaine).
* II. *Histoire de la Renaissance et de l'ornementation moderne* (1 classe de 2 heures).
* III. *Histoire de l'architecture ancienne* (1 classe de 2 heures).
* IV. *Projections, ombres, et éléments de l'architecture* (3 classes).
* V. *Dessin historique* (1 classe).
* VI. *Dessin architectural* (2 classes de 3 heures).
* VII. *Dessin à main levée (free-hand)* — (2 classes de 2 heures).
* VIII. *Dessin sous la dictée* (3 classes de 2 heures).
* IX. *Dessin* (1 classe, 1er semestre) — *Géométrie descriptive* (2 classes, 2e semestre).

Astronomie.

I. *Leçons, et conférences* à l'observatoire (2 classes).
II. *Astronomie pratique et navigation* (2 classes).
* III. *Géodésie* (2 classes).

Biologie.

(Enseignement donné dans le collège de médecine et de chirurgie.)

II. *Biologie élémentaire.* — Leçons et travaux de laboratoire (2 classes de 2 heures).
* III. *Zoologie générale.* — Leçons et travaux de laboratoire (2 classes de 2 heures).
* V. *Neurologie comparée* (1 classe de 3 heures).

Botanique.

I. *Botanique élémentaire.* — Cours *major* (1 classe); ce cours comprend 4 heures de travaux de laboratoire et compte pour 3 heures de cours.
II. *Botanique élémentaire.* — Cours *minor* (1 classe); ce cours comprend 2 heures de travaux de laboratoire et compte pour 2 heures de cours.
* III. *Botanique générale* (1 classe).
* IV. *Anatomie végétale* (1 classe de 2 heures).
* V. *Morphologie et détermination des plantes à fleurs* (1 classe).
* VI. *Botanique économique.* Leçons et démonstrations sur les plantes médicinales, les plantes alimentaires, les plantes textiles et les bois de charpente (1 classe).

Chimie.

I. *Chimie inorganique* (2 classes); ce cours comprend 2 heures de travaux de laboratoire, et compte pour 3 heures de cours. Il peut remplacer pour les *sophomores* un cours obligatoire de langue, excepté l'anglais.

II. *Chimie appliquée* (2 classes).
* III. *Analyse qualitative* (4 classes, plus 4 heures de travaux de laboratoire); ce cours compte pour 6 heures de cours.

Cours professés au collège de médecine et de pharmacie.

* I. *Physiologie* (3 classes).
* II. *Anatomie.* — Leçons et démonstrations (4 classes).
* III. *Histologie normale* (4 classes).
* IV. *Chimie physiologique et médicale* (2 classes, plus 4 heures de travaux de laboratoire).
* V. *Physique et chimie* (4 classes).

Anglais.

A.[1] *Littérature du XVIIIe siècle.* — Leçons (2 classes).
I. *Lois de la composition en prose moderne anglaise* (2 classes).
II. *Shakespeare.* — La langue, la versification, la méthode de la poésie dramatique (2 classes).
* III. *Chaucer.* — La langue, la versification, la méthode de la poésie narrative (2 classes).
* V. *La poésie de Tennyson, Browning et Matthew Arnold* (2 classes).
VI. *La langue anglo-saxonne et la grammaire historique anglaise* (2 classes).
* VII. *La poésie anglo-saxonne* (2 classes, au 1er semestre).
* VIII. *Anglais primitif et moyen, du XIIe au XVe siècle* (2 classes, 2e semestre).
IX. *Le drame anglais jusqu'à la fermeture des théâtres* (1640), Shakespeare non compris (2 classes).
X. *Spenser et les poètes du siècle d'Élisabeth,* le drame non compris (1 classe, 1er semestre).
XI. *Milton* (1 classe, 2e semestre).
XII. *Littérature du XIXe siècle* (2 classes).
* XIII. *Littérature américaine (essayists and poets)* — (2 classes).
* XIV. *L'art de la versification anglaise* (1 classe).

Français. (Voir plus loin *Langues romanes.*)

Géologie.

I. *Géologie générale* (2 classes).
* II. *Géologie générale* (3 classes).
* III. *Géologie économique* (3 classes).

1. Le cours A est obligatoire pour la classe des *sophomores.*

Langues germaniques.

A. *Allemand.* — *Grammaire* de Whitney; Morceaux de prose de H. Heine; *Novellen* de Riehl (3 classes). — Ce cours est obligatoire pour les *freshmen* qui ne suivent pas le cours de français A, ou un équivalent.

B. *Allemand.* — Gœthe, Schiller, et Lessing (3 classes). Ce cours est obligatoire pour les *sophomores* qui ont suivi le cours A pendant l'année des *freshmen*, à moins qu'ils ne le remplacent par le cours I de chimie.

I. *Le Faust de Goethe*, 1re et 2e parties, avec commentaires (2 classes).

II. *Histoire de la littérature allemande.* — Leçons (2 classes).

III. *Morceaux choisis de prose historique*, extraits surtout de Freytag. Lecture à vue (2 classes).

IV. *Histoire de la langue allemande.* — Leçons (2 classes).

* V. *Islandais* (2 classes).

* VI. *Gothique* (2 classes).

VII. *Moyen haut allemand* (2 classes).

* VIII. *Ancien haut allemand* (2 classes).

* IX. *Mythologie allemande.* — Leçons (1 classe, le second semestre seulement, 2 classes).

* X. *Histoire de la littérature du Danemark et de la Norvège* (1 classe).

Grec.

A. Homère, *Odyssée*, chants VI, VIII. — *Lysias* (extraits), ou *Andocide* — Composition grecque (3 classes).
Cours obligatoire pour les *freshmen*.

B. Euripide, *Médée*, et Platon, *Protagoras*. — Composition grecque et versification (3 classes).
Cours obligatoire pour les *sophomores*; à moins qu'il ne soit remplacé par le cours de chimie I.

I. Sophocle, *Ajax*, *Antigone*; et Thucydide (3 classes).

II. Eschyle, *Prométhée*, *les Perses*; — Isocrate, le *Panégyrique* (2 classes).

III. *Leçons sur le drame grec* (1 classe).

* IV. Pindare, Théocrite, Eschyle, et Aristophane : *les Grenouilles*. — Démosthène : *Discours pour la couronne*; ou Æschine (2 classes).

* V. *Leçons sur les poètes élégiaques et iambiques* (1 classe).

* VI. *Nouveau Testament* : Épîtres (1 classe).

* VII. *Nouveau Testament* : Évangiles et Actes des apôtres (1 classe).

IX. *Leçons sur l'art grec* (1 classe).

* X. *Topographie, mythologie et monuments de l'ancienne Grèce*, avec Pausanias pour texte (1 classe).

Histoire.

A. *Histoire du moyen âge et moderne*, de Myers (2 classes).
Cours obligatoire pour les *sophomores*.
B. *Histoire de l'Europe depuis 1815* (2 classes, premier semestre).
Cours obligatoire pour les *juniors*.
• I. *Histoire constitutionnelle de l'Europe* (1er semestre, 4 classes).
• II. *Histoire constitutionnelle de l'Angleterre* (2 classes).
• III. *Histoire des théories politiques* (2 classes).
• IV. *Histoire moderne de la France* (1 classe).
• X. *Histoire constitutionnelle des États-Unis* (2e semestre, 4 classes).

Linguistique.

. *Introduction générale à l'étude des langues* (2 classes).

Latin.

A. *Lettres* de Pline le Jeune (extraits). — Horace, *Odes*, *Épodes*, *Carmen sæculare*. — Revision de la prosodie, avec la métrique d'Horace. — Composition en prose latine. — Lecture à vue (3 classes).
Cours obligatoire pour les *freshmen*.
B. Tacite, *Agricola* et *la Germanie*. — Horace, *Satires* et *Épîtres*. — Composition en prose latine. — Étude critique de la prosodie. — Lecture à vue. — Leçons sur les historiens latins (3 classes).
Cours obligatoire pour les *sophomores*, à moins qu'il ne soit remplacé par le cours de chimie I.
I. Juvénal, *Satires* (1er semestre, 2 classes).
II. Térence, l'*Andrienne* et *Phormion* (1er semestre, 2 classes).
III. Cicéron, *de Officiis*. — Leçons sur la philosophie romaine (2e semestre, 2 classes).
IV. Lucrèce, *de Rerum natura* (1er chant), et la philosophie épicurienne (2 classes).
• VI. *Histoire romaine* : le règne de Tibère (Tacite, Suétone et Velleius Paterculus). — Lecture et rédaction de devoirs sur les commencements de l'Empire (2 classes).
• VII. Plaute (quatre comédies, 2 classes).
• VIII. *Leçons sur les grands historiens latins*, Polybe, Salluste, Tite-Live, Tacite et Suétone (1 classe).
• IX. *Poèmes pseudo-virgiliens*, *Copa*, *Ciris*, *Culex*, *Moretum*, etc. (2 classes).

Droit.

• I. *Législation des contrats* (3 classes).
• II. *Éléments de la jurisprudence*. — Équité (2 classes).

* III. *Législation des délits* (*torts*) (2 classes).
* IV. *Propriété réelle et personnelle* (3 classes).
* V. *Législation et procédure criminelle* (2 classes).
* VI. *Relations familiales* (2 classes, d'octobre à février).
* VII. *Common law pleading and procedure* (2 classes, de fév. à juin.

Littérature.

* I. *Histoire et théorie de la critique littéraire* (*criticism*) : Platon, Aristote, Horace, Quintilien, Sidney, Boileau, Dryden, Lessing, Coleridge (2 classes).
* II. *Histoire de la fiction dans la littérature moderne* (1 classe).
* III. *Les époques de la poésie dramatique*, en Grèce, à Rome, en Espagne, en Angleterre, en France, en Allemagne (2 classes.

Mathématiques.

A. *Géométrie du volume et de la sphère* (Legendre, édit. Davies, liv. VI, IX). — Algèbre, à partir des équations du 2e degré (3 classes).

Cours obligatoire pour les *freshmen*.

B. *Trigonométrie plane, analytique et sphérique* (Legendre, éd. Davies; 2 classes).

Cours obligatoire pour les *sophomores*.

I. *Géométrie analytique* (3 classes).
II. *Théorie des déterminants et géométrie moderne* (2 classes).
* III. *Géométrie analytique des solides* (3 classes).
* IV. *Calcul intégral et différentiel* (3 classes).
* V. *Arpentage et géométrie descriptive* (1 heure de classe, et 1 heure de travaux pratiques, pour lesquels les élèves sont partagés en deux divisions).

Mécanique.

Mécanique avec expériences (2 classes).

Minéralogie.

* I. *Analyse au chalumeau et cristallographie* (2 classes).

Langues orientales.

SANSCRIT.

* I. *Cours élémentaire* (2 classes).
* IV. *Introduction à l'étude de la phonétique* (1 classe, 2e semestre).

LANGUES SÉMITIQUES.

I. *Hébreu biblique*, cours élémentaire, *Méthode et Manuel hébraïque* de Harper (2 classes).

• II. *Hébreu biblique*, cours supérieur, étude critique du livre de *Job* (2 classes).
III. *Hébreu rabbinique*, interprétation de traités choisis de Mishna (1 classe).
• IV. *Hébreu rabbinique*, philosophie hébraïque du moyen âge (1 classe).
• VI. *Assyrien*, premier cours (2 classes).
• VII. *Arabe*, cours élémentaire, et traduction de textes anglais en langue arabe (3 classes, 1er semestre. — 1 classe, 2e semestre).
• X. *Syriaque*, second cours (2 classes).

LANGUE PERSE.

• I. *L'Avesta*, cours élémentaire (2 classes).
• III. *Anciennes inscriptions perses* (1 classe, 1er semestre).
• IV. *Pahlavi*, cours élémentaire (1 classe, 2e semestre).

Philosophie.

A. *Logique et psychologie* (2 classes).
Cours obligatoire pour les *juniors*.
• II. *Éthique*, cours d'introduction (2 classes).
III. *Histoire générale de la philosophie* (2 classes).
• VIII. *Psychologues contemporains* (Wundt, Volkmann, Münsterberg, Ribot, James). Leçons et lectures (1 classe, 2e semestre).
• IX. *Psychologie physiologique* (3 classes).
• XIII. *Psychologie expérimentale*, cours d'introduction (1 classe de 2 heures).

Pédagogie.

• II. *Pédagogie théorique*. — Principes d'enseignement (1 classe).

Physique.

I. *Physique élémentaire*, cours *major*. — Ce cours comprend 6 heures de travaux de laboratoire et compte pour un cours de 5 heures.
II. *Physique élémentaire*, cours *minor*. — Ce cours comprend 2 heures de travaux de laboratoire et compte pour un cours de 3 heures
• III. *Physique*, leçons sur la lumière et la chaleur. — Ce cours comprend, soit 2, soit 4 heures de travaux de laboratoire et compte pour un cours de 3 heures.
• IV. *Haute physique*. — 2 classes et 4 heures de travaux de laboratoire; ce cours compte pour un cours de 4 heures.

Physiologie.

* I. *Physiologie générale.* Leçons (1 classe).

Économie politique.

A. *Cours élémentaire* (2 classes, 2e semestre).
Cours obligatoire pour les *juniors*.

* I. *Économie historique et pratique* (3 classes).

* IV. *Impôts et finances* (2 classes).

* V. *Histoire financière des États-Unis* (2 classes, 2e semestre).

Rhétorique.

A. *Rhétorique et composition anglaise* (3 heures).
Obligatoire pour les *freshmen*.

B. *Exercices en différents genres de composition anglaise.*
Obligatoire pour les *sophomores* (on n'indique pas la durée de ces exercices).

C. *Quatre essais (four essays).* — Lectures volontaires.
Obligatoire pour les *juniors*.

I. *Composition anglaise.* — Thèmes, essais, lectures et consultations (2 classes, 1er semestre).
Ouvert aux *juniors* et aux *seniors* [1].

II. *Composition anglaise.* Cours supérieur. — Lectures et essais (2 classes, 2e semestre).
Ouvert aux *juniors* et aux *seniors*.

Langues romanes.

FRANÇAIS.

A. *Cours des freshmen.* Grammaire d'Edgren; cours de composition de Grandgent; Prose française (3 classes).
Obligatoire pour les *freshmen* qui ne suivent pas le cours allemand A ou son équivalent.

B. *Cours des sophomores.* Introduction générale à l'histoire de la littérature française. — Chefs-d'œuvre des écrivains des XVIIe, XVIIIe et XIXe siècles (3 classes).
Obligatoire pour les *sophomores* qui ont suivi le cours de français A dans l'année des *freshmen*; à moins qu'il ne soit remplacé par la chimie.

I. *Rhétorique française* (3 classes).

II. *Littérature française du XVIIe siècle* (3 classes).

* III. *Littérature française du XVIIIe siècle* (3 classes).

1. Ce cours et le suivant n'ont pas été donnés en 1894-95.

V. *Victor Hugo et le mouvement romantique* (1 classe).
VI. *Les auteurs dramatiques français du XIXe siècle* [1].
VII. *Écrivains du XVIe siècle et principalement Montaigne* (1 classe).
VIII. *Les chroniqueurs français du moyen âge* : Villehardouin, Joinville, Froissart, etc. (1 classe).
IX. *Éléments de philologie romane* (1 classe).

Italien.

I. *Cours élémentaire*. Grammaire et cours de composition de Grandgent; prose italienne moderne (3 classes).
Ouvert aux *freshmen* et aux *sophomores* qui ont suivi les cours obligatoires de langues modernes; ouvert aussi aux *juniors* et à *option* pour les *seniors*.
II. *Composition; prose et poésie du XVIe siècle*. — Machiavel, l'Arioste, le Tasse. Prose et poésie modernes (3 classes).
III. *Composition; prose et poésie du XVIe siècle*. — Dino Compagni, Boccace, Franco Sacchetti, le Dante (3 classes).
IV. *Étude critique de la Divine Comédie* du Dante (2 classes).

Espagnol.

I. *Cours élémentaire*. Grammaire de Knapp; prose espagnole moderne (3 classes).
Ouvert aux *freshmen* et aux *sophomores* qui ont suivi les cours obligatoires de langues modernes; ouvert aussi aux *juniors*; à *option* pour les *seniors*.
II. *Composition; prose et poésie moderne*. — *Littérature de l'âge d'or*, Don Quichotte (3 classes).
III. *Composition; Littérature de l'âge d'or*. Lope de Vega, J. R. de Alarcon, Calderon. — Prose et poésie modernes (3 classes).
IV. *Poésie espagnole du moyen âge*, étudiée surtout par rapport au *Cid* (2 classes).

Il suffit de parcourir ce vaste programme pour constater combien en Amérique les études dites « de collège » diffèrent en somme de nos études secondaires même les plus élevées. Le droit, les langues orientales, la langue persane elle-même, figurent au programme; et l'élève de Columbia parait mieux préparé assurément que ne l'est le meilleur de nos lycéens à suivre des cours d'Université et à devenir un étudiant d'enseignement supérieur.

1. Ce cours n'a pas été donné en 1893-94.

TABLEAU DES COURS ÉLECTIFS OU A OPTIO[illegible]

HEURES	LUNDI	MARDI	MERCREDI	VENDREDI	SAMEDI
9 1/2 à 10 1/2.	Physique III. Chimie II. Mathématiques II. Grec VI. Allemand II. Français II. Architecture I. Italien II.	Physique IV. Chimie II. Sanscrit I. Italien IV. Rhétorique I. Espagnol I.	Grec X. Physique III. Mathématiques II. Allemand I. Français II. Sanscrit IV. Italien II.	Physique IV. Rhétorique I. Mathématiques V (2e divis.). Astronomie III. Italien IV. Espagnol I. Architecture III.	Physique III. Chimie II. Allemand I. Français II. Italien II. Sanscrit I. Espagnol I.
10 1/2 à 11 1/2.	Grec I. Mathématiques I. Philosophie IX. Linguistique. Botanique III. Architecture I. Droit I.	Grec IX. Mathématiques I. Latin IV. Grec I. Français VIII. Chimie III (1re division). Histoire III. Architecture V. Cours du coll. de méd. et de chir. I. Droit I.	Grec III. Math. I. Math. V. Philosophie IX. Anglais II. Linguistique. Géologie III. Histoire III. Architecture IV. Cours du coll. de méd. et de chir. I. Droit I.	Grec I. Mathématiques IV. Géologie III. Architecture III. Cours du coll. de méd. et de chir. I. Latin IV.	Mathématiques IV. Anglais III. Latin I et III. Philosophie IX. Anglais X et XI. Géologie III. Histoire III.
11 1/2 à 12 1/2.	Grec IV. Anglais I. Astronomie I. Latin I et III. Droit IV. Physique I et II.	Grec II. Chimie III (2e divis.). Latin II. Anglais VI. Astronomie I. Français IV. Architecture II. Droit VI. Cours du coll. de méd. et de chir. II à 11 h.	Grec IV. Mathématiques IV. Anglais I. Anglais XII. Anglais VII et VIII. Droit II. Cours du coll. de méd. et de chir. II (à 11 heures). Architecture IX (2e sem.).	Grec V. Physique I et II. Latin II. Anglais VI. Math. V (1re div.). Astron. II. Mécaniq. Chimie III (2e div.). Droit V. Architecture III et IX. Cours du collège de méd. et de chir. II à 11 h.	Grec II. Anglais XII. Botanique I et II. Droit V. Philosophie XIII. Anglais II. Architecture IV. Mécanique. Anglais VII et VIII.
12 1/2 à 1 1/2.	Latin IX. Anglais V. Chimie III. Allemand V. Architecture IV. Chimie I (*Sophomores*). Cours du coll. de méd. et de pharm. II. *Ib.* IV (1er sem.)[illegible]	Mathématiques III. Anglais IX. Anglais III. Géologie II. Allemand VI. Français VII. Espagnol IV. Astronomie II. Cours du coll. de méd. et de chir. IV [illegible]	Mathématiques III. Latin VIII. Grec VII. Allemand V. Littérature I. Persan I. Géologie II.	Mathématiques III. Chimie III. Géologie II. Anglais V. Anglais IX. Allemand VI. Botanique VI. Cours du coll. de méd. et de chir. IV[illegible]	Latin IX. Philosophie XIII. Chimie III (1re div.). Littérature I. Astronomie III. Persan I. Chimie I (*Sophomores*). Coll. de méd. [illegible]

1 1/2 à 2 1/2.	Latin VI. Histoire I et IX. Français III. Physiologie I.	Anglais XIII. Latin VII. Espagnol IV. Histoire I et X. Minéralogie I. Cours du coll. de méd. et de chir. III (de 1 à 3 h.). Langues sémitiques X.	Latin VI. Histoire I et X. Littérature II. Français III. Minéralogie I. Coll. de méd. et de chir. III de 1 h. à 3 h.	Histoire I et X. Anglais XIII. Persan III et IV. Français VI et VII. Coll. de méd. et de chir. III (de 1 h. à 3 h.). Espagnol IV.	Latin VII. Économie politique I. Français III. Coll. de méd. et de chir. III (de 1 h. à 3 h.). Langues sémitiques.
2 1/2 à 3 1/2.	Philosophie III. Allemand IV. Français I. Architecture V. Biologie III. Allemand III. Italien I. Espagnol II. Droit IV.	Littérature III. Philosophie II. Histoire IV. Botanique IV. Biologie III. Langues sémitiques VI. Architecture VII et VIII. Coll. de méd. et de chir. III et IV. Droit IV.	Anglais XIX. Philosophie III. Allemand IV. Français I. Géologie I. Biologie V. Allemand X. Italien I. Espagnol II. Architecture VII. Coll. de méd. et de chir. III et IV. Droit IV.	Littérature III. Philosophie II. Allemand IX (2e sem.). Français XI. Géologie I. Biologie II (de 3 h. à 5 h.). Architecture VI et VIII. Langues sémitiques VI. Coll. de méd. et de chir. III et IV. Droit III.	Économie politique I (de 2 h. 1/2 à 4 h.). Français I. Biologie II (de 3 h. à 5 h.). Architecture VIII. Italien I. Espagnol II. Coll. de méd. et de chir. III et IV. Droit III.
3 1/2 à 4 1/2.	Économie politique I. Allemand VII. Botanique V. Biologie III. Italien III. Espagnol III. Architecture VI. Langues sémitiques II.	Économie politique V (2e sem.). Histoire II. Allemand III. Botanique IV. Biologie III. Langues sémitiques VII. Architecture VII et VIII. Coll. de méd. et de chir. IV.	Économie politique I. Allemand VII. Botanique V. Allemand III. Biologie. Architecture VII. Italien III. Espagnol III. Coll. de méd. et de chir. IV. Langues sémitiques VII (1er sem.).	Économie politique V (2e sem.). Histoire II. Pédagogie II. Allemand VII. Biologie II (de 3 h. à 5 h.). Architecture VI et VIII. Coll. de méd. et de chir. IV. Langues sémitiques II.	Botanique V. Biologie II (de 3 h. à 5 h.). Italien III. Espagnol III. Architecture VIII. Langues sémitiques VII (1er sem.). Coll. de méd. et de chir. IV.
4 1/2 à 5 1/2.	Langues sémitiques I. Architecture VI.	Économie politique IV. Langues sémitiques III (de 4 h. 1/2 à 6 h.). Langues sémitiques VII (1er sem.).	Biologie V. Langues sémitiques I. Langues sémitiques IV (de 4 h. 1/2 à 6 h.). Droit VII (2e sem.).	Économie politique IV. Architecture VI.	Philosophie VIII (2e sem.). Droit VII (2e sem.).
5 à 6.	Coll. de méd. et de chir. V.	Coll. de méd. et de chir. V.	Coll. de méd. et de chir. V.	Coll. de méd. et de chir. V.	

Programme de Johns Hopkins. — Dans les autres collèges annexes des grandes Universités, le plan d'études est à peu près le même qu'à Columbia College. Partout on trouve un petit nombre d'enseignements obligatoires et une grande variété d'enseignements électifs. Mais il y a aussi quelques variantes très importantes qu'il serait intéressant de noter. Nous ne parlerons que de Johns Hopkins.

A Columbia College, nous l'avons vu, les études obligatoires sont : l'anglais, les mathématiques, le latin, le grec, l'allemand ou le français, l'histoire, la rhétorique, la philosophie (psychologie, logique et morale), l'économie politique. Les sciences physiques et naturelles sont toutes classées parmi les enseignements à option, et il n'est pas fait mention de la géographie.

A l'Université Johns Hopkins, qui a un caractère plus particulièrement moderne, qui s'oriente vers l'avenir plus que vers le passé, le latin, le grec, les mathématiques, sont rangés parmi les études électives. Les seules études obligatoires pour tous sont : l'anglais, l'allemand et le français; une science expérimentale (chimie, physique ou biologie); la logique, la psychologie et la morale; la géographie physique, l'histoire ancienne et moderne; le dessin, le chant et les exercices physiques.

Le cours d'études collégiales ne dure d'ailleurs que trois ans [1].

Une autre différence caractéristique, c'est que la liberté d'option n'est pas aussi entière qu'à Columbia College. D'avance, les organisateurs du programme ont réglé les cadres de sept cours d'études, de sept sections distinctes d'élèves. C'est le système des *high schools* encore élargi. A Johns Hopkins, il n'y a pas seulement le cours classique, le cours de langues modernes où l'on apprend d'ailleurs le latin, le cours latin-scientifique, comme il est de règle dans beaucoup de *high schools*. L'enseignement scientifique donne lieu, en outre, par un émiettement nouveau, à trois groupements d'études et d'élèves, dans les cours dénommés : cours de mathématiques et physique, de

1. A vrai dire, à Columbia College, la 4e année, celle des *seniors*, est déjà une année d'études universitaires.

chimie et biologie, de physique et chimie. Enfin une septième section spéciale est ouverte pour les études modernes historiques.

Répartition des enseignements dans les sections différentes. — Voici comment sont distribuées les matières d'enseignement dans les sept cours distincts (1893-94) :

1re SECTION : CLASSIQUE — *1re année* : latin (5 heures par semaine); grec (5 h. par semaine); histoire grecque et romaine (3 h. par semaine, de janvier à juin); géographie physique (3 h. par semaine d'octobre à janvier); anglais (2 heures). Au total 15 heures seulement de classes. — *2e année* : latin (5 h.); grec (5 h.); allemand (5 h.). — *3e année* : sciences; chimie, physique, biologie (5 h.); philosophie; logique, éthique, psychologie (5. h.); français (5 h.); philologie comparée (1 h.). — Cours à *option* : latin, lecture à vue (1 h.); grec, lecture à vue (1 h.).

2e SECTION : MATHÉMATIQUES — PHYSIQUE. — *1re année* : allemand (5. h.); mathématiques (5 h.); géographie physique (3 h., d'octobre à janvier); histoire grecque et romaine, ou abrégé de l'histoire d'Europe (3 h., de janvier à juin); anglais (2 h.). — *2e année* : physique (5 h. de classe, plus 3 h. de laboratoire); mathématiques (5 h.); français (5 h.). — *3e année* : chimie (5 h.); philosophie (5 h.); physique (5 h.).

Cours à *option* pour ceux qui savent assez d'allemand ou de français : latin, anglais ou histoire.

3e SECTION : CHIMIE — BIOLOGIE. — *1re année* : physique (5 h.); chimie (5 h.); anglais (2 h.); histoire grecque et romaine, ou abrégé de l'histoire de l'Europe (3 h., de janvier à juin); géographie physique (3 h., d'octobre à janvier). — *2e année* : chimie (5 h.); biologie (5 h.); allemand (5 h.). — *3e année* : biologie (5 h.); philosophie (5 h.)

Cours à *option* pour ceux qui savent assez d'allemand ou de français : latin, mathématiques, ou italien ou espagnol.

4e SECTION : PHYSIQUE — CHIMIE. — *1re année* : même programme que dans la première année de la 2e section. — *2e année* : physique (5 h.); chimie (5 h.); français (5 h.). — *3e année* : chimie (5 h.); physique (5 h.); philosophie (5 h.).

Cours à *option*, à la place du français ou de l'allemand : latin, anglais ou histoire.

5e SECTION : LATIN — MATHÉMATIQUES. — *1re année* : latin (5 h.); allemand (5 h.); anglais (3 h.); géographie physique (3 h., d'octobre à janvier); histoire grecque et romaine, ou abrégé de l'histoire de l'Europe (3 h., de janvier à juin). — *2e année* : latin (5 h.); mathématiques (5 h.); français (5 h.). — *3e année* : mathématiques (5 h.) : philosophie (5 h.); travaux de laboratoire : chimie, physique, biologie (5 h.).

Cours à *option*, à la place de l'allemand ou du français : anglais, histoire ou grec.

UNIVERSITÉ JOHNS HOPKINS. — TABLEAU DES COURS DU COLLÈGE — 1893-94.

Chacun de ces cours conduit au baccalauréat ès arts.

I. Connaissances exigées aux examens d'admission.

Grec, latin, algèbre, géométrie, trigonométrie et géométrie analytique, histoire, anglais, et éléments des sciences.
Le français et l'allemand peuvent être substitués au grec pour ceux qui veulent suivre les cours scientifiques.

II. Études obligatoires dans toutes les sections.

I.	II.	III.	IV.	V.	VI.	VII.
Composition anglaise. Littérature anglaise.	Allemand. Français.	Chimie ou Physique, ou Biologie.	Logique. Éthique. Psychologie.	Géographie physique. Histoire ancienne ou Histoire de l'Europe.	Dessin. Chant. Exercices physiques.	Leçons sur les sciences et la littérature

III. Études à option (*electives studies*).

1re SECTION	2e SECTION	3e SECTION	4e SECTION	5e SECTION	6e SECTION	7e SECTION
Classique.	**Mathématiques et physique.**	**Chimie et biologie.**	**Physique et chimie.**	**Latin et mathématiques.**	**Histoire et science politique**	**Langues modernes.**
Latin (tous les jours pend. 2 ans)	*Mathématiques* (tous les jours pend. 2 ans).	*Chimie* (tous les jours pend. 2 ans).	*Physique* (tous les jours pendant 2 ans).	*Latin* (tous les jours pendant 2 ans).	(tous les jours pend. 2 ans).	*Anglais* (tous les jours pend. 2 ans).
1re ANNÉE Tite-Live. Horace. Composition en prose latine. Lectures personnelles.	1re ANNÉE Géométrie plane analytique. Calcul différentiel et intégral.	1re ANNÉE Chimie générale. Travaux de laboratoire.	Même programme que dans la 2e section.	Même programme que dans la 1re section.	1re ANNÉE Tite-Live. Tacite. Hérodote. Thucydide.	1re ANNÉE Premiers textes anglais. Littérature anglaise. Leçons. Essais de composition.
2e ANNÉE Plaute. Térence. Juvénal. Pline le Jeune. Lecture à vue. Composition en prose latine. Lectures personnelles.	2e ANNÉE Théorie des équations. Géométrie plane analytique. Géométrie dans l'espace. Calcul différentiel et intégral. Équations différentielles.	2e ANNÉE Cours supplémentaire de chimie inorganique. Chimie des composés du carbone. Minéralogie descriptive et cristallographie. Travaux de laboratoire.	—	—	2e ANNÉE L'Église et l'Empire romain. L'Italie. L'Allemagne. La France. L'Angleterre. L'Espagne.	2e ANNÉE Anglo-saxon. Littérature du XIVe s. Littérature du siècle d'Élisabeth. Premiers poètes écossais.
—	—	—			—	—
						[illegible] (tous les jours pend. 2 ans). 1re ANNÉE [illegible]

Grec (tous les jours pend. 2 ans).	*Physique* (tous les jours pend. 2 ans).	*Biologie* (tous les jours pend. 2 ans).	*Chimie* (tous les jours pendant 2 ans).	*Mathématiques* (tous les jours pendant 2 ans).	*Science politique* (tous les jours pend. 2 ans).	
1re ANNÉE Xénophon. Homère. Euripide. Composition en prose grecque. Lectures personnelles. 2e ANNÉE Platon. Eschyle. Sophocle. Littérature grecque. Composition ou prose grecque. Lectures personnelles. Philologie comparée et antiquités classiques.	1re ANNÉE Mécanique élémentaire. Le son. La chaleur. La lumière. Le magnétisme et l'électricité. Travaux de laboratoire. 2e ANNÉE Mécanique. Thermo-dynamique élémentaire. Théorie élémentaire de l'électricité et du magnétisme. Problèmes sur le son. Théorie des ondulations de la lumière. Travaux de laboratoire.	1re ANNÉE Ostéologie humaine et comparée. Biologie générale. Éléments d'embryologie. Analyse végétale et éléments de botanique. Travaux de laboratoire. 2e ANNÉE Histologie animale. Physiologie animale. Éléments de zoologie. Travaux de laboratoire.	Même programme que dans la 3e section.	Même programme que dans la 2e section.	1re ANNÉE Éléments de l'Économie politique. Histoire de l'Économie politique. 2e ANNÉE Droit international. Histoire de la Constitution américaine. Droit constitutionnel anglais et son histoire.	rature. Phonétique ; conversation et lecture à haute voix. Composition et idiotismes. Lectures personnelles. 2e ANNÉE Tragédie et comédie classiques. Mouvement romantique. Histoire de la littérature. Phonétique ; conversation à haute voix. Composition et idiotismes. Lectures personnelles. — *Allemand* (tous les jours pend. 2 ans). 1re ANNÉE Lessing. Gœthe. Heine. Lectures des prosateurs. Composition en prose allemande. Lectures personnelles. 2e ANNÉE Gœthe. Lectures de prosateurs. Composition en prose allemande. Histoire de la littérature. Lectures personnelles.

6e SECTION : HISTOIRE ET SCIENCE POLITIQUE. — *1re année* : allemand (5 h.); histoire classique (5 h.); anglais (2 h.); géographie physique (3 h., d'octobre à janvier); histoire grecque et romaine, ou abrégé de l'histoire d'Europe (3 h., de janvier à juin). — *2e année*: histoire (5 h.); science politique (5 h.); français (5 h.). — *3e année* : science politique (5 h.); philosophie (5 h.); travaux de laboratoire : chimie, ou physique, ou biologie (5 h.).

Cours à *option* : mathématiques, une autre étude de laboratoire ou le grec.

7e SECTION : LANGUES MODERNES. — *1re année* : latin (5 h.); anglais (5 h.); rhétorique et composition anglaise (2 h.); géographie physique (d'octobre à janvier, 3 h.); histoire grecque ou romaine, ou bien abrégé de l'histoire de l'Europe (3 h., de janvier à juin). — *2e année* : allemand (5 h.); français (5 h.); travaux de laboratoire, chimie, ou physique, ou biologie (5 h.). — *3e année* : français ou allemand (5 h.); ou italien et espagnol (5 h.); ogique, éthique, psychologie (5 h.); anglais (5 h.).

CHAPITRE VI

Les programmes des « graduate departments ». — L'enseignement des langues anciennes et des langues modernes.

Cours des « graduate schools ». — La limite est, sur plus d'un point, indécise entre les études des *collegiate* et celles des *graduate departments*. Ainsi il n'est point rare, et il est souvent utile (*advisable*), dit la circulaire de la *graduate school* de Harvard [1], que les gradués suivent quelques-uns des cours destinés en principe aux *undergraduates*. Mais de plus, on distingue généralement dans les programmes des collèges et des Universités, entre les cours du collège proprement dit et les cours spéciaux de l'Université, un groupe intermédiaire de cours qui semblent s'adresser à la fois aux gradués et aux non gradués. Beaucoup de ces cours sont nettement des études d'enseignement supérieur et dépassent la portée ordinaire de ce qu'on exige pour le grade de bachelier. « Ce sont des cours approfondis et compréhensifs, dit encore la circulaire de Harvard; et en fait, ils sont suivis par beaucoup de gradués qui y trouvent des sujets et des méthodes appropriés aux besoins de leurs études. »

Les cours d'Université proprement dits sont ceux qu'on

1. *Circulaire*, etc., 1892-93, p. 32.

appelle les *courses primarily for graduates*. Mais l'accès n'en est pas interdit aux *undergraduates*; et tandis que l'étudiant déjà bachelier reprend souvent le chemin des classes préparatoires au baccalauréat, et redescend, pour ainsi dire, par les sentiers qu'il a déjà parcourus, on voit, par un mouvement inverse, l'élève du collège anticiper sur l'avenir et se hisser jusqu'aux cours de l'Université; il ne peut le faire d'ailleurs que sur la recommandation expresse de ses maîtres. Il y a donc, on le voit, pénétration réciproque des cours du collège et des cours de l'Université.

Cours de recherches et « séminaires ». — Les cours destinés aux gradués ne comprennent pas seulement ceux qui consistent dans les leçons didactiques des professeurs. Les Américains tiennent beaucoup, et avec raison, à favoriser le travail indépendant, les recherches personnelles de leurs étudiants; et ils ont établi presque partout ce qu'ils appellent des « cours de recherches » et des « séminaires ». On entend tout de suite ce que peut être un cours de recherches. Quant au *seminary* ou à la *seminary method*, c'est à l'Université Ann Arbor qu'on a pour la première fois, semble-t-il, fait usage de cette expression et des procédés qu'elle désigne, en 1871-1872. Le professeur d'histoire, M. Adam, groupait par séries de douze à quatorze les élèves de la classe des *seniors*. Dans une première réunion, on posait une série de questions historiques, et on attribuait chacune d'elles à un élève, en lui indiquant les sources à consulter; puis l'élève, livré à lui-même, compulsait ses auteurs, prenait des notes, enfin préparait la réponse à la question posée, pour en rendre compte dans une séance ultérieure. Cette méthode, d'abord appliquée aux études historiques, s'est généralisée dans les différentes branches d'enseignement. On la retrouve dans presque toutes les Universités. « C'est la vraie méthode scientifique et moderne », disent les Américains.

Outre les « séminaires », qui ont pour but de provoquer, en même temps qu'ils le règlent, le travail indépendant, il y a aussi ce qu'on appelle les *conférences* et les *clubs*, qui, avec des moyens un peu différents, visent le même but.

Les conférences et les clubs. — A Harvard, il n'y a pas moins de quinze conférences ou clubs, correspondant aux diverses sections d'études. D'ordinaire, ces réunions ont lieu tous les quinze jours; quelques-unes sont hebdomadaires. Les étudiants y dissertent librement sur les sujets spéciaux dont ils s'occupent. Mais à part ces conférences particulières, il y a aussi le *graduate club* qui plane en quelque sorte au-dessus d'elles, et où se réunissent des étudiants des différentes sections.

Nombre et répartition des « graduates » à Harvard. — Nous avons vu ailleurs que les *graduate departments*, dont l'organisation est toute récente, ne réunissaient que 2000 étudiants environ. A Harvard, on comptait, en 1892-1893, 215 *graduates* qui se décomposaient ainsi :

Au point de vue du nombre des années.

Étudiants de première année	125
— de seconde —	59
— de troisième —	24
— de quatrième — ou au delà	7

Au point de vue des études poursuivies.

Langues sémitiques	3
Philologie classique	25
Anglais, langues et littératures modernes	40
Philosophie	20
Histoire et science politique	40
Mathématiques pures et appliquées	23
Physique	9
Chimie	14
Histoire naturelle	30
Autres études	5

Au point de vue de la résidence.

Étudiants qui résident à l'Université [1]	199
Étudiants non résidants	16

Nous ne pouvons songer à faire connaître ici les programmes de tous ces enseignements. Nous nous contenterons de renseigner nos lecteurs sur les cours de langues anciennes, de langue française et de philosophie.

L'enseignement des langues anciennes à Harvard. — La philologie classique, c'est-à-dire l'étude du grec et du latin, comprenait à Harvard, dans la *graduate school*, pour l'année 1892-93, les cours ou demi-cours que nous allons énumérer.

1. Sont considérés comme résidant à l'Université les étudiants qui suivent régulièrement les cours, qu'ils logent à Cambridge ou ailleurs.

PREMIÈRE SÉRIE DE COURS, POUR LES GRADUÉS ET LES NON GRADUÉS.

— En grec :

1. Démosthène, *Pour la couronne* et fragments de *l'Ambassade*. — Eschine, Lycurgue, *Contre Ctésiphon*, et extraits. — *Contre Léocrate*. — Eschyle, *les Sept Chefs devant Thèbes*. — Sophocle, *Antigone*. — Aristophane, *les Grenouilles* (3 h. par semaine).

2. Cours de composition grecque, demi-cours (1 h. par semaine).

3. Homère, *Iliade* (chants IX-XXIV). Demi-cours, pendant le 1er semestre (3 h. par semaine).

4. Les poètes grecs avant Hésiode et Eschyle, avec une étude spéciale de la poésie lyrique. Demi-cours, pendant le second semestre (3 h. par semaine).

5. Platon, *la République*. — Aristote, *Éthique*, livres I-IV et X (3 h. par semaine).

6. Eschyle (3 h. par semaine).

— En latin :

1. Horace, *Satires* et *Épîtres*. Demi-cours, 1er semestre (3 h. par semaine).

2. Pline, *Lettres choisies*. Demi-cours, 1er semestre (3 h. par semaine).

3. Juvénal, les principales *Satires*. — Martial, choix d'épigrammes. Demi-cours, 2e trimestre (3 h. par semaine).

4. Philosophie ancienne, d'après le *de Finibus* et les *Académiques* de Cicéron. Demi-cours, 2e semestre (3 h. par semaine).

5. Exercices pratiques de composition latine. Demi-cours (1 h. par semaine).

6. Catulle, et les poètes élégiaques. Demi-cours, 2e semestre (3 h. par semaine).

7. Plaute; Cicéron, *Traités de rhétorique*. Demi-cours, 1er semestre (3 heures par semaine).

8. Lucrèce. Demi-cours (3 h. par semaine).

9. La vie privée des Romains, surtout d'après les œuvres d'art (3 h. par semaine).

DEUXIÈME SÉRIE DE COURS, POUR LES GRADUÉS.

Séminaire de philologie classique. — Les réunions ont lieu deux fois par semaine, durant une heure et demie, et sont ordinairement employées à la critique et à l'interprétation des textes grecs et latins. Plusieurs fois par an, dans les réunions générales et publiques de l'Université *(public meetings)*, les membres du séminaire soumettent à la discussion de l'assemblée des thèses qu'ils ont préparées sur des sujets de philologie grecque et latine.

En outre, le programme de 1892-1893 annonce différents cours sur les éléments des langues osque et étrusque, sur la grammaire latine, sur la *Politique* d'Aristote, sur la comédie romaine, sur l'expédition des Athéniens en Sicile, sur l'histoire des Constitutions d'Athènes et sur les procès judiciaires devant les tribunaux athéniens, sur la religion et le culte des Grecs.

Il résulte de cet exposé que, même à Harvard, l'histoire de la littérature grecque et romaine n'est pas étudiée dans son ensemble, que les exercices de composition latine ne sont pas continués dans les cours des gradués, et enfin que les cours d'enseignement supérieur proprement dits sont encore peu nombreux. Il n'en faut pas moins reconnaître que l'on tente à Harvard un effort sérieux pour préparer des humanistes, et il suffira de parcourir rapidement quelques autres programmes pour se convaincre qu'on ne fait guère mieux ni plus dans les autres Universités américaines.

Faculté de philosophie de Columbia College. — A Columbia College cependant, où la *graduate school* est représentée par la *Faculté de philosophie*, les cours d'Université sont peut-être un peu plus fournis. En 1893-94, le nombre des élèves *seniors*, *graduates* ou *special students*, a été de 185. Voici comment ils se sont répartis dans les divers cours.

Philosophie et éducation	87
Grec	37
Latin	23
Anglais	57
Littérature	59
Langues germaniques	
Langues romanes	15
Langues sémitiques	18
Langues iraniennes	3
Sanscrit	7
Linguistique	5

On remarquera que le grec a plus d'adhérents que le latin, et que les langues romanes qui, dans la *school of arts* de Columbia, ont le pas sur les langues germaniques (voir plus haut, p. 219), ont moins de succès dans la Faculté de philosophie.

Pour le grec et le latin, les cours professés sont au nombre d'une vingtaine [1].

1. Voir au chapitre précédent les cours de l'école des arts.

— En grec :

1. Eschyle et Isocrate (2 h. par semaine), 1 étudiant.
2. Leçons sur le drame grec (1 h.), 2 étudiants.
3. Eschyle et Aristophane; Démosthène, *Pour la couronne* (2 h.), 3 étudiants.
4. Leçons sur les poètes élégiaques, iambiques et méliques (1 h.), 8 étudiants.
5. Le Nouveau Testament, *Épîtres* (1 h.), 6 étudiants.
6. Le Nouveau Testament, *Évangiles* et *Actes* (1 h.), 8 étudiants.
7. Les orateurs attiques (2 h.), 6 étudiants.
8. Leçons sur l'art grec (7 h.), 11 étudiants et 3 auditeurs.
9. Topographie, etc., Pausanias (1 h.), 7 étudiants et 1 auditeur.
10. Épigraphie (1 h.), 8 étudiants.

— En latin :

1. Lucrèce (2 h.), 4 étudiants.
2. Pétrone (2 h.), 6 étudiants.
3. Histoire et historiens de Rome (3 h.), 4 étudiants.
4. Plaute (2 h.), 5 étudiants.
5. Épigraphie (1 h.), 4 étudiants.
6. Horace (2 h.), 9 étudiants.
7. Gaius (1 h.), 9 étudiants.
8. Paléographie et critique des textes (1 h.), 4 étudiants.
9. Composition en prose latine originale (2 h.), 1 étudiant.

On sera frappé, en examinant le tableau que nous venons de résumer, du petit nombre d'élèves qui suivent chaque cours. Le principe de l'option permet en effet aux 37 hellénistes et aux 23 latinistes de la Faculté de se partager, selon leurs préférences, entre ces différents cours; ils ne sont pas obligés de les suivre tous, et l'on voit qu'ils usent largement de la permission. Quelques-uns des cours professés n'ont qu'un élève, notamment le cours de composition en latin.

Les langues anciennes à Yale. — A Yale, les cours de philologie classique, dans la section de la *graduate instruction*, sont en majorité des cours de collège (*undergraduate courses*)[1]. Les cours spéciaux aux gradués sont annoncés en ces termes :

1. *Philologie comparée* (2 h. par semaine). Leçons sur la philologie comparée, surtout au point de vue des langues grecque et latine.
2. *Les orateurs grecs* (3 h.). Étude des orateurs grecs; les discours

1. Ces cours, dit le catalogue (p. 123), sont ouverts aux *graduates*, pourvu que le professeur y consente et que la Faculté donne son approbation.

d'Isée, quelques discours privés de Démosthène; considérations sur la vie et la législation athéniennes et sur le développement de l'éloquence grecque.

3. *Pindare et les fragments des lyriques* (2 h. pendant 1 semestre). On insiste dans ce cours sur les formes poétiques, sur les relations des colonies avec les métropoles grecques, sur les jeux et les fêtes, et leur importance, etc.

4. *Homère* (2 h. pendant 1 semestre). Interprétation critique, mais familière, de parties de l'*Odyssée*.

5. *Lucrèce* (2 h. pendant 1 semestre).

6. *Lettres* de Pline (2 h. pendant 1 semestre).

7. *Syntaxe historique* : principes et méthodes de la syntaxe historique des modes et des temps de la langue latine, etc. (1 h.)

Tous les autres cours sont ouverts aux deux catégories d'étudiants, les bacheliers et les non bacheliers. Ils portent sur les sujets suivants :

Étude générale d'Homère et des poèmes homériques. — Le *Phédon*. — Théocrite. — L'*Éthique* d'Aristote. — Thucydide, extraits des livres VI et VII, l'expédition de Sicile. — Aristophane, *les Oiseaux* et *les Grenouilles*. — L'*Iliade*, 6 000 à 8 000 vers. — Sophocle, *Œdipe roi*. — Les institutions politiques et légales d'Athènes, avec la *Constitution d'Athènes*, d'Aristote, comme point de départ. La topographie et les monuments d'Athènes (photographies, plans, descriptions des voyageurs, résultats des fouilles récentes). — Euripide, *Alceste* et *Hippolyte*, *les Bacchantes*, *Iphigénie à Aulis*, *Ion* et *les Suppliantes*. — La *Poétique* d'Aristote. — Le latin primitif (*early latin*), étude sur les formes, la construction, la littérature latine avant l'âge classique. — Cicéron, *Lettres familières*, *de Oratore*, *pro Lege Manilia*. — Poèmes hexamètres : Ennius, Lucrèce, Virgile, les *Géorgiques*; Horace, les *Épîtres*; Juvénal et Martial. — Plaute, *les Captifs*. — En outre des cours de lecture à vue et de composition latine (dans ce dernier cours, on se sert des *Colloques* d'Érasme).

Partout ailleurs nous retrouverions, sinon des programmes aussi complets que celui de Yale, qui nous paraît être le plus riche de tous, du moins les mêmes auteurs et les mêmes tendances d'enseignement : une propension louable à ne jamais séparer l'étude des œuvres littéraires de celle des mœurs, des institutions, de la société tout entière, à placer les écrivains et leurs ouvrages dans leur milieu historique, à ne jamais laisser l'enseignement philologique dégénérer en une stérile étude de mots.

Université Johns Hopkins. — A Johns Hopkins, on encourage particulièrement les études et les recherches personnelles. La *seminary method* est en honneur. On admet dans le *seminary* tous les gradués, mais de préférence ceux qui ont donné la preuve de leur aptitude à prendre une part active dans les exercices et les discussions. « Chaque membre est appelé à tour de rôle à y intervenir, pour interpréter, critiquer et analyser les auteurs anciens [1]. » On ne multiplie pas, comme on le fait ailleurs, le nombre des auteurs à étudier. On concentre chaque année sur un écrivain ou sur une période littéraire l'attention et l'effort des étudiants.

En 1889-90, on a pris Platon comme sujet d'études; en 1890-91, Aristophane; en 1891-92, les historiens grecs; en 1892-93, les orateurs attiques. De même pour le latin, on a établi un cycle de quatre années qui comprend : 1° les satiriques romains; 2° les historiens romains; 3° Virgile; 4° Plaute et Térence. Et une fois la quatrième année terminée, on recommence dans le même ordre.

Outre les travaux du *séminaire*, Johns Hopkins offre à ses étudiants de langues anciennes un certain nombre de cours didactiques. En 1892-93, les professeurs Gildersleeve, Miller et Gudeman ont traité divers sujets : la rhétorique grecque, la poésie lyrique, les orateurs et les tragiques grecs, l'histoire de la littérature d'Alexandrie; ils ont dirigé en outre des exercices pratiques de composition grecque, de paléographie, etc. De même, pour le latin, des leçons ont eu lieu la même année sur la comédie romaine, sur la grammaire historique, sur Aulu-Gelle, sur l'épigraphie.

Le but, déclare-t-on, est double : d'une part, procurer aux étudiants une connaissance de la langue et de la littérature latine plus large et plus précise que celle qu'on reçoit au collège, afin qu'ils puissent devenir des professeurs plus capables; ensuite les exercer aux méthodes de la recherche scientifique, afin qu'ils puissent devenir eux-mêmes des chercheurs indépendants.

1. Il y a, bien entendu, un *seminary* distinct pour le grec et un autre pour le latin.

Le grec et le grade de bachelier ès arts. — Sans pousser plus loin notre enquête, il est manifeste que les études grecques et latines ne souffrent pas trop en Amérique de l'esprit utilitaire et des tendances positives de la nation. Non seulement une petite élite se spécialise, à l'Université, dans les cours de philologie ancienne; mais il ne semble pas qu'on soit disposé à abandonner le grec, ni à plus forte raison le latin, dans les études des collèges.

Le grec doit-il être maintenu parmi les connaissances exigées pour le grade de bachelier ès arts? C'est une question qu'on a largement discutée au congrès de Chicago[1]. Des mémoires ont été lus sur ce sujet; des télégrammes, des lettres ont été envoyés, des opinions contradictoires échangées : mais la majorité, la grande majorité des opinants s'est prononcée pour le maintien. Il sera intéressant de citer quelques-uns des arguments qu'ont fait valoir en ce sens, non seulement des professeurs de grec — ils ne pouvaient faire moins, — mais des professeurs de sciences, en apparence désintéressés dans la question.

— « Je suis absolument favorable au maintien du grec et du latin pour le grade de bachelier ès arts », dit M. Whitman, professeur de biologie à l'Université de Chicago; et il en donne pour raison la nécessité de remonter aux sources, c'est-à-dire aux langues grecque et latine, « si l'on veut élargir et perfectionner la langue anglaise ». Et il ajoute : « Même pour ceux qui se destinent aux affaires, au commerce, etc., l'importance d'une culture littéraire — et le grec en est un élément essentiel — me paraît très grande.... » — « Le grec et le latin sont nécessaires pour le maintien des traditions littéraires... » (M. Crane, professeur de langues romanes à Cornell). — « Le grec que j'ai appris au collège m'a rendu d'inappréciables services dans mon travail scientifique » (M. Dana, professeur de géologie à Yale). — « Je désire que le grec soit maintenu » (télégramme de M. Young, professeur d'astronomie à Princeton). — « Le grec a une trop grande valeur éducatrice pour être sacrifié. Le grade de B. A., qui ordinairement suppose la connaissance du

1. Voir *Proceedings*, etc., p. 118-142.

grec, a son histoire, sa signification définie, et même sa *valeur commerciale* qu'il ne faut pas modifier sans besoin » (M. Peck, professeur de latin à Yale). — « A supposer même que la culture intellectuelle que procure l'étude des classiques modernes fût meilleure que celle qui résulte de l'étude des anciens, elle n'est pas la même : je conclus donc qu'il ne faut pas admettre au grade de B. A. les candidats qui n'ont pas étudié le grec » (M. Seymour, professeur de grec à Yale). — « Le grade de bachelier ès arts a un sens historique : le mot *arts*, que nous avons emprunté aux Universités anglaises, a toujours compris le grec et le latin » (M. D'Ooge, professeur de grec à Ann Arbor). — « Le grec est une des conditions essentielles du grade de B. A., parce que ce grade, à la différence peut-être du grade de bachelier ès sciences, représente la *culture* plutôt que la *simple connaissance* (*culture rather than mere knowledge*). Or je ne vois pas comment il pourrait y avoir une culture véritable sans l'étude du grec. Les Grecs ont été les premiers à avoir une perception claire de ce qu'est un développement intellectuel, harmonieux et solide. Ils savaient assurément moins de choses que nous n'en savons, mais je me demande si leurs facultés n'étaient pas mieux cultivées que les nôtres.... D'autre part, la pensée moderne, la forme littéraire moderne ont subi l'influence des Grecs. Les plus belles littératures modernes que je connaisse sont les littératures anglaise et allemande [1]. Or je ne conçois pas comment on pourrait interpréter les grands écrivains anglais et allemands sans la connaissance du grec » (M. Hart, professeur de philologie anglaise à Cornell). — « L'étude de la langue et de la littérature grecques, même non approfondie, nous donne un aperçu de la vie, des façons de penser et des mœurs d'un des peuples les mieux doués de la race humaine » (M. Brackett, professeur de physique à Princeton).

Après le témoignage des professeurs — et nous pourrions prolonger l'énumération, — en voici un qui n'est pas moins significatif, et qui émane d'un journaliste, M. Talcott Williams, de la presse de Philadelphie :

« L'utilité de l'étude des langues classiques et spécialement

1. On voit que nous sommes parfois oubliés en Amérique.

du grec, pour apprendre aux écrivains à manier habilement leur propre langue et à exprimer leur pensée, est au-dessus de toute discussion. L'étude des langues modernes n'est en comparaison que du *gruau* (*is mere gruel*).... Depuis cinquante ans, à New York, les hommes du journalisme quotidien, hebdomadaire, mensuel, ont été à une énorme majorité des « hommes de collège » (*college men*), élèves des cours de grec. »

N'y a-t-il donc en Amérique que des partisans de l'enseignement du grec? Le seul fait qu'une consultation publique sur la question ait eu lieu à Chicago prouve le contraire. Un mouvement profond et intense se produit là-bas, comme chez nous, contre les vieilles études classiques. Pour bien comprendre d'ailleurs le débat engagé, il est nécessaire de faire remarquer qu'il s'agissait au congrès, non de se prononcer sur l'utilité des études grecques en elles-mêmes, dont presque tous les pédagogues américains reconnaissent la haute importance — et que l'on ne songe pas à supprimer dans les collèges et les Universités, — mais sur la question toute particulière de savoir si le grec doit continuer à être exigé des candidats au titre depuis longtemps consacré de bachelier ès arts, — de bachelier ès lettres, comme nous dirions en France[1]. Que l'hellénisme fleurisse, rien de mieux; personne ne s'y oppose. Mais ce que demandent certains novateurs, c'est qu'on n'oblige pas tous les aspirants au baccalauréat ès arts à subir ses lois, et qu'on permette à tous ceux qui le voudront de substituer au grec telle ou telle autre étude plus à leur goût. A vrai dire, la question posée à Chicago ressemble beaucoup, sous une autre forme, à celle qu'ont agitée en France, dans ces dernières années, les partisans et les adversaires d'un enseignement secondaire unique. En décidant qu'un enseignement fondé sur les langues vivantes et les sciences prendrait rang à côté de l'enseignement classique, nous avons fait quelque chose d'analogue à ce que demandent ceux des pédagogues américains qui veulent que l'on puisse être un bachelier ès arts — c'est-à-dire un diplôme littéraire, un bachelier classique — sans avoir étudié le grec.

1. En Amérique, au contraire, ne l'oublions pas, le bachelier ès lettres, c'est le bachelier moderne, le bachelier ès langues vivantes.

En fait, cette réforme, contre laquelle on a presque unanimement protesté à Chicago, est chose accomplie dans quelques Universités, qui ne sont pas des moindres. A Harvard et à Johns Hopkins, le grec n'est plus obligatoire pour le grade de bachelier ès arts. Le latin, d'ailleurs, ne l'est pas non plus, ni le français, ni l'allemand, ni les mathématiques. On peut indifféremment arriver au même but par une multitude de chemins, au gré de l'étudiant. Nous l'avons vu en effet, à Harvard, tous les cours sont électifs, à part le cours d'anglais, pendant trois ans sur quatre, et le cours de physique (une heure par semaine pendant un semestre), pour l'année des *freshmen*. On a démonétisé, pour ainsi dire, le vieux titre séculaire de bachelier ès arts, qui ne représente plus exclusivement la culture classique, l'ensemble des humanités d'autrefois, et que l'on peut conquérir de bien des façons. Il est vrai qu'à Harvard et à Johns Hopkins le grec et le latin comptent encore parmi les matières exigées dans les examens d'admission au collège. Il est vrai aussi que, quand l'étudiant renonce au grec, il doit étudier le latin, et réciproquement. Mais ce qui prouve combien est forte la poussée contre le latinisme et contre l'hellénisme, combien elle répond aux aspirations du moment, c'est que la plus jeune des Universités américaines, celle qui s'inspire par conséquent le plus de l'esprit nouveau, l'Université Leland Stanford va plus loin encore que Harvard : elle n'impose, pour le grade de B. A., aucune étude obligatoire, excepté celle de la langue maternelle, ni pendant le séjour au collège, ni même avant l'admission (*either after entrance or before*). Et son président, M. Jordan, dans les discussions du congrès, a énergiquement soutenu la thèse de la liberté absolue des études : liberté que nous ne pouvons nous empêcher de trouver fâcheuse, en ce sens qu'elle engendre la confusion, et qu'elle permet de décorer du même titre des élèves de toute origine, de toute provenance scolaire.

C'est précisément ce qu'ont fait valoir au congrès les défenseurs de l'ancien système. Employez d'autres dénominations pour les sanctions de vos études nouvelles, ont-ils dit; faites des bacheliers en philosophie, comme à Cornell, sans grec et avec le latin seul; des bacheliers ès lettres, avec des candidats qui, s'ils le veulent, auront le droit de substituer au latin une plus forte proportion de langues modernes; enfin des bacheliers ès sciences, avec des élèves qui n'auront appris que des mathématiques et de l'histoire naturelle! Mais laissez au baccalauréat ès arts toutes ses prérogatives, tout son sens. « Ce grade, dit en substance M. Hale, représente depuis des siècles une éducation essentiellement fondée sur l'idée de la culture humaine, sur la connaissance de ce qui a été pensé et dit de meilleur dans le monde au sujet de la plus intéressante de toutes les réalités du monde, l'homme lui-même. Si l'on pense, comme je le pense moi-même, que cette éducation classique et humaine, accrue de quelques éléments empruntés aux sciences de la nature, est la meilleure de toutes les éducations, il n'y a point de raisons pour ne pas maintenir notre grade avec toutes les conditions que les siècles ont établies. Si, au contraire, on estime qu'il faut remplacer par des études nouvelles, qu'on juge meilleures et plus utiles, précisément un des enseignements les plus caractéristiques de la vieille éducation, eh bien! alors, c'est aux avocats du nouveau système de chercher des appellations nouvelles; ne devraient-ils pas être fiers de faire apparaître le nom de leurs études de prédilection dans l'intitulé même du grade qui les consacrerait? »

Nous ne voyons pas ce qu'on pourrait répondre de solide aux très justes réclamations de M. Hale et de ses amis. Mais il est aisé de deviner pourquoi les novateurs ne se rendront pas à ces objurgations. Le grade de bachelier ès arts est celui qui a le plus de renom, et qu'un usage héréditaire a popularisé; il y a profit à le conserver. Et il est intéressant de noter en passant combien les Américains restent fidèles à la vieille terminologie des Universités du moyen âge, combien ce mot *arts*, que nous avons en France abandonné depuis longtemps, leur tient encore au cœur. On maintiendra, donc le titre, — bien qu'il ne doive plus être qu'un leurre et une tromperie, du jour où l'on dispensera des études qui le justifiaient les candidats auxquels on le confère. On le maintiendra parce qu'il a plus de relief que tous les titres nouveaux, plus de « valeur commerciale ». Et l'on sera bachelier ès arts, en Amérique, sans avoir fait de grec, ni même de latin, comme on y est docteur en philosophie, sans avoir étudié une seule des sciences philosophiques.

L'enseignement des langues modernes. — La faculté de parler les langues étrangères n'a pour les Américains, à ce qu'ils disent eux-mêmes, aucune valeur pratique. Excepté quand ils ont affaire avec des immigrants fraîchement débarqués, il est rare qu'il se rencontre une occasion où l'anglais ne leur suffise pas. « L'étude des langues vivantes dans nos écoles, ajoutent-ils, se justifie à raison de l'action qu'elles exercent sur la discipline de l'esprit, parce qu'elles nous apprennent à mieux connaître notre propre langue, et aussi parce qu'il n'est pas permis à un homme bien élevé d'ignorer la langue, l'histoire et les institutions de l'Allemagne et de la France [1]. » Savoir assez d'allemand et de français pour lire les ouvrages écrits dans ces deux langues, voilà tout ce qui est nécessaire. Un autre congressiste de Chicago disait encore plus catégoriquement : « Nous n'avons rien à faire, dans nos écoles secondaires, pour enseigner à parler les langues modernes, et il faut en bannir le plus vite possible cette hérésie [2] ».

Il en est autrement, les ambitions sont tout autres, dans les collèges et dans les Universités. Comme nous allons le prouver, en analysant les programmes de Harvard, l'étude du français — nous ne parlerons pas de l'allemand qui donnerait lieu aux mêmes observations — ne tend pas seulement au but que se proposent les *high schools* : apprendre à lire le français. On y aspire, et on y parvient, à donner de notre langue et de sa grammaire une connaissance complète, tout ce qui est nécessaire pour la parler et pour l'écrire. Et en outre, soit par la diversité des lectures, soit par les exposés didactiques, on procure à l'étudiant de Harvard une connaissance de notre littérature classique et moderne que pourrait lui envier plus d'un écolier français.

L'enseignement du français à Harvard. — L'étude de la langue française est à Harvard l'objet de soins particuliers. Elle y est très suivie par les élèves, et l'on montrait à l'Exposition

1. *Proceedings*, etc., p. 239.
2. M. Mackenzie, *Proceedings*, etc., p. 241.

de Chicago un graphique qui établissait que, dans ces dernières années, elle avait fait des progrès marqués, au point de primer l'étude de la langue allemande.

Voici la liste des cours qui y sont professés — qui l'étaient du moins en 1892-93 — par plusieurs professeurs dont le nombre suffirait à prouver l'importance attachée à cet enseignement : M. Bôcher, professeur de langues modernes; MM. Frédéric César de Sumichrast et Sanderson, *assistant professors in French*; M. Marcou, *tutor in French*; M. Henckels et M. Brun, *instructors in French* [1].

Il y a d'abord des cours destinés spécialement aux élèves du collège, *undergraduates* : cours de lecture, de composition et de grammaire; puis des cours mixtes, pour ainsi dire, ouverts à la fois aux *graduates* et aux *undergraduates*; enfin des cours spéciaux pour les *graduates*.

1er GROUPE. — *Cours spéciaux pour les « undergraduates »*.

Entrons dans quelques détails : le *freshman* suit d'abord un *cours élémentaire* de français, le seul cours obligatoire (3 heures par semaine), où il est exercé à faire des thèmes, où il étudie les règles de la grammaire, où il lit *l'Abbé Constantin*, *la Poudre aux yeux*, *le Roi des Montagnes*, *la Mare au Diable*.

Il aborde ensuite des cours plus élevés, les cours 1 *a*, 1 *b* (2 h. et 1 h.). Le but du cours 1 *a* est de l'exercer à comprendre le français parlé et le français écrit, « sans l'interposition de l'anglais entre la pensée et l'expression de la pensée », et aussi de lui faire connaître quelques ouvrages des bons écrivains français. Ces ouvrages sont les suivants : — drames ou comédies modernes : Sandeau, *Mademoiselle de la Seiglière*; Victor Hugo, *Hernani*; — romans modernes : George de Peyrebrune, *les Frères Colombe*; Dumas, *les Trois Mousquetaires* (édition Sumichrast); George Sand, *Marianne*; About, *les Mariages de Paris*; et aussi, dans le second semestre, quelques œuvres classiques du XVIIe siècle : Corneille, *Horace*; Racine, *Iphigénie*; Molière, *l'Avare*; La Fontaine, *Fables* (liv. I).

1. Voir la circulaire spéciale sur ce sujet, *Announcement of the department of French*, 1893-94.

Comme méthodes, nous signalerons les exercices de mémoire (huit *Fables* de La Fontaine apprises par cœur), les lectures personnelles; chaque étudiant doit lire en dehors des classes un ouvrage qu'il choisit avec l'approbation du maître, cet ouvrage devant se rapporter, s'il est possible, à quelque autre cours suivi par l'élève dans un autre *department*. Enfin l'enseignement est donné en langue française dès le commencement de l'année.

Le cours 1 *b* [1] a pour objet de mettre l'élève en état de lire avec facilité la prose française moderne, et aussi de lui faire étudier une période de l'histoire de France. Les livres de lecture sont choisis conformément à ce dessein. Ainsi, en 1893-94, la période historique à étudier était la Révolution de 1789; on a lu *l'Ancien Régime* de Tocqueville, le *Précis de la Révolution* de Michelet, l'*Histoire d'un paysan* d'Erckman-Chatrian (1er vol.), *la Chanoinesse* de M. Theuriet et la *Charlotte Corday* de Ponsard.

Dans le cours 2 on s'exerce à lire, sans les traduire, les ouvrages de prose et de poésie des XIXe, XVIIIe et XVIIe siècles; — à comprendre une conversation française usuelle; à écrire en français; à parler un peu (*a little*). Les livres de classe sont : Balzac, *Eugénie Grandet*; Daudet, *Trois contes choisis*; Augier et Sandeau, *le Gendre de M. Poirier*; Beaumarchais, *le Barbier de Séville*; Molière, *le Bourgeois gentilhomme*; Corneille, *Cinna*; Racine, *Britannicus*; La Fontaine, *Fables*; Fontaine, *les Prosateurs français du XIXe siècle*, *les Poètes français du XIX siècle* [2]. Les élèves apprennent par cœur quelques-unes « des meilleures *Fables* de La Fontaine », et doivent écrire en français le résumé de quelques-unes des lectures faites en classe.

Dans la dernière partie du cours 2, qui est confié à M. Sanderson, un autre professeur intervient, M. Marcou, pour quatre conférences sur la grammaire française historique. On recommande aux étudiants de lire, comme préparation à ces conférences, les *Notions générales sur les origines et l'histoire de la langue française*, de M. Petit de Julleville. On n'oublie jamais

1. Le cours 1 *b* et le cours 2 sont les seuls qui ne soient pas professés en langue française.

2. « *These books will be read, not translated.* »

en Amérique, et c'est une excellente pratique, d'associer l'histoire d'un pays avec l'étude de la langue de ce pays. Ici, on conseille aux élèves la lecture d'une courte histoire de France, celle de Magin et Grégoire, ou bien, si on ne la trouve pas trop longue, l'*Histoire de France* de Duruy (à partir du chapitre XVII).

Enfin dans le cours 14, on se consacre exclusivement à la lecture du français tout à fait moderne. On demande à l'élève de lire de 1500 à 2000 pages de français dans les ouvrages les plus récents : c'étaient, en 1893-94, *la Débâcle* de Zola, les *Heures d'histoire* de Melchior de Vogüé, l'*Enquête sur l'évolution littéraire* de Jules Huret. « D'autres ouvrages, dit le programme, seront indiqués à leur heure », et l'on ne peut en effet régler absolument d'avance un programme où devront figurer les livres à succès qui paraissent dans le courant de l'année.

Une autre catégorie de cours, d'un caractère plus pratique, et dont le but direct est d'arriver, non à comprendre seulement et à lire, mais à parler le français, ce sont les cours de *conversation* et de *composition* (cours 3, 4 et 5). On y suit, comme livre de référence, la *Grammaire française* de Larive et Fleury. On y fait une fois par semaine des compositions en français. Mais surtout on s'y exerce à la conversation française. Ces cours ont lieu deux heures par semaine, et ne comptent d'ailleurs chacun que pour un *half course*.

2e GROUPE. — *Cours communs aux « graduates » et aux « undergraduates »*.

Dans ce deuxième groupe, le programme énumère cinq cours, sous les numéros 6, 7, 8, 9 et 10 [1]. Chaque cours est de 3 heures par semaine.

Le cours 6 est une histoire générale de la littérature française depuis ses origines jusqu'au temps présent; n'y sont admis que les élèves qui parlent couramment le français. Le professeur y expose son sujet dans une série de leçons que suit la lecture de tout ou partie des ouvrages suivants :

Bernardin, *Morceaux choisis des classiques français du* XVIIe *siè-*

1. Ces cours ne sont pas tous professés la même année; le cours 7 alterne avec le cours 8 d'année en année; le cours 9 alterne avec le cours 10.

cle; Corneille, *le Cid*; Racine, *Phèdre*; Molière, *les Précieuses ridicules*, *les Femmes savantes*, *le Tartuffe*; Bossuet, *Oraison funèbre de Henriette de France*; Boileau, l'*Art poétique*; Regnard, *le Joueur*; Voltaire, *Extraits en prose* (édition Fallex); J.-J. Rousseau, *Morceaux choisis* (édition Fallex); Marivaux, *le Jeu* (*sic*) *de l'amour et du hasard*; Beaumarchais, *le Mariage de Figaro*; Chateaubriand, *Lectures choisies* (Pellissier); A. de Musset, *On ne badine pas avec l'amour*, *Poésies*; Victor Hugo, *Poésies*, *Quatre-vingt-treize*; Lamartine, *Méditations*; Balzac, *le Curé de Tours*; George Sand, *les Maîtres Sonneurs*; Flaubert, *Un cœur simple*; Renan, *Pages choisies*; Augier, *Maître Guérin*; Daudet, *Tartarin de Tarascon*; Pailleron, *le Monde où l'on s'ennuie*.

Des exercices de mémoire, des interrogations qui portent sur l'un ou l'autre des ouvrages mentionnés, sur ses origines et son histoire littéraire, enfin quelques compositions écrites (*themes*) — trois par an, — sur des sujets relatifs aux matières du cours, s'ajoutent aux leçons et aux lectures. Les *Leçons de littérature française* de M. Petit de Julleville sont vivement recommandées (*strongly recommended*).

Le cours 7 porte exclusivement sur l'histoire de la littérature française au XIXe siècle; on se rend compte des grandes écoles littéraires de ce siècle et du développement de certains genres, tels que le drame, le roman, la critique, l'histoire.

La liste des auteurs est composée comme il suit :

Mme de Staël, *De la Littérature*, *De l'Allemagne*; Chateaubriand, *le Génie du Christianisme*, *les Martyres* (*sic*), *Atala*; Victor Hugo, *Préface de Cromwell*, *Hernani*, *Ruy Blas*, *Notre-Dame*, *les Misérables*, *Poésies*; Lamartine, *Méditations*; Musset, *Les Nuits*; Vigny, *Cinq-Mars*, *Poésies*; Balzac, *Avant-Propos*, *les Chouans*, *Louis Lambert*, *Séraphita*, *le Cousin Pons*, *le Médecin de campagne*; Flaubert, *Trois contes*; George Sand, *Indiana*, *la Mare au Diable*, *Maître Jacques*; Ponsard, *Lucrèce*; Augier, *le Gendre de M. Poirier*, *les Effrontés*; Sardou, *Patrie*; A. Thierry, *Récits mérovingiens*; Thiers, *Extraits*; Sainte-Beuve, *Extraits* (édition Pichon); Taine, *Philosophie de l'Art*; Brunetière, *l'Évolution des genres*; Leconte de Lisle, *Poésies*; Verlaine, *Choix de poésies*; Daudet, *Trente ans de Paris*; Bourget, *Essais de psychologie contemporaine*; Zola, *le Roman expérimental*;

et en outre, s'il y a lieu, d'autres livres parus en cours d'année.

Les cours 8 et 9 sont consacrés au XVIIIe et au XVIIe siècle. En même temps que les œuvres littéraires, on étudie la société, la vie intellectuelle de ces deux époques.

Les auteurs choisis pour le XVIIIe siècle sont les suivants :

Voltaire, *Zaïre*, *Zadig*, *Essai sur les mœurs*, *Traité de la tolérance*, *Discours sur l'homme*, *Épître à Boileau*; extraits de la *Correspondance*; Montesquieu, *Lettres persanes*, *Esprit des lois* (édition Janet); J.-J. Rousseau, *Discours sur les lettres et les arts*, *le Contrat social*, *Lettre à d'Alembert*, *Émile*; Diderot, *Paradoxe sur le Comédien*, extraits des *Salons*; d'Alembert, *Discours préliminaire de l'Encyclopédie*; Buffon, *Discours sur le style*; Mirabeau, *Discours sur la banqueroute*; André Chénier, *Choix de poésies*.

Mais les élèves doivent en outre lire et résumer par écrit d'autres ouvrages, que le professeur désigne de temps en temps. De plus le roman et le théâtre sont l'objet d'une étude particulière, et outre Voltaire, Diderot et Rousseau, on lit *Rhadamiste et Zénobie* de Crébillon, *Turcaret* de Lesage, *le Legs*, *les Jeux de l'amour et du hasard* de Marivaux, *le Philosophe sans le savoir* de Sedaine, *le Mariage de Figaro* de Beaumarchais.

Pour le XVIIe siècle, on passe aussi en revue les principaux chefs-d'œuvre de notre littérature : d'abord sept tragédies de Corneille, six de Racine, sept comédies de Molière, une de Regnard; puis Descartes, *Discours de la Méthode*; Fénelon, *Lettre à l'Académie*; La Rochefoucauld, *Maximes*; La Bruyère, *les Caractères*; Bossuet, *Oraisons funèbres*; Mme de Sévigné et ses contemporains, *Lettres choisies*; La Fontaine, cinquante *Fables*; Saint-Simon, *Scènes et Portraits choisis dans les Mémoires* (par Eugène de Lanneau, 2 vol., Hachette); Boileau, l'*Art poétique*, *Épîtres*, *Satires*; Pascal, *les Lettres provinciales*.

A propos de ces diverses lectures, on traite un certain nombre de sujets d'histoire littéraire : la société, l'hôtel de Rambouillet, le roman, l'Académie française, la poétique, la tragédie classique, la comédie, le jansénisme et Port-Royal, l'Église, les mémoires, la querelle des anciens et des modernes. Enfin on engage les étudiants à lire, dans l'*Histoire de France* de

Henri Martin, ou dans l'*Histoire de la civilisation française* de M. Rambaud, les chapitres relatifs au XVIIe siècle.

Le XVIe siècle est le sujet du cours 10. On y analyse les origines et les progrès de la Renaissance, l'influence de la Réforme en France. C'est à Montaigne qu'on accorde le plus de temps. On lit aussi de longs fragments de Rabelais. Les autres auteurs étudiés sont Marguerite de Valois, Marot, Montluc, Calvin, Amyot, Du Bellay, Ronsard et la Pléiade, Agrippa d'Aubigné. Les *text-books* en usage sont *le XVIe siècle en France* de Darmesteter et Hatzfeld, et une édition de Montaigne (celle de la librairie Hachette en deux volumes, ou l'édition Louandre, en 4 volumes).

3e GROUPE. — *Cours pour les « graduates ».*

Les cours réservés aux gradués sont peu nombreux, deux seulement de trois heures par semaine[1]. C'est d'abord le cours 11, où l'on étudie l'histoire de la littérature française au XIXe et au XVe siècle; c'est ensuite le cours 12, où, remontant plus haut encore dans les origines, on considère les commencements de la langue française avant le XIVe siècle. Une des trois classes est consacrée à la leçon du maître; les deux autres, à la lecture et à l'étude critique des textes, qui sont, pour le cours 11, le *Roman de la Rose* (édition Francisque Michel), les *Poésies* du duc Charles d'Orléans et les *Œuvres complètes* de Villon (édition Longnon); pour le cours 12, *Les plus anciens monuments de la langue française*, de Koschwitz, les *Extraits de la Chanson de Roland* (édition Gaston Paris), *Aucassin et Nicolette* (édition Suchier). Les élèves doivent remettre trois compositions par an, sur des sujets choisis par eux et approuvés par le professeur[2].

L'enseignement de la langue et de la littérature françaises est donc des plus complets à Harvard[3]. L'histoire littéraire de

1. Plus une quatrième heure, dans le cours 12, « *at the pleasure of the instructor* ».

2. Ajoutons qu'il y a encore des cours dits *de recherches*, c'est-à-dire de travaux personnels sur la littérature française; les professeurs guident et assistent les étudiants dans telle ou telle étude spéciale.

3. Outre les cours du *French department*, les élèves sont engagés à suivre les cours de deux autres sections, celle de *Philologie romane* et celle de *Littérature comparée*.

notre pays y est suivie avec soin, textes en mains, depuis la *Chanson de Roland* jusqu'à *la Débâcle* de Zola. Les listes d'auteurs sont dressées avec soin et avec goût, avec une préférence particulière pour les œuvres dramatiques. Il n'y a pas lieu d'être surpris qu'un programme aussi nourri et aussi allèchant attire de plus en plus les élèves, et qu'ils deviennent, grâce à lui, assez maîtres de notre langue pour constituer le *Cercle français de l'Université Harvard*, qui se réunit deux fois par mois sous la direction des professeurs, et où l'on fait des discours, où l'on entretient des conversations en français.

Mais ce n'est pas à Harvard seulement que le *French department* est organisé avec ampleur et avec succès.

L'enseignement du français dans les autres Universités. — A Columbia College, l'étude du français est plus suivie que celle de l'allemand. A la *school of arts*, les cours de français, dans la classe des *sophomores*, comptaient, en 1892-93, 43 élèves sur 73; en 1893-94, 34 sur 60; les cours d'allemand, les mêmes années, n'ont réuni que 27 et 24 élèves [1].

A Ann Arbor, en 1893-94, les langues modernes l'emportaient sur toutes les autres études, comme nombre d'étudiants, 1 018 pour les deux langues, dont 282 pour le français et 736 pour l'allemand. Les cours de langues anciennes ne réunissaient que 662 élèves : 432 pour le latin, 230 pour le grec [2].

A Johns Hopkins, on s'occupe particulièrement des origines de notre langue; dans le *Seminary* pour l'étude du français, on a étudié successivement, dans ces dernières années, la *Cantilène de sainte Eulalie*, la *Vie de saint Alexis*, le *Fragment de Valenciennes*, les *Fables de Marie de France*. On lit la *Revue critique*, la *Revue des langues romanes*. L'enseignement, en un mot, a tout à fait un caractère savant et de hautes études.

1. Voir les *President's annual reports*, 1894, p. 11.
2. Voir l'*University Record*, publication de l'Université Ann Arbor, novembre 1894.

CHAPITRE VII

L'enseignement de la philosophie.

I. — Considérations générales.

L'Amérique n'a pas encore une philosophie originale. — On raconte qu'un honorable gentleman de Chicago, patriote convaincu, demandait sérieusement à ses concitoyens qu'il leur plût d'établir une école de « géométrie américaine ». Nous ne nous étonnons pas de cette explosion naïve du nationalisme chez un peuple qui affecte volontiers la prétention de ne relever que de lui-même, et qui voudrait, plus qu'il ne le saurait peut-être, se montrer original en toutes choses. Il faut bien reconnaître en tout cas qu'il ne l'est guère en philosophie, malgré de très louables efforts, et que s'il ne peut pas y avoir de géométrie américaine, il n'y a pas encore, à proprement parler, de « philosophie américaine ».

Sans doute les choses ont singulièrement changé depuis le jour où Tocqueville écrivait en toute naïveté : « Je pense qu'il n'y a pas, dans le monde civilisé, de pays où l'on s'occupe moins de philosophie qu'aux États-Unis. Les Américains n'ont point d'école philosophique qui leur soit propre, et ils s'inquiètent fort peu de toutes celles qui divisent l'Europe ; ils en savent à peine les noms[1]. » Sur ce point, comme sur quelques

1. *De la démocratie en Amérique*, t. III, p. 5.

autres, les considérations de l'auteur de *la Démocratie en Amérique* ont un peu vieilli. Le temps a marché. Pour se tenir au courant, et ne pas se mettre en retard avec une nation particulièrement active et vivante, qui va toujours de l'avant, c'est chaque année, presque chaque mois, qu'il faudrait dresser le bilan de ses progrès.

Dans leur état intellectuel et moral, les Américains de nos jours diffèrent presque autant des Américains décrits par Tocqueville que quelques-unes de leurs grandes villes, Washington ou Chicago par exemple, Chicago surtout, ressemblent peu à ce qu'elles étaient il y a cinquante ans. Même dans le domaine de la spéculation philosophique, où le progrès est le moins sensible, des essais méritoires ont été tentés dans ces derniers temps et quelques résultats intéressants obtenus. Surtout, à l'inverse de ce qu'affirmait Tocqueville, et de ce qu'il avait raison d'affirmer il y a un demi-siècle, on s'est mis à étudier avec ardeur, avec enthousiasme souvent, les œuvres de la philosophie européenne, de préférence les plus nouvelles; et ce ne serait pas un paradoxe de soutenir que les philosophes allemands, à l'heure qu'il est, sont plus connus, plus traduits, plus lus en Amérique qu'ils ne le sont en France.

Tocqueville exprimait pourtant une vérité durable, quand il disait que « l'état social des Américains les détourne des études spéculatives ». Sans prendre absolument à la lettre l'adage humoristique que les Américains n'hésitent pas à répéter : « Les philosophes sont aussi rares en Amérique que les serpents en Norvège », — nous devons avouer qu'ils n'y sont pas des plus nombreux, et il n'est point malaisé d'en discerner les principales causes.

Suprématie de la théologie ou tout au moins de l'esprit chrétien. — Ce que nous constaterons tout d'abord, c'est qu'aux États-Unis la philosophie est beaucoup plus qu'en France et en Europe sous la dépendance des croyances religieuses. Il s'en faut que « la servante de la théologie » ait secoué le vieux joug, dans la plupart des collèges et des Universités d'Amérique. L'Université d'État de Californie, par exemple, se donne comme non confessionnelle, mais elle n'en reste pas moins chrétienne d'esprit, comme l'affirme son président [1]. « Nous avons sans doute une philosophie baptiste, s'écrie M. Carus [2], le directeur du journal *the Monist*, qui se publie à Chicago, nous avons une philosophie presbytérienne, d'autres philosophies encore, inféodées aux diverses confessions, mais nous n'avons pas une philosophie américaine [3]. » Dans un pays où la théologie se fragmente sans cesse, où la pensée religieuse se diversifie à l'infini dans des sectes et des dénominations distinctes, la pensée philosophique trouve dans cette diversité même un semblant de liberté et s'accommode aisément à chaque *credo*. Et, d'autre part, un christianisme vague, non défini, exerce toujours son empire même sur les âmes les plus affranchies; de sorte que, d'une façon ou d'une autre, c'est presque toujours sous le patronage de la religion que la philosophie essaie timidement de se développer.

L'esprit laïque est rare en Amérique. — L'esprit laïque, comme nous l'entendons en France, est chose plus rare qu'on ne le croirait dans la libre société américaine. Même quand elles se flattent de n'appartenir à aucune confession religieuse, d'être *unsectarian*, les institutions d'enseignement, nous l'avons déjà dit, ne se détachent pas toujours des traditions bibliques. En voici un exemple bien frappant. « Lorsque j'allai visiter le Girard College [4], raconte M. Paul de Rou-

1. « Le but des fondateurs de l'Université de la Californie était d'unir les citoyens religieux de l'État dans un effort commun pour établir un collège de premier ordre (*a first classe college*), qui, comme Yale et Princeton, fût chrétien d'esprit (*christian in tone*), quoique pratiquement non confessionnel (*but practically unsectarian*). » (M. Kellogg, *Riverside Addresses*, p. 6.)

2. M. Carus a fondé, en 1890, *the Monist, a quarterly magazine*, un des rares journaux de philosophie générale et de métaphysique qui paraissent en Amérique. M. Carus est lui-même un philosophe panthéiste, opposé à toute conception dualiste de la nature et de l'humanité.

3. Au congrès de Chicago, le D[r] Mc Cosh disait : « Jusqu'à ce jour l'Amérique n'a pas eu sa philosophie à elle, comme les anciens Grecs, comme les Écossais, comme les Allemands en ont une » (*Proceedings*, etc., p. 685). Mais le D[r] Mc Cosh exprimait l'espoir qu'ils peuvent en avoir une « qui serait d'accord avec le caractère américain, lequel prétend être si pratique ».

4. Le Girard College, établi à Philadelphie en 1831, est un établissement destiné à l'éducation « des pauvres orphelins mâles et de race blanche ». C'est une des plus riches institutions scolaires des États-Unis. On évalue à 16 millions de dollars sa fortune actuelle. Les constructions sont des

ziers[1], on me demanda chez le concierge si j'étais un « clergyman »; étonné, je fis répéter la question, et lorsque, sur ma réponse négative, on m'eût laissé pénétrer dans l'intérieur de la maison, je racontai la chose au directeur : « C'est la consigne, « me dit-il, parce que Girard, notre fondateur, a décidé dans son « testament que jamais aucun ministre d'aucune religion ne fran- « chirait le seuil du collège. — Mais alors que signifie cette jolie « chapelle que j'aperçois? — C'est pour les exercices religieux : « on y dit la prière matin et soir, et le dimanche, un de nous y « fait des lectures expliquées de la Bible. — Et l'ombre de Girard, « pensez-vous qu'elle se réjouisse de ces lectures? — Oh! vous « comprenez, la Bible n'appartient à aucun culte (*the Bible is* « *unsectarian*). » — Ainsi voilà un collège, que son fondateur, un libre penseur français, enrichi aux États-Unis, a doté généreusement, sous la condition que les ecclésiastiques n'y seraient jamais admis (*no clergymen admitted*); et c'est avec la plus entière bonne foi que ses légataires, fidèles comme on l'est en Amérique aux intentions du testateur, croient exécuter ses dernières volontés, en refusant, il est vrai, très rigoureusement l'entrée du collège, même pour une visite, à tout membre du clergé, mais en ouvrant toutes grandes les portes de la maison aux Livres saints du christianisme.

Dans ce milieu d'hommes foncièrement chrétiens, même quand ils n'adhèrent à aucune dénomination confessionnelle, la philosophie, c'est-à-dire l'esprit de recherche indépendante qui va tout droit devant lui à la conquête de la vérité, sans s'inquiéter ni des croyances qu'il peut froisser en poursuivant son chemin, ni des dogmes qu'il sera forcé de contredire dans ses conclusions dernières, la philosophie demeure nécessairement le privilège d'une petite élite d'hommes entreprenants et hardis. La foule des penseurs continue à se mouvoir, sans en souffrir, sans aspirer à une liberté dont elle ne sent pas le besoin, dans le cercle étroit et infranchissable où les opinions traditionnelles enferment les démarches de la raison humaine.

Nous pouvons invoquer sur ce point le témoignage d'un

plus spacieuses; on y voit un réfectoire pour mille enfants. Girard (1750-1831) avait fondé le collège avec une dotation de 2 millions de dollars.

1. Paul de Rouziers, *la Vie américaine*, p. 656.

Américain, d'un vrai philosophe, d'un de ceux qui précisément ont le plus fait pour que l'Amérique, sur ce terrain, ne restât pas en arrière des autres nations, M. Stanley Hall, le président de l'Université Clark.

Dans un article publié par le *Mind*, en janvier 1879, M. Stanley Hall avouait la pauvreté et la faiblesse des études philosophiques aux États-Unis, et l'expliquait précisément par la prédominance de l'esprit théologique. Dans plus de deux cents collèges non catholiques, disait-il en substance, l'enseignement de la philosophie est rudimentaire et digne du moyen âge (*rudimentary and mediæval*). Dans plus de soixante établissements d'instruction, qui dans leurs programmes annuels se vantent d'être non confessionnels (*non sectarian*), la philosophie, s'il est vrai qu'elle échappe à la domination de tel ou tel parti religieux, n'en est pas moins strictement évangélique (*strictly evangelical*).

C'est ainsi que dans les programmes de Amherst College (Massachusetts), un des plus importants de la Nouvelle-Angleterre, il est dit : « Le collège n'appartient à aucune confession, mais il est nettement chrétien (*distinctively christian*) ». De même à Ripon College (Wisconsin), on fait la déclaration suivante : « Quoique le collège ne soit en aucun sens *sectarian*, il est entendu qu'il doit rester *distinctively and permanently christian*, c'est-à-dire s'accorder avec les principes révélés des saintes Écritures ».

Défaut de spécialisation chez les professeurs de philosophie. — En réalité, continue M. Stanley Hall, il n'y a pas plus d'une demi-douzaine de collèges ou d'Universités, où la pensée métaphysique soit entièrement dégagée de toute espèce de subordination aux formules théologiques. La plupart de nos professeurs de philosophie n'ont d'autre instruction que celle qu'ils ont reçue dans des séminaires religieux, et ils sont plus en état d'initier leurs élèves aux querelles des théologiens en renom de l'Amérique, des Park, des Fairchild, des Hodge, par exemple, qu'aux doctrines de Platon, de Leibniz et de Kant.

Nous avons sous les yeux un grand nombre de « catalogues » publiés par les collèges des États-Unis. Partout sans doute la philosophie y est représentée, mais sous les formes les plus élémentaires et les plus humbles. C'est en général le principal du collège, le « président », qui est chargé de l'enseignement de la philosophie : philosophie morale et pédagogique, le plus souvent entendue comme un instrument d'édification, de moralisation chrétienne, plutôt que comme un ensemble de recherches libres et scientifiques. Le professeur est rarement un spécialiste en philosophie : il associe à cet enseignement accidentel des enseignements tout différents. S'il est vrai qu'en Espagne, comme on le raconte, on voit encore des professeurs qui enseignent à la fois le latin et le chant; si nous nous rappelons avoir connu en France (au collège de Sorèze) un régent qui s'intitulait bravement « professeur de rhétorique et de physique », cette confusion des genres qui, chez nous, est la très rare exception, est des plus fréquentes en Amérique. A Amherst College, le même professeur est chargé à la fois de la logique et de la rhétorique. A City College, à Baltimore, l'enseignement du latin et celui de la philosophie est confié à un seul maître. A Tufts College, près de Boston, le principal est en même temps professeur de rhétorique, de logique et de métaphysique. Dans les petites Universités qui ne diffèrent des collèges que par leur titre plus pompeux, il en est de même; à l'Université John B. Stetson, en Floride, nous trouvons, à côté du professeur de philosophie et de pédagogie, un professeur d'histoire et de logique. A l'Université de la Virginie de l'Ouest, le même maître, qui est docteur en droit, enseigne les langues et la philosophie.

Tendances théologiques de l'enseignement philosophique. — Mais ce n'est pas seulement l'insuffisance ou le défaut de spécialisation des professeurs qui compromet aux États-Unis l'avenir des études philosophiques. La cause primordiale du mal — il faut y revenir, — c'est bien la tendance semi-théologique de l'enseignement. Cette tendance est favorisée, développée par le caractère privé du plus grand nombre des institutions d'enseignement secondaire ou supérieur. En France, la centralisation politique et sociale, dont l'Université est l'expression scolaire, a certainement ses inconvénients et ses dangers. Mais du moins elle permet à l'État de dégager de l'ensemble des aspirations individuelles, si diverses et souvent contradictoires, une sorte de conscience générale qui devient la règle de l'éducation et qui élève les études universitaires au-dessus de tout esprit de secte, de toute tendance religieuse particulière. Dans nos lycées, dans nos Facultés, un professeur de philosophie n'a d'autres responsabilités — elles sont d'ailleurs suffisamment lourdes — que celles auxquelles il se sent engagé, d'abord devant sa propre raison, ensuite vis-à-vis de la collectivité sociale, de la nation tout entière. Or la nation est neutre en matière d'opinion religieuse, et par suite les préoccupations théologiques n'ont aucun accès dans les classes ou dans les cours de philosophie. En Amérique, au contraire, avec le système des initiatives privées, si fécond d'ailleurs à d'autres points de vue, avec des collèges et des Universités qui doivent pour la plupart leur existence aux libéralités d'un simple particulier, d'un commerçant, d'un industriel enrichi et devenu philanthrope sur ses vieux jours; qui sont placés sous la surveillance d'un comité de *trustees*, dépositaires et gardiens vigilants de la pensée initiale du fondateur, parfois sous la direction du fondateur lui-même, s'il vit encore; il est à craindre que la liberté du professeur de philosophie ne soit souvent un mythe. Ceux qui ont contribué de leur bourse à créer et à soutenir l'institution entendent naturellement que l'esprit des études y soit conforme à leurs opinions propres, à leurs préférences doctrinales. Ce sont eux, ou les exécuteurs de leurs volontés testamentaires, qui choisissent, qui nomment les professeurs; on ne peut demander qu'ils les prennent ailleurs que dans les rangs des fidèles de la même opinion. Le collège ou l'Université devient ainsi la chose, la propriété d'un homme ou d'une petite collection d'hommes; il est par conséquent comme une petite Église, une maison de propagande religieuse dans un sens ou dans un autre; ou encore comme une maison de commerce où il n'est permis de mettre en vente que les marchandises qui sont du goût du propriétaire.

Il serait injuste de ne pas ajouter que ces observations ne s'appliquent pas à toutes les Universités d'Amérique. A Harvard, à Columbia College et ailleurs, dans une demi-douzaine d'établissements — pour prendre les chiffres de M. Stanley

Hall, — l'émancipation est à peu près complète. Nous ne parlons que de la généralité.... Mais continuons notre enquête.

Ce n'est point parce qu'on néglige de l'enseigner, c'est précisément parce qu'elle est enseignée un peu partout, et qu'elle l'est médiocrement et mal, que la philosophie ne fleurit pas aux États-Unis autant que le désireraient ses vrais amis. En inoculant en effet aux jeunes intelligences des « orthodoxies insidieuses », en les enveloppant de bonne heure des nuages d'un simulacre de philosophie, on tue souvent dans son germe l'esprit philosophique, on détourne pour toujours la pensée de l'effort personnel. Et notez que l'Américain si actif, si énergique pour les affaires, est plutôt indifférent, indolent, lorsqu'il s'agit de s'intéresser à des questions qui n'ont pas de rapport direct avec la vie pratique. Le doute ne paraît être en aucune façon un produit américain. Des dogmes tout faits, une religion déterminée qu'on accepte sans la discuter, voilà ce qui convient à merveille à des hommes positifs, affairés, qui n'ont pas le temps de chercher, à leurs risques et périls, à travers les difficultés et les obscurités de la spéculation philosophique, où est la vérité, et qui veulent pourtant satisfaire leur besoin de croire. Et de même qu'après le travail fiévreux de la semaine, ils aiment à sanctifier dans un repos complet la journée du dimanche, de même ils sont bien aises de donner pour couronnement à l'ensemble de leur vie tourmentée un docile acquiescement à une religion quelconque, qui les libère de tout souci intellectuel, et leur offre le tranquille abri des croyances traditionnelles. Joignez à cela que la flexibilité de la théologie américaine est de nature à faciliter les adhésions. Si dans le nombre des dogmes chrétiens il s'en trouve quelqu'un qui vous gêne, qu'il vous répugne d'accepter, n'ayez crainte : il se trouvera toujours une secte accommodante qui, l'ayant effacé de son *credo*, vous dispensera de l'ennui de vous y soumettre. Dans cette profusion de confessions diverses, qu'on nous permette cette expression familière, il y en a pour tous les goûts; le choix est aisé; l'offre répond toujours à la demande. En France, si vous avez rompu avec l'une ou l'autre des deux ou trois religions accréditées, vous êtes réduit à entrer tout de suite dans le diocèse de la libre pensée; il n'y a pas d'intermédiaire entre croire et ne pas croire. Aux États-Unis, depuis les extrémités de la bigoterie ignorante et aveugle jusqu'au pôle opposé de la libre pensée — qu'on accoste d'ailleurs rarement, — il y a, dans l'entre-deux, une multitude de degrés interposés, d'échelons successifs et de transitions insensibles. Vous n'êtes plus chrétien de vieille roche, ni méthodiste, ni congrégationaliste, ni presbytérien; et cependant vous tremblez à la pensée de vous perdre et de vous enfouir dans ces abîmes d'incrédulité dont les prédicateurs agitent devant vous le spectre menaçant? Eh bien! vous vous ferez universaliste; vous vous enrôlerez sous la bannière de ceux qui ont rayé de leur catéchisme le péché originel; ou mieux encore vous adopterez l'unitarisme, qui n'est guère que le déisme accompagné d'un culte extérieur, ou, comme on l'a dit, « la religion de ceux qui n'ont plus de religion ». Mais quelque commodes que soient pour la sauvegarde de la liberté de conscience ces formes multiples d'un christianisme de plus en plus atténué, où le dogme est pour ainsi dire rationné de différentes manières, afin de répondre à la diversité des appétits, il n'en est pas moins vrai que l'Américain reste le plus souvent engagé dans les liens d'un parti théologique, d'une secte définie; de sorte que s'il peut se flatter d'être le moins religieux possible, ayant réduit au minimum ses croyances confessionnelles, il n'est pas pour cela devenu plus philosophe.

Absence de traditions. — Gêné dans son essor par les limitations de la pensée religieuse, l'esprit philosophique américain n'est pas soutenu d'autre part, comme il l'est dans nos vieux pays d'Europe, par les traditions du passé. Assurément, c'est en un sens un avantage de ne pas avoir à se traîner dans des sillons déjà parcourus, de ne pas être encombré de traditions héréditaires dont l'influence oppressive règle d'avance la marche de la pensée. L'originalité semblerait avoir tout à gagner à l'absence d'écoles établies. Et les Américains, peuple jeune, sans histoire, nouvellement éveillé à la vie de la pensée, paraissent réaliser au naturel l'état fictif, l'état de table rase, où Descartes essayait de se placer quand, dépouillant toutes les vieilles opinions, il prétendait aborder les problèmes de la nature et de l'âme avec une raison toute neuve, toute affranchie de préjugés. Mais l'héritage d'un long travail antérieur, s'il a l'inconvénient de couvrir de beaucoup de bois mort le champ de la pensée, n'en est pas moins la condition nécessaire d'un sérieux développement philosophique. Les systèmes philosophiques ne s'improvisent pas : on ne les construit pas en un jour, comme on bâtit une maison géante, un pont colossal. C'est seulement des lentes préparations d'une évolution progressive que peut sortir ce tour d'esprit, compliqué, subtil, qui est le propre des philosophes. En Europe, combien de philosophes qui ne le sont que parce qu'ils ont suivi les traces et développé la pensée de tel ou tel penseur, distingué ou éminent, dont la réputation est consolidée depuis des années ou même depuis des siècles. De là assurément — ce sont les mauvais côtés de la tradition — des « scolastiques » qui se prolongent longtemps après la disparition du chef d'école, et qui paralysent trop souvent l'invention, les tendances novatrices. Mais en revanche, grâce à ces legs du passé, l'habitude de philosopher s'est peu à peu insinuée dans les esprits; des suggestions, des inspirations sans nombre nous viennent de ceux qui ont avant nous agité les mêmes problèmes ; nous sommes entourés d'exemples et de leçons; nous vivons dans une atmosphère toute saturée de raisonnements, d'hypothèses, de questions posées et de solutions formulées. Tout cela manque aux États-Unis, et voilà pourquoi, dans l'article déjà cité, M. Stanley Hall concluait : « Comme nation, nous ne sommes pas encore assez vieux pour avoir eu le temps de développer une philosophie ».

Imitation de la philosophie européenne. — Il est vrai qu'il ajoute : « Nous avons l'esprit trop curieux et nous sommes trop disposés à nous assimiler les choses (*too receptive*) pour désespérer d'en avoir une ». Afin de s'y préparer, les Américains se sont mis résolument à l'école de l'étranger. Ne trouvant pas chez eux de traditions philosophiques, ils sont allés les demander aux nations d'Europe. La philosophie chez eux, à l'heure qu'il est, est surtout un objet d'importation, et il faut bien ajouter, d'importation allemande surtout. Nos philosophes classiques français sont généralement peu connus. Descartes est le seul qu'on étudie. Parmi les philosophes du XIXe siècle, Cousin est cité une ou deux fois dans les programmes scolaires; Auguste Comte est à peine mentionné, et je ne vois guère que les ouvrages de M. Janet et de M. Ribot qui soient assez répandus [1]. L'influence germanique est manifestement prépondérante, non seulement pour les recherches de psycho-physiologie, dont le succès en Amérique n'a pas lieu de nous surprendre, mais, ce qui est plus remarquable, pour les hautes spéculations des grands métaphysiciens. Hegel, Kant sont au nombre des auteurs les plus lus, sinon dans le texte, du moins dans l'exposition critique que des auteurs américains ont faite de leurs doctrines; et l'on s'étonne qu'une philosophie aussi subtile, aussi transcendante, ait réussi à prendre pied chez un peuple d'industriels et de gens d'affaires. « Kant, s'écrie avec enthousiasme le professeur Everett, de l'Université Harvard, est le Jules César, Hegel est l'Auguste de la philosophie moderne.... » Et ailleurs : « Hegel reste le souverain dans le monde de la pensée, Fichte dans celui de la vie ». La collection des philosophes classiques publiée à Chicago, par l'éditeur Griggs, comprenait, en 1890, les ouvrages suivants, qui sont tous des livres d'Amérique, consacrés à l'étude des chefs-d'œuvre de la pensée allemande : *la Critique de la Raison pure*, de Kant, par M. Morris; l'*Idéalisme transcendant*, de Schelling, par M. Watson; le *Système de la connaissance*, de Fichte, par M. Everett; l'*Esthétique* de Hegel, par M. Kedney; la *Morale*, de Kant, par M. Noah Porter; la *Philosophie de l'histoire*, de Hegel, par M. Morris; les *Nouveaux Essais*, de Leibniz, par M. Dewey; la *Logique*, de Hegel, par M. Harris. On verra de nouveau tout à l'heure, dans les programmes de l'enseignement philosophique, quelle large place est faite aux Allemands [2].

Cette faveur témoignée à la philosophie germanique, de préférence à la philosophie anglaise elle-même — quoiqu'il nous paraisse difficile de l'expliquer entièrement, — nous paraît

1. On a traduit de M. Janet les *Final causes*, et aussi les *Elements of Morals*; de M. Ribot, l'*Heredity*, etc.

2. Les ouvrages allemands traduits sont souvent les livres classiques : à Columbia College on a pour *text-books* : l'*Aperception* de Lange et la *Pédagogie* de Bain.

tenir à plusieurs causes : d'abord — nous aurions mauvaise grâce à ne pas le reconnaître, — à la valeur scientifique, à la puissance de la pensée philosophique allemande; — ensuite à une série de petites raisons. Les Américains, quand ils viennent étudier en Europe, ne fréquentent guère les Universités anglaises. Ne serait-ce que pour apprendre une langue étrangère qu'ils ne savent pas, ils vont à Berlin, à Heidelberg, à Iéna : mais en même temps que la langue, ils y apprennent la philosophie de l'Allemagne [1]. D'autre part, il ne faut pas oublier que les immigrants allemands sont les plus nombreux en Amérique. On a prétendu, et c'est peut-être vrai, que le marché pour la vente des livres allemands était aussi achalandé aux États-Unis qu'en Allemagne même. Il y a eu à Saint-Louis, capitale du Missouri, un mouvement hégélien très prononcé, et c'est là, dit-on, que M. Harris a fait connaissance avec la philosophie du panthéiste allemand. On y publie, dans un esprit tout métaphysique, le *Journal of speculative philosophy*. L'explication ne serait elle pas que, dans cette ville d'origine française — cédée par Louis XV en 1763, — sur une population de 450 000 habitants, il y a environ 180 000 Allemands?

Mais, quelles qu'en soient les causes, le fait est indiscutable. L'influence allemande prime, aux États-Unis, en matière de philosophie, même l'influence anglaise. Celle-ci cependant y a aussi son action. Les psychologues de la Grande-Bretagne, depuis Locke jusqu'à M. Sully, y sont fort considérés. Des exposés critiques ont été publiés des doctrines de Stuart Mill et de Spencer. L'enseignement scientifique est tout imprégné de théories évolutionistes, et Darwin est à la mode, concilié d'ailleurs avec la religion et les croyances chrétiennes.

Sous ces diverses influences de la philosophie européenne (*continental philosophy*), la philosophie américaine est en voie de formation, et ce qui peut faire augurer favorablement de son avenir, c'est l'importance qu'on accorde dans les collèges et les Universités aux études philosophiques.

1. Du Bois Reymond a dit qu'il n'y avait pas au monde deux nations qui eussent plus à apprendre l'une de l'autre que l'Allemagne et les États-Unis.

II. — L'ENSEIGNEMENT DE LA PHILOSOPHIE DANS LES COLLÈGES ET LES UNIVERSITÉS.

Sens large du mot philosophie. — Il est manifeste que le mot de « philosophie » n'a pas aux États-Unis le même sens que chez nous. Dans certaines Universités, à Columbia College par exemple, la philosophie est encore synonyme de l'ensemble des études littéraires; la Faculté de philosophie, comme en Allemagne, y est une école de philologie encore plus que de philosophie proprement dite[1]. L'emploi large du mot philosophie est poussé plus loin encore, et on l'applique aux études scientifiques de quelque nature qu'elles soient, même aux études techniques; Columbia College confère le titre de bachelier en philosophie à des candidats qui ont simplement étudié la géologie et la paléontologie, la chimie analytique et appliquée, ou suivi un cours d'architecture. Dans nombre d'Universités, le grade unique de docteur en philosophie couronne les études de tout ordre, philologiques, scientifiques, aussi bien que les études exclusivement philosophiques.

La philosophie proprement dite. — La philosophie, entendue comme étude spéciale de la psychologie, de la logique, de la morale et même de la métaphysique, n'en est pas moins en honneur dans les écoles américaines. Et pour la psychologie notamment, pour la psychologie physiologique et expérimentale, abondamment pourvue dans des laboratoires spéciaux de tous les instruments de recherches, les Universités transatlantiques n'ont rien à envier à celles de l'ancien monde. Nous avons admiré à l'Exposition de Chicago les belles photographies qui représentaient les diverses salles du laboratoire psychologique de l'Université Harvard, pour ne citer que celle-là.

Les études philosophiques en Amérique sont surtout considérées comme des études d'enseignement supérieur, et, au premier abord, il semblerait qu'elles y soient exclues de l'enseignement secondaire. Dans le rapport du Comité des Dix, il n'est

1. « *The Faculty of philosophy has charge of the University courses of instruction and researchs in philosophy, philology and letters.* »

pas fait mention de la philosophie parmi les diverses branches d'études; ce qui indique tout au moins chez les réformateurs de l'instruction secondaire une tendance à rejeter cet enseignement dans les cours des Universités. Il n'en est rien en fait. La philosophie n'est pas réservée aux seuls gradués; elle concourt à faire les gradués, les bacheliers ès arts et les bacheliers en philosophie. Elle est chose de collège avant d'être chose d'Université. Elle n'est pas d'ailleurs, comme chez nous, réservée à une seule classe, la dernière de notre plan d'études; mais elle est enseignée tout au moins dans les deux dernières années du *quadriennium* collégial, dans les classes des *juniors* et des *seniors*, et même parfois dans la classe des *sophomores*. Au moment où, en France, on discute avec vivacité la question de savoir si l'enseignement philosophique doit être maintenu dans les lycées ou s'il doit rejoindre les cours des Facultés, il ne sera pas sans intérêt de considérer avec quelque détail comment les choses se passent en Amérique dans quelques-uns des établissements les plus importants.

L'enseignement de la philosophie à Harvard. — Pour bien nous rendre compte de l'enseignement de la philosophie à l'Université Harvard, nous allons d'abord dresser la liste complète des cours qui y sont professés; nous indiquerons en même temps quels sont ceux de ces cours auxquels participent, s'ils le veulent, les élèves du collège, les *undergraduates*, et ceux qui sont réservés aux étudiants d'enseignement supérieur, aux *graduates*.

COURS PRÉPARATOIRES OU D'INTRODUCTION (1893-94).

I. *a*. Introduction générale à la philosophie. — Logique, professeur M. Palmer[1]; — psychologie, métaphysique et histoire de la philosophie, professeur M. Santayana. — Ouvrages suivis : Jevons, *Leçons de logique*; Baldwin, *Psychologie*; Royce, *Esprit de la philosophie moderne*; 3 heures par semaine. Un professeur adjoint (*assistant*), M. Rand.

1. Le corps des professeurs de philosophie, à Harvard, se compose de 11 membres : M. Palmer (A. M.), professeur de religion naturelle, de philosophie morale et de politique civile; M. Everett (D. D.), professeur de théologie; M. William James (M. D.), professeur de psychologie; M. Münsterberg (Ph. D. — M. D.), professeur de psychologie expérimentale; M. Peabody (D. D.),

I. *b.* Introduction générale à l'étude de la philosophie. Esquisse d'une histoire des principales questions et théories philosophiques : Logique élémentaire. Introduction aux problèmes de psychologie et de morale. — Ouvrages suivis : Windelband, *Histoire de la philosophie*; Royce, *Esprit de la philosophie moderne* [1]; 3 heures par semaine. Professeur, M. Royce.

Ces deux cours sont exclusivement réservés aux *undergraduates*, qui peuvent choisir entre l'un ou l'autre, mais qui ne sont admis aux cours d'un caractère plus élevé, dont nous allons faire connaître les sujets, qu'à la condition d'avoir suivi complètement un des cours préparatoires.

COURS THÉORIQUES (*Systematic courses*).

II. *Psychologie.* 1er semestre. *Psychologie* de James. Leçons, dissertations (*theses*) et expériences. Professeur, M. James.
2e semestre. Démonstrations et exercices de laboratoire, en se rapportant spécialement à la littérature psychologique moderne. Professeur, M. Münsterberg. 3 heures par semaine.

III. *Cosmologie.* Étude des conceptions fondamentales de la science naturelle et principalement des théories de l'évolution et du matérialisme. *Premiers principes* de Spencer. Lotze, *Esquisse de la philosophie de la nature.* Dissertations. Professeur, M. James. 3 heures par semaine.

IV. *Éthique. La théorie de la morale.* Leçons, dissertations et lectures. Professeur, M. Palmer. 3 heures par semaine.

V. *Éthique des questions sociales.* Les questions de la charité, du divorce, de la tempérance; les diverses phases des questions du travail (socialisme, communisme, arbitrage, coopération, etc.), considérées comme problèmes de morale pratique. Leçons, compositions écrites, observations pratiques. Professeur, M. Peabody. 2 heures par semaine, plus une conférence facultative (*at the pleasure of the instructor*).

professeur de morale chrétienne; M. Royce, professeur d'histoire de la philosophie; M. Hanus (B. S.), professeur adjoint de l'histoire et de l'art de l'enseignement; M. Santayana (Ph. D.), *Instructor* en philosophie; M. Bierwirth (Ph. D.), *instructor* en philosophie; M. Rand (Ph. D.), assistant en philosophie; M. Pierce (A. M.), assistant en psychologie.

1. L'ouvrage de M. Royce, que nous avons sous les yeux, est un volume de 512 pages dont voici le plan : Première partie : *Études sur les penseurs et les problèmes* : Spinoza, Kant, Fichte, Hegel, Schopenhauer, la doctrine de l'évolution ; — 2e partie : *Suggestions doctrinales.* La nature et l'évolution. La réalité et l'idéalisme. Les lois physiques et la liberté. L'optimisme, le pessimisme et l'ordre moral. — L'esprit de l'ouvrage de M. Royce est tout à fait idéaliste.

VI. *Les fondements psychologiques de la foi religieuse.* Leçons, 1 heure par semaine pendant un semestre (ne compte que pour un demi-cours), Professeur, M. Everett.

VII. *Le contenu de la foi chrétienne.* Leçons et une thèse. 3 heures par semaine. Professeur, M. Everett.

VIII. *Esthétique.* La psychologie du goût et l'histoire des théories esthétiques. Leçons, dissertations et lectures personnelles. 3 heures par semaine pendant un semestre (ne compte que pour un demi-cours).

Cours historiques.

Les cours historiques, comme les cours dogmatiques, donnent lieu chacun à trois heures d'enseignement par semaine; mais, comme ils exigent beaucoup de lectures personnelles, la troisième heure peut être supprimée, si le professeur le juge convenable.

Descartes, Spinoza, Leibniz. — Leçons, récitation et lectures personnelles. 3 heures par semaine pendant un semestre. Professeur, M. Santayana.

Histoire de la psychologie depuis Locke jusqu'à Wundt — Locke : *Essai sur l'entendement.* Développement de la psychologie de l'association. — Herbart. — Œuvres psychologiques de Bain. — Psychologie de Spencer. Leçons et thèses. 2 heures par semaine. Professeur, M. Royce.

Kant, Fichte, Schopenhauer. Une fois par semaine lecture de textes allemands, traduction d'extraits des auteurs ci-dessus nommés. 3 heures par semaine. Professeur, M. Bierwirth.

Religions comparées. — Études sur l'histoire comparée des religions, principalement sur la religion des Védas, les philosophies de l'Inde, le bouddhisme, le mazdéisme, et les religions chinoises. 3 heures par semaine pendant un semestre. Professeur, M. Everett.

La philosophie de la religion. — Origines, problèmes et résultats. Pfleiderer, *Philosophie de la religion.* — Caird, *Évolution de la religion.* Leçons et une thèse.

Les cours d'enseignement dogmatique et historique, que nous venons d'énumérer, sont également ouverts aux élèves du collège et aux étudiants de l'Université. Les cours de recherches (*cours of research*), dont la liste suit, sont réservés aux seuls gradués.

Cours de recherches.

I. *Laboratoire psychologique.* Exercices de laboratoire et recherches spéciales à l'usage des étudiants avancés (*advanced students*). Professeur, M. Münsterberg. Les heures de travail au laboratoire sont déterminées individuellement pour chaque étudiant.
II. *Séminaire psychologique.* — Opérations de pathologie mentale. étude des états anormaux et exceptionnels de la vie mentale dans leurs principales formes. Une séance de 2 heures par semaine. Professeur, M. James.
III. *Séminaire métaphysique.* — Sujet pour l'année 1893-94 : Le développement de la philosophie hégélienne. Leçons, compositions (*papers*) et recherches originales. Une séance de 2 heures par semaine. Professeur, M. Royce.
IV. *Séminaire de morale.* — Comparaison des différents types de morale. 1 heure par semaine. Professeur, M. Palmer.
V. *Études de philosophie scolastique.* — 2 heures par semaine. Professeur, M. Santayana.

Aux cours de philosophie proprement dits, le programme de Harvard rattache quatre cours de pédagogie, professés par M. Hanus :

I. *Histoire des théories et de la pratique de l'éducation.*
II. *Théorie de l'éducation.*
Ces deux premiers cours sont accessibles aux *graduates* et aux *undergraduates*. Les deux suivants sont réservés aux gradués.
III. *Organisation et administration des écoles publiques et des académies.*
IV. *Séminaire de pédagogie.* — Sujet pour l'année 1893-94 : le *curriculum des écoles secondaires.*

Enfin, pour ne rien omettre, nous devons mentionner divers cours, qui ne sont point professés par la Faculté de philosophie, et qui se rattachent à d'autres sections d'enseignement, mais que les étudiants en philosophie ont pourtant intérêt à suivre :

Dans la section d'économie, un cours sur les *Principes de la sociologie.*

Dans les sections des langues orientales, un cours sur l'*Histoire de la religion juive*; un cours *sur les livres sacrés du bouddhisme.*

Dans les sections des langues anciennes, un cours sur *la Répu-*

tique de Platon et sur l'*Éthique* d'Aristote; un autre sur Lucrèce; un troisième sur le *Stoïcisme romain sous l'Empire* : *Sénèque* et *Perse*.

Dans la section de philologie classique : *la Religion romaine*.

Dans la section de zoologie : le *système nerveux* et les *organes des sens*.

En outre, on recommande, comme importants pour les étudiants en psychologie, trois cours de l'école de médecine sur la *Physiologie théorique et expérimentale*, sur les *Maladies du système nerveux*, sur les *Maladies mentales*.

Les différentes sections de l'enseignement collaborent ainsi à l'œuvre propre de la section de philosophie et contribuent à former un ensemble vraiment satisfaisant. On peut en juger tout de suite le caractère, la portée, et aussi les lacunes. La théorie n'y est point sacrifiée à l'histoire : la métaphysique pourtant n'y est pas étudiée directement[1], et on ne l'aborde qu'en examinant les systèmes des grands métaphysiciens. La philosophie grecque n'y figure qu'accidentellement. Les questions de morale y occupent une large place, et l'étude des problèmes sociaux en est une partie intégrante. La logique n'est enseignée que dans le cours préparatoire.

L'exposé de la religion chrétienne et l'histoire comparée des religions sont au nombre des matières inscrites au programme.

Enfin, et c'est peut-être le trait caractéristique, une importance extrême est attachée aux études de psychologie expérimentale, qui trouvent dans un laboratoire richement doté toutes les facilités désirables.

Remarquons-le d'ailleurs, à Harvard comme dans la plupart des Universités américaines, l'étude de la philosophie ne constitue pas, comme chez nous, une spécialité distincte; on n'y rencontre guère d'étudiants qui s'y consacrent tout entiers. Les différents cours dont nous avons indiqué les sujets ne forment pas un tout compact; l'étudiant généralement en détache un ou deux morceaux seulement, qu'il associe à d'autres fragments d'études littéraires, historiques et scientifiques, et il complète ainsi le nombre déterminé de cours qu'il doit avoir suivis pour

1. Dans le cours de cosmologie, le programme indique cependant « qu'on y comprendra autant de métaphysique qu'il est nécessaire pour exposer la théorie générale de l'existence et de la constitution de la nature ».

aspirer soit au grade de bachelier ès arts, soit aux grades supérieurs de maître ès arts et de docteur en philosophie [1]. Les études philosophiques, en d'autres termes, concourent à l'éducation générale; mais elles ne constituent pas une section réellement à part. Le titre de docteur en philosophie n'est qu'un trompe-l'œil, puisque, comme nous l'avons vu, les thèses présentées à Harvard par les aspirants à ce titre, en 1893, portaient exclusivement sur des questions de sciences physiques ou naturelles.

Méthodes d'enseignement. — Il y aurait bien des détails intéressants à noter dans les méthodes pratiquées à Harvard pour l'enseignement philosophique. A vrai dire, ces méthodes varient d'un cours à l'autre. Ici, dans le cours de psychologie, il y a un *text-book*, qui d'ailleurs est l'œuvre du professeur; l'élève doit le réciter oralement ou le reproduire par écrit, pendant les dix premières minutes de la classe; les leçons du professeur consistent simplement à commenter, à expliquer le texte. Ailleurs, dans le cours de morale, il n'y a pas de livre unique; mais chaque étudiant est invité à choisir et à se procurer un traité systématique de morale, afin que chacun ait le sien et que chacun puisse dans la classe se faire le champion, le représentant de telle ou telle doctrine particulière : excellent moyen assurément pour rendre la discussion des systèmes intéressante et vivante. Dans la plupart des cours, les devoirs écrits, les thèses sont en honneur, et il est spécifié que ces dissertations doivent contenir deux parties : 1° l'exposé de la doctrine d'un auteur; 2° les critiques et les vues personnelles de l'élève. Mais il n'est pas à craindre en Amérique qu'on abuse, ni des exercices écrits de la part de l'élève, ni des leçons en forme de la part du maître : les exercices pratiques sont particulièrement favorisés, et aussi l'observation, l'expérimentation personnelle. Les étudiants du cours de *Morale sociale* sont encouragés à étudier eux-mêmes et de près les mouvements qui se produisent dans les œuvres de charité et de réforme. « Ils visitent les hôpitaux, les asiles, les écoles industrielles du

1. C'est quatre cours par an qu'il faut suivre pour se préparer au grade de maître ès arts.

voisinage, les différentes organisations du travail, les sociétés de coopération, de participation aux bénéfices, les entreprises de socialisme, de tempérance, etc., qui se trouvent à leur portée. Chaque étudiant doit dans le courant de l'année présenter trois rapports sur des sujets spéciaux, en s'appuyant autant que possible sur des recherches personnelles. » De même en psychologie on demande beaucoup au travail des élèves. Un laboratoire admirablement outillé leur est ouvert, non seulement pour qu'ils y assistent à des démonstrations sur la *psycho-physique*, mais pour qu'ils s'y essaient eux-mêmes à des expériences et à des recherches originales.

La tendance générale de la philosophie de Harvard est des plus modernes. On n'y conteste plus la vérité de la théorie de l'évolution; mais on y associe la doctrine de Darwin avec les idées téléologiques les plus décidées, et même avec les croyances chrétiennes, en s'inspirant par exemple d'un livre intitulé : *l'Évolution dans ses rapports avec la pensée religieuse*. Les preuves de la religion chrétienne y sont établies dans un cours spécial où le christianisme est considéré comme « la religion parfaite (*the absolute religion*) ».

En résumé, on fait à Harvard des études philosophiques sérieuses, et ce qui suffit à le prouver, c'est le nombre considérable de jeunes gens qui font partie de ce qu'on appelle la *conférence philosophique*. En 1892-93, cette conférence comptait 71 membres, la plupart bacheliers ès arts, quelques-uns ès sciences, d'autres en théologie, en droit, mais tous gradués de Harvard ou d'un autre établissement. Les membres de la conférence se réunissent, le second lundi de chaque mois, dans la maison de l'un des professeurs de l'Université, pour y discuter librement et familièrement les questions philosophiques.

L'enseignement de la philosophie à Yale. — A Yale, l'enseignement philosophique est organisé à peu près sur le même plan qu'à Harvard, quoique avec moins d'ampleur. Notons cependant tout de suite cette différence que la philosophie y fait partie du petit nombre d'études obligatoires (*prescribed*), qui sont imposées aux *juniors* et aux *seniors*, tandis qu'à Harvard tous les cours philosophiques sont « électifs ».

COURS OBLIGATOIRES.

Pour l'année des *juniors* :

Cours élémentaire de logique, de psychologie et de morale. Professeurs, MM. Duncan et Sneath ;

Ouvrages classiques : Jevons, *Leçons de logique*; Fowler, *Logique inductive*; Porter, *l'Entendement humain*; Porter, *Éléments de la science morale.*

Ce cours constitue, avec la physique, la partie obligatoire du programme de la classe des *juniors* : c'est dire que la philosophie est considérée comme une base essentielle des études, puisqu'elle est commune à tous les élèves.

COURS OBLIGATOIRES.

Pour l'année des *seniors* :

Un cours de 2 heures par semaine, choisi au gré de l'élève parmi les quatre ou cinq cours dont nous donnons la liste ci-dessous [1].

COURS ÉLECTIFS (*dont un obligatoire*).

I. *Introduction à la philosophie.* 2 heures par semaine, toute l'année. Professeur, M. Ladd. Étude élémentaire des principaux problèmes philosophiques. Une des 2 heures est consacrée à la leçon du professeur; l'autre à des exercices écrits ou oraux : récitation, discussions, questions, compositions, etc. Dans le second semestre, on insiste particulièrement sur la philosophie « de la vie et de la conduite », dans ses rapports avec les questions de morale, d'esthétique et de philosophie de la religion.

II. *Psychologie physiologique.* 2 heures par semaine toute l'année. Professeur, M. Scripture. *Text-book* : Ladd, *Éléments de psychologie physiologique.*

III. *Histoire de la philosophie.* 2 heures par semaine toute l'année. Professeur, M. Duncan; de Descartes à Kant.

IV. *Morale*; étude historique et critique des théories morales. 2 heures par semaine toute l'année. Professeur, M. Sneath. — Sidgwick, *Histoire de la morale.* Jodl, *Geschichte der Ethik.* Martineau, *Types de doctrine morale.*

V. Lectures philosophiques. 2 heures par semaine, toute l'année. Professeur, M. Ladd.

1. Les autres cours obligatoires pour l'année des *seniors* sont la *rhétorique* et l'*élocution.*

Les cours mentionnés jusqu'ici sont des cours de collège; les cours d'Université proprement dits, les cours des *graduates*, qui peuvent d'ailleurs être fréquentés par les *seniors* avec la permission du professeur, sont les suivants :

COURS POUR LES « GRADUATES ».

I. *Séminaire Kantien*. 2 heures par semaine, toute l'année. Professeur, M. Ladd. On y étudie les deux *Critiques* de Kant. Le professeur fait d'abord une leçon qui dure une trentaine de minutes. Puis professeur et élèves discutent le passage qui est l'objet de la leçon.

II. *Haute psychologie*. 2 heures par semaine, toute l'année. Professeur, M. Duncan. *L'Esprit humain* de Sully est le *text-book*. On accorde une attention particulière aux plus récentes investigations de la psychologie expérimentale.

III. *Psychologie et philosophie de l'éducation*. 2 heures par semaine toute l année. Professeur, M. Sneath. On étudie le développement chronologique des facultés mentales, leurs rapports de dépendance, etc. *Text-books* : Sully, *Manuel de psychologie*; Compayré, *Leçons de pédagogie*.

Ce programme est assurément moins riche que celui de plusieurs autres Universités américaines, et il serait trop aisé d'en signaler les lacunes. Les méthodes suivies n'offrent rien de très particulier. La récitation du *text-book* joue toujours un grand rôle, même dans le cours de psychologie physiologique. Dans l'histoire de la philosophie, on insiste sur Platon et Aristote, et tout spécialement sur Kant. On fait effort pour obtenir des élèves qu'ils lisent chacun avec soin au moins un ouvrage de tel ou tel grand philosophe. Les livres les plus récents sont mis aux mains des élèves, et on les tient même au courant des publications philosophiques de l'année.

La philosophie à Columbia College. — Sous la direction de son doyen, M. Nicolas Murray Butler, l'école de philosophie de Columbia College a pris une assez grande importance.

Voici quel était le programme des cours en 1893-94 :

I. *Logique et psychologie* : cours d'introduction; 2 heures par semaine. Professeur, M. Hyslop. — Ce cours ne compte pas pour la préparation aux grades.

II. *Morale*. Cours d'introduction; 2 heures par semaine. Professeur, M. Hyslop.

III. *Histoire générale de la philosophie*; 2 heures par semaine. Professeur, M. Butler.

IV. *Philosophie anglaise de Locke à Herbert Spencer*; psychologie de l'association et philosophie de l'évolution; 2 heures par semaine. Professeur Butler.

V. *Philosophie de Kant et de ses successeurs*: Fichte, Schelling, Hegel, Herbart et Schopenhauer, 2 heures par semaine. Professeur, M. Butler [1].

VI. *Morale théorique ou haute morale (advanced ethics)*, 2 heures par semaine. Professeur, M. Hyslop.

VII. *Morale pratique* : réformes sociales; œuvres d'assistance, etc., morale des questions sociales, 2 heures par semaine. Professeur, M. Hyslop [2].

VIII. *Psychologues contemporains* : Leçons et lectures des œuvres de Wundt, Volkmann, Münsterberg, Ribot et James. Cours trimestriel, 1 heure par semaine. Professeur, M. Butler.

IX. *Psychologie physiologique*, cours d'introduction : leçons et travaux de laboratoire, 3 heures par semaine. Professeur, M. Farrand.

X. *Psychologie physiologique*; cours supérieur, 2 heures par semaine. Professeur, M. Farrand.

XI. *Pathologie mentale*. Hypnotisme, psychologie des états anormaux, 2 heures par semaine. Professeur, M. Farrand.

XII. *Anthropologie*. 2 heures par semaine. Professeur, M. Farrand.

XIII. *Psychologie expérimentale*. Cours d'introduction, leçons, dissertations (thèmes) et travaux de laboratoire. Un cours de 2 heures par semaine. Professeur, M. Cattell.

XIV. *Psychologie expérimentale*. Cours supérieur, 2 heures par semaine. Professeur, M. Cattell.

XV. *La vision*. 1 heure par semaine. Professeur, M. Cattell.

XVI. *Travaux de recherches sur la psychologie expérimentale*. Tous les jours au laboratoire psychologique. Professeur, M. Cattell.

XVII. *Séminaire philosophique*; une fois par semaine, sous la direction du professeur Butler.

XVIII. *Séminaire de morale*; une fois par semaine, sous la direction du professeur Hyslop.

Les cours I, II, III, VIII, IX et XIII sont ouverts à tous les élèves; les autres sont réservés aux gradués.

Le cours I est obligatoire pour les *juniors*.

1. Les cours IV et V alternent d'année en année.
2. Il en est de même des cours VI et VII.

A Columbia College, comme dans la plupart des Universités américaines, les cours d'éducation sont intimement associés à l'enseignement de la philosophie. Seize cours sont professés soit dans les locaux de l'Université elle-même, soit dans le *Teachers College* [1], sur les sujets suivants : l'*histoire de l'éducation*, les *principes de l'éducation*, la *psychologie de l'enfant*, les *méthodes d'enseignement* dans les diverses branches d'études primaires ou secondaires.

Université Johns Hopkins. — On attendrait de l'Université Johns Hopkins mieux qu'elle ne fait encore en matière d'enseignement philosophique. Les cours qui y sont professés jusqu'à présent sont des cours de collège, *mainly undergraduate*, et portent sur les éléments de la logique, de la psychologie et de la morale. Un seul cours y est réservé aux étudiants gradués, celui de l'histoire de la philosophie, confié au professeur Griffin. On n'y étudie d'ailleurs que la philosophie moderne : Bacon, Descartes (*Discours de la méthode*, *Méditations* et *Principes de philosophie*), Locke, Berkeley, Hume et Kant (dans les *Selections* de Watson). Dans les cours à l'usage des *undergraduates*, les livres classiques sont : Jevons, *Leçons élémentaires de logique*; Fowles, *Éléments de logique inductive*; Ladd, *Psychologie physiologique*; Baldwin, *Manuel de psychologie*; Fowles, *Principes de la morale*.

La méthode d'enseignement comporte des « récitations fréquentes », de courtes leçons irrégulières (*short informal lectures*) et de nombreux exercices écrits. La psychologie est étudiée d'après les tendances nouvelles; on y traite de la nature et de l'intensité des sensations, de la durée des actes psychiques, etc.

1. Le *Teachers College* est une École normale des mieux organisées, où l'on se prépare à l'enseignement secondaire et à l'enseignement primaire. L'institution publie une série de petites brochures de quelques pages (*Educational triflets*), où l'attention est souvent appelée sur les choses scolaires de France. Voir par exemple, nº 43, *l'Éducation à l'Exposition de Paris*, où M. Murray Butler dit que l'Exposition de 1889 a ouvert une ère nouvelle à l'éducation; le nº 51, *Notice sur M. Salicis*; le nº 54, les *Bibliothèques municipales de Paris*; le nº 58, *Une visite à l'École normale d'Auteuil* (*French training college*), où M. Butler déclare que le sort d'un *normalien* français est aussi agréable que celui d'un étudiant dans les *training colleges* d'Angleterre, quoique la discipline à laquelle il est soumis soit peut-être un peu plus rigoureuse.

Une importance spéciale y est cependant attachée aux faits d'expérience consciente et introspective. La morale philosophique n'y est point séparée de la morale chrétienne, et quoiqu'on discute théoriquement les grands systèmes historiques — la morale du plaisir, la morale intuitive et leurs rapports avec la théorie de l'évolution, — on s'efforce surtout de donner une instruction pratique.

Pour combler quelques-unes des lacunes d'un programme très restreint, il est recommandé aux étudiants de suivre certains cours qui relèvent de divers autres *departments* : les cours d'économie politique, de physiologie animale, de droit romain, de droit comparé, et aussi de participer au *seminary work* du professeur Gildersleeve, qui a pour objet l'étude de Platon et de la forme littéraire de la philosophie grecque.

Programme des cours de philosophie à Princeton. — Nous avons dit que sous l'influence de M. Mc Cosh la philosophie était devenue un des enseignements favoris du collège de New Jersey[1]. La philosophie ancienne, si négligée d'habitude, la philosophie spéculative et la métaphysique y sont étudiées avec plus de soin que dans les autres Universités d'Amérique. On s'en rendra compte en parcourant le programme suivant :

I. PHILOSOPHIE MENTALE.

Professeurs, MM. Ormond (Ph. D.) et Rév. John Hibben (A. M.).

I. *Éléments de logique.* 1 semestre. 2 heures par semaine. *Manuel* de Mc Cosh.

II. *Éléments de psychologie.* 1 semestre. 2 heures par semaine. *Textbook* : les *Cognitive and motive powers*, de Mc Cosh.

III. Divers cours de *haute logique. La théorie de la logique. Le raisonnement inductif* (logique de Stuart Mill). — *La logique symbolique* (Wenn : *Symbolic Logic*). — *La théorie des probabilités.* Ces quatre cours durent chacun une heure par semaine pendant un semestre, et les élèves en choisissent deux, à leur gré.

IV. *Histoire de la philosophie ancienne* : philosophie grecque et romaine

1. L'impulsion morale et la direction de M. Mc Cosh n'auraient pas suffi pour produire ce résultat; c'est grâce aux générosités de M. Robert L. Stuart, de New York (154 000 dollars), qu'ont pu être établies à Princeton les chaires de philosophie.

jusqu'à la fermeture des écoles païennes (Zeller, *Outlines of greek philosophy*). 1 semestre. 2 heures par semaine.

V. *Histoire de la philosophie du moyen âge* : la philosophie des Pères de l'Église et la période scolastique jusqu'à François Bacon (livres de référence : Ueberweg, Erdmann, etc.). 1 semestre 2 heures par semaine.

VI. *Histoire de la philosophie moderne* depuis Descartes jusqu'à Kant. 1 semestre. 2 heures par semaine.

VII. *Histoire de la philosophie moderne*, depuis Kant jusqu'à nos jours. 1 semestre. 2 heures par semaine.

VIII. Le *Protagoras* de Platon et leçons sur la philosophie platonicienne. 1 semestre. 2 heures par semaine [1].

IX. Aristote et l'*Éthique à Nicomaque*. 1 semestre. 2 heures par semaine.

X. *Métaphysique*. Leçons sur la métaphysique, y compris la *théorie de la connaissance*. *Text-book* : *First and fundamental Truth* de Mc Cosh. 1 semestre. 2 heures par semaine.

XI. *Esquisse de la philosophie* : cours encyclopédique. 1 semestre. 2 heures par semaine.

XII. *Psychologie physiologique*. Leçons et travaux de laboratoire sur l'anatomie et la physiologie du système nerveux dans leurs rapports avec les problèmes de la psychologie. 1 semestre. 2 heures par semaine. — Ladd, *Psychologie physiologique*.

XIII. *Philosophie du XIXe siècle*. Cours historique et critique de la philosophie contemporaine considérée surtout dans ses aspects religieux. 1 heure par semaine toute l'année.

XIV. *Platon* : analyse de ses dialogues, leçons sur sa philosophie, lecture du *Phédon* et de quelques parties de la *République*. 1 heure par semaine toute l'année [2].

Ces deux derniers cours seuls sont réservés aux *graduates*; les autres sont ouverts pour la plupart, comme cours électifs, aux *juniors* et aux *seniors*; le IXe, le Xe, le XIe et le XIIe aux seuls *seniors*. Les deux premiers sont des cours obligatoires : les cours de logique pour l'année des *sophomores*, le cours de psychologie pour l'année des *juniors*.

Mais à la philosophie mentale s'ajoute la philosophie morale, qui comprend six cours : les deux premiers obligatoires pour l'année des *seniors*; le 3e et le 4e électifs pour les mêmes élèves; les deux derniers réservés aux gradués.

1. Ce cours et le suivant appartiennent au *department* des études grecques.
2. Ce cours fait partie du *department* des études grecques.

II. PHILOSOPHIE MORALE.

Professeurs, le président de l'Université Dr Patton et le Dr Shields.

I. *Morale théorique et pratique.* 1 semestre, 2 heures par semaine. — Calderwood, *Manuel de philosophie morale.*

II. *Preuves de la vérité du christianisme* ; on y montre que le christianisme est seul vrai, et que les systèmes antichrétiens ne sont pas *capable of rational defence.* 1 semestre, 1 heure par semaine.

III. *Harmonie de la science et de la religion*; on s'y propose d'établir la démonstration scientifique du christianisme et de « purifier » la philosophie. 1 semestre ; 2 heures par semaine.

IV. Lucrèce, *de Natura rerum*, et Cicéron, *de Natura deorum.* 1 heure toute l'année.

V. *Morale théorique.* Cours pour les gradués. 1 semestre ; 1 heure par semaine.

VI. *Science et religion.* Histoire et logique des sciences dans leurs rapports avec les problèmes essentiels de la religion. 1 semestre, 1 heure par semaine.

Esprit philosophique de Princeton. — On remarquera le caractère particulièrement religieux de l'enseignement philosophique à Princeton. D'autre part, quoique la psychologie physiologique y soit enseignée, il y a une tendance manifeste à préférer la psychologie rationnelle, celle qui a eu, comme sa rivale, les honneurs d'un congrès spécial à Chicago[1]. Dans ce congrès, ce sont précisément des « hommes de Princeton », le Dr Mc Cosh, mort depuis, le Dr Ormond, qui ont joué le rôle prépondérant. Des communications qu'ils y ont faites sur la *Réalité de l'esprit et de la matière* (Dr Mc Cosh), sur *l'âme considérée comme le concept fondamental de la psychologie rationnelle* (Dr Ormond), ressort assez nettement une philosophie spiritualiste, toute empreinte de la tradition des Écossais, qui admet comme des réalités certaines, connues par intuition, l'âme d'une part, la matière de l'autre. « L'effort tenté par des philosophes pour démontrer la réalité les a toujours conduits à une confusion extrême (*iunmeasurable*) et à l'erreur. Descartes, le père de la philosophie moderne, s'est trompé en prenant comme principe de la certitude le *cogito, ergo sum*, qui est un raisonnement.... La réalité nous est connue, non par le raison-

1. *Proceedings*, lc., p. 679-711.

nement, mais par l'intuition, par l'intuition de la conscience, par l'intuition des sens. » Et M. Mc Cosh, qui s'exprimait ainsi, continuait en critiquant Kant, qui a eu le tort de ne pas admettre la réalité comme base de sa philosophie.

Les mêmes tendances apparaissent dans le mémoire présenté par le Dr Ormond, qui n'hésite pas à écarter toute conception moniste, qu'elle soit matérialiste ou idéaliste, et qui se prononce énergiquement pour le dualisme de la matière et de l'esprit. Signalons en passant une théorie un peu nuageuse sur la dualité de l'âme elle-même (*duality of the soul's constitution*), d'après laquelle « le lien réel entre l'esprit et la matière devrait être cherché dans la sphère des atomes, et la dyade psychique (*psychic duad*) pourrait être représentée comme dérivant de l'union (*nuptials*) qui unirait un atome matériel et un principe spirituel, dans un tout qu'aucune autre force que celle de l'absolu ne peut disjoindre ». C'est de cette dualité obscure et mystérieuse de l'âme que l'auteur conclut qu'elle est libre et qu'elle est immortelle.

Le congrès de psychologie rationnelle de Chicago. — C'est donc bien la vieille philosophie spiritualiste, à tendances chrétiennes, qui domine à Princeton. Il n'est pas douteux d'ailleurs, comme l'a prouvé le succès du congrès de *psychologie rationnelle*, que ces doctrines comptent en Amérique de nombreux représentants : au premier rang M. Harris, qui a pris plusieurs fois la parole dans le congrès qu'il a organisé, notamment pour déclarer qu'il adhérait aux vues de M. Mc Cosh sur la connaissance intuitive de la réalité, et que Kant s'était trompé en refusant au temps et à l'espace la réalité objective; à propos d'une communication d'un professeur de l'Université catholique de Washington sur *la théorie du premier principe dans le onzième livre de la métaphysique d'Aristote*, M. Harris a affirmé qu'il considérait Dieu comme un être personnel (*a personal being*); et, enfin, à la suite d'une lecture sur *l'activité personnelle dans l'éducation*, il s'est empressé d'ajouter que *la self activity* est une des qualités essentielles de l'esprit; qu'une des plus grandes fautes de la nouvelle école philosophique consistait à vouloir se débarrasser de la *self activity*, dont Hegel (un des premiers inspirateurs de la pensée philosophique de M. Harris) a été le plus grand théoricien, dans le troisième livre de sa *Logique*.

Université de la Californie. — Programme de l'Université de la Californie (Berkeley College) :

PROGRAMME DE L'UNIVERSITÉ DE LA CALIFORNIE (BERKELEY COLLEGE).

I. *Propédeutique.* Psychologie expérimentale comprenant la logique formelle, déductive et inductive.

II. *Introduction à la philosophie* : Histoire de la philosophie européenne, en abrégé.

III. *Éthique élémentaire*, comprenant la politique civile. Esquisse de l'histoire des théories morales, critique du conflit pendant entre la doctrine de la perfection et le système du plaisir, entre le libre arbitre et la nécessité, l'optimisme et le pessimisme; examen de la nature de l'État et de son action sur les limites de la liberté et de l'obéissance; esquisse de l'histoire des théories politiques.

IV. *La philosophie de Kant*; les distinctions fondamentales et les doctrines essentielles du système, et leur critique.

V. *Haute éthique*, fondée sur l'étude critique des doctrines de Sidgwick et Martineau.

VI. *Cours pour les gradués.* Logique de Hegel.

VII. *Cours pour les professeurs.* La philosophie de l'éducation [1].

A Ann Arbor, le programme est plus riche qu'à Berkeley. Nous y relevons, outre les enseignements ordinaires, divers cours intéressants sur la *Philosophie de l'évolution*, avec les *Premiers principes de Spencer* comme *text-book*; sur la *philosophie politique et morale des relations sociales*, sur la *philosophie du beau dans la nature et dans l'art*, sur les chefs-d'œuvre (*master pieces*) de la *philosophie moderne*; sur la philosophie positive d'Auguste Comte (qui a été étudiée en 1891-92); sur l'*histoire de la morale* en Angleterre au XVIe et au XVIIe siècle [2].

Le laboratoire psychologique de Harvard. — Nous avons dit que les études de psychologie expérimentale étaient particulièrement florissantes dans les Universités américaines. C'est qu'elles répondent aux tendances d'un esprit philosophique plus positif que spéculatif; et aussi qu'elles trouvent

1. D'autres cours sur la science et l'art de l'éducation constituent une section spéciale d'enseignements électifs, celle de *Pédagogie* (*Catalogue* de 1892-93).

2. *Catalogue* de 1892-93.

dans des laboratoires admirablement outillés toutes les ressources, tous les appareils de la recherche.

La psycho-physiologie est la seule partie de la philosophie qui se prête à l'emploi d'instruments qui coûtent fort cher : et il n'est pas étonnant que les Universités américaines, qui sont les plus riches du monde entier, et qui ne se refusent rien comme outillage scientifique, se distinguent tout spécialement dans cet ordre d'études.

On nous a distribué à Chicago la monographie du laboratoire psychologique de Harvard[1]. Nous y trouvons, soit dans les gravures qui représentent les salles de travail et les collections d'instruments, soit dans les renseignements que fournit le texte, la preuve que ce laboratoire, bien que récemment fondé, est, comme on s'en vante, le plus complet qu'on ait jamais mis à la disposition des étudiants en psychologie. Il est muni de tout ce qui peut servir soit aux démonstrations ou aux expériences pour les commençants, soit aux recherches originales pour les élèves plus avancés. « La psychologie expérimentale, disent les rédacteurs de cette monographie, est trop souvent confondue avec les expériences faites sur le cerveau par vivisection, avec l'hypnotisme et même avec le spiritisme. Pour combattre ces préjugés et ces malentendus, nous donnons la liste descriptive de nos instruments[2], et aussi le tableau des recherches originales faites dans le cours de l'année 1892-93. On se convaincra, en les parcourant, que la psychologie expérimentale n'est point limitée à l'étude des sensations et de la durée des actions réflexes. L'association et l'attention, la mémoire et le jugement, l'espace et le temps, les sentiments et la volonté, etc., tels sont les problèmes qu'on étudie spécialement dans notre laboratoire. »

Liste des recherches faites à Harvard en 1892-93. — Voici la liste des recherches originales qui ont été poursuivies, en 1892-93, dans le laboratoire psychologique de Harvard :

1. Voir la brochure publiée à l'occasion de l'exposition de Chicago, comme *a part of the Harvard exhibition* : *Psychological laboratory of Harvard University*, Cambridge, 1890.

2. Le catalogue de ces instruments, au nombre de 210, indique exactement le prix de chacun d'eux.

1. Une recherche psychométrique sur la fusion des sensations tactiles. Deux personnes.

2. L'influence des sensations de l'ouïe, de l'odorat, du toucher, et autres *sense stimuli* sur les sensations visuelles très faibles. Cinq personnes.

3 Recherche des rapports entre le sens de la localisation dans l'espace et les sensations du mouvement. Sept personnes.

4. Localisation de deux ou plusieurs sons simultanés, égaux ou inégaux. Cinq personnes.

5. Recherche sur les moyens qui nous permettent de juger de la distance du son. Deux personnes.

6. Origines et nature de la perception de la forme et de l'étendue dans le sens du toucher. Deux personnes.

7. Étude des phénomènes du vertige en général et spécialement dans ses rapports avec la localisation du son. Cinq personnes.

8. Influence de l'ordre dans lequel apparaissent les parties d'une présentation visuelle, sur le temps nécessaire pour la reconnaître. Sept personnes.

9. Étude sur la perception visuelle de la rotation. Deux personnes.

10. Genèse de la perception du nombre, spécialement dans le sens du toucher. Quatre personnes.

11. Influence du contenu sur le jugement de la durée d'un intervalle de temps rempli et limité par des impressions visuelles. Dix personnes.

12. Études sur la mémoire, spécialement sur les rapports de sens différents dans le travail du ressouvenir, sur la valeur comparée des divers contenus et sur les résultats de présentations simultanées et successives. Huit personnes.

13. Étude de l'influence relative des conditions de vivacité, de répétition et de date récente, dans les opérations d'association. Huit personnes.

14. Relations de temps entre l'association de présentations isolées et l'association de présentations combinées dans une phrase. Quatre personnes.

15. Conditions dans lesquelles peut se produire la dissociation de perceptions simultanées. Six personnes.

16. Influence de l'attention et de la distraction sur l'intensité des sensations visuelles, auditives, musculaires, etc. Huit personnes.

17. Temps nécessaire pour distinguer des lignes de différentes longueurs. Dix personnes.

18. Relations de temps de jugements négatifs. Trois personnes.

19. Étude des formes et des proportions esthétiques élémentaires. Six personnes.

20. Valeur esthétique de la combinaison des couleurs. Sept personnes.

21. Influence des *sense stimuli* sur une action musculaire volontaire. Sept personnes.

22. Influence de la fatigue physique sur les opérations psychiques, notamment sur la perception de différences à peine sensibles. Huit personnes.

23. Influences d'idées motrices antérieures sur la production de mouvements inconscients, pendant l'exécution d'un mouvement volontaire d'un autre ordre. Deux personnes.

Ce n'est pas seulement à Harvard qu'on a organisé et qu'on utilise le laboratoire de psychologie. Clark, Johns Hopkins, Yale et Columbia [1], d'autres Universités ont suivi l'exemple de Harvard et acquis à grands frais tous les instruments des recherches psycho-physiologiques.

Et c'est là, pour le répéter en finissant, un des traits distinctifs du mouvement philosophique américain. Dans la préface de son livre sur *l'Esprit de la philosophie moderne*, le professeur Royce déclare que deux branches des études philosophiques ont particulièrement prospéré jusqu'à ce jour dans les Universités d'Amérique : celle de la psychologie expérimentale (*experimental psychology*) et celle de l'histoire de la philosophie. Il faudrait y joindre peut-être l'étude des questions de morale sociale, qui est certainement poussée plus loin dans les Universités d'outre-mer qu'elle ne l'est chez nous, où on la néglige beaucoup trop. Voici par exemple un cours de morale appliquée (*applied ethics*) qu'on professe à Clark : on y étudie toutes les formes normales ou pathologiques de la vie humaine; c'est d'abord l'anthropologie criminelle, puis l'embryologie criminelle, dont l'objet est de recueillir dans « tous les royaumes de la nature », c'est-à-dire jusque chez les animaux, « les actes qui, accomplis par l'homme, deviennent des actes criminels »; ce sont ensuite, dans une série de divisions et de subdivisions, des études spéciales qui portent sur l'anthropométrie, la craniologie, la physiognomonie, la cérébrologie, la tératologie, etc.

Quoi qu'il en soit, il est incontestable que les Universités et les collèges d'Amérique font de louables efforts pour développer devant leurs élèves un enseignement à peu près complet de la philosophie. De seize à vingt ans, l'étudiant américain peut,

1. « *The collection of psychological apparatus is perhaps not surpassed by any in this country or in Europe* », dit le *catalogue* de Columbia College.

s'il le veut, acquérir même plus de notions philosophiques que ses camarades du même âge en Europe. Et ces notions sont empruntées de préférence aux auteurs les plus modernes. Aucune question n'est réservée, même des plus délicates. On met la jeunesse scolaire au courant de tout ce que les novateurs contemporains ont pensé de plus hardi. Pas de doctrine officielle d'ailleurs, ni de tendances uniformes. Dans la même Université se rencontrent souvent côte à côte les tenants des opinions les plus opposées; il est vrai que, par un accord général, tous se montrent respectueux et déférents vis-à-vis des croyances religieuses.

CHAPITRE VIII

L'enseignement de la pédagogie et le recrutement des professeurs.

Les Écoles normales primaires. — Même dans l'enseignement primaire, le recrutement des maîtres laisse beaucoup à désirer en Amérique. Malgré le nombre considérable des Écoles normales (135 Écoles normales publiques en 1889-90, 43 Écoles normales privées), le nombre des maîtres brevetés (*graduated*) est la minorité. Dans la Nouvelle-Angleterre, qui est cependant sous ce rapport, comme sous les autres, la région la plus avancée des États-Unis, M. George Walton, *State agent of Board of education* du Massachusetts, constate qu'il n'y a guère que trente *teachers* pour cent qui soient des brevetés d'Écoles normales; douze pour cent environ ont été élevés dans les *city training schools*, et les autres, c'est-à-dire soixante pour cent, n'ont reçu aucune éducation professionnelle [1].

Aussi de toutes parts s'élèvent des plaintes contre l'insuffisance du personnel enseignant. « Nos maîtres sont inférieurs aux instituteurs d'Europe, dit M. Wise, surintendant des écoles de Baltimore; ils leur sont inférieurs comme instruction générale, comme instruction professionnelle, et par suite ils ne peuvent obtenir les mêmes résultats [2]. » La préparation des

1. *Proceedings*, etc., Mémoire de M. Walton : *Important necessities in present normal Schools*, p. 408.
2. *Proceedings*, etc., p. 383-461.

maîtres laisse tellement à désirer, qu'on a recours, pour compléter tant bien que mal leur instruction, à ce qu'on appelle les « cours d'été ». A Harvard, par exemple, pendant les semaines de vacances, on organise des enseignements temporaires dont profitent du reste, non seulement les professeurs des *high schools* et des collèges, mais aussi les étudiants qui veulent se mettre en mesure de suivre, dans le courant de l'année suivante, des cours plus avancés.

Rares sont aux États-Unis ceux qui, comme le surintendant de l'Iowa, M. Henry Sabin, se consolent de cet état de choses, en déclarant allégrement qu'une préparation spéciale pédagogique, si elle est désirable, n'est pourtant pas indispensable. « Il n'y a, dit-il, que quatre qualités nécessaires à exiger d'un maître : la connaissance de ce qu'il enseigne, la droiture de caractère, l'amour du progrès et le sens commun. Cela suffit pour faire un Arnold, un Agassiz, un Philbrick.... C'est une maladie qui a éclaté récemment parmi les maîtres d'aspirer à un haut développement intellectuel, et de prétendre y atteindre en lisant un livre par mois. Nos *teachers* deviennent souvent de *gros mangeurs* de livres (*gormandizers of books*).... Qu'ils se rappellent ce que Dickens a dit d'un de ses professeurs : « S'il avait seulement appris un peu moins de choses, comme il aurait infiniment mieux réussi à m'en enseigner davantage [1] ! »

Cette indifférence et ce demi-scepticisme, en ce qui concerne l'éducation professionnelle, nous paraissent être l'exception en Amérique. La pédagogie est de plus en plus en honneur. On l'a bien vu au congrès spécial qui a été tenu à Chicago, et où le sujet général *Professional training of teachers* a donné lieu à un très grand nombre de communications, toutes pénétrées de l'idée qu'on ne saurait faire trop d'efforts pour assurer la préparation des maîtres, pour orienter de plus en plus vers les études professionnelles les Écoles normales qui oublient trop souvent leur destination propre, et qui deviennent simplement des écoles d'instruction générale, les équivalents approximatifs d'une *high school*, d'une académie ou même d'un collège.

1. Cité par M. Harris dans le *Report* de 1889-90, p. 1177.

Les Écoles normales devront-elles se consacrer exclusivement aux études pédagogiques? — L'idée de l'importance des études pédagogiques est même si accréditée qu'on a posé et discuté la question de savoir si les Écoles normales ne devraient pas se consacrer exclusivement aux études professionnelles. Les élèves y entreraient pourvus de toutes les connaissances générales qui représentent une instruction libérale, avec les certificats délivrés par les *high schools* — on a même demandé que le grade de bachelier fût exigé, — et ils n'auraient plus par conséquent qu'à étudier pendant deux ans l'ensemble des questions pédagogiques, comme on le fait, on le verra plus loin, à la Normal School de Philadelphie et au Normal College de l'État de New York.

Hâtons-nous d'ajouter que cette conception d'une École normale exclusivement pédagogique n'a point prévalu au congrès, au moins comme principe général. Même ceux qui la considèrent comme un idéal, par exemple M. Brooks, surintendant des écoles de Philadelphie, ne songent pas à l'imposer comme une règle universelle.

« Nos Écoles normales, dit M. Brooks, n'ont pas été établies à l'origine comme les parties intégrantes d'un grand système d'éducation populaire : elles sont nées spontanément. Beaucoup d'entre elles n'ont été pendant longtemps que des institutions privées, créées par un homme de progrès et d'enthousiasme, et démontrant par leurs succès leurs droits à l'existence et aux subventions de l'État. Graduellement un mouvement d'opinion publique s'est formé en leur faveur, et les assemblées législatives des divers États en ont fait des établissements publics. C'est seulement dans quelques-uns des États les plus récemment incorporés à l'Union que les Écoles normales ont été, dès le début, des établissements d'État. Avec de semblables origines, il est clair qu'il doit y avoir une grande diversité dans leur organisation et dans leurs programmes. Un caractère commun à la plupart d'entre elles, c'est qu'elles ne sont pas exclusivement des écoles d'éducation (*training schools*); elles donnent un double enseignement, un enseignement général (*scholastic*), et un enseignement professionnel. Leur enseignement général est le même que celui des académies et des séminaires.... Et cependant l'École normale idéale devrait s'abstenir de l'étude des lettres et des sciences, pour se borner à une instruction strictement professionnelle; elle devrait n'inscrire à son programme que la science et l'art de l'enseignement[1]. »

1. *Proceedings*, etc., p. 151 et suiv.

Mais M. Brooks, dans la suite de son intéressant mémoire, s'attache à montrer que ce caractère mixte, cette dualité de l'enseignement des Écoles normales est, dans la généralité des cas, une nécessité. On ne peut demander aux élèves des académies ou des collèges de passer un ou deux ans dans les Écoles normales pour devenir ensuite de simples instituteurs : ces élèves ont d'autres ambitions. D'ailleurs l'enseignement donné dans les académies ou les collèges n'est pas celui qui convient à la préparation des maîtres des écoles primaires [1].

Écoles normales spéciales de pédagogie pure. — Faut il donc renoncer à ce que M. Brooks appelle une École normale idéale, séminaire exclusif de science pédagogique? Non. Dans les grandes cités où l'œuvre scolaire tout entière est soumise à une seule et même direction, il est possible de diriger l'enseignement des *high schools*, de façon à ce que les élèves y acquièrent toutes les connaissances générales dont ils ont besoin, et puissent ensuite entrer à l'École normale pour s'y spécialiser dans des études rigoureusement professionnelles.

« C'est ce système que je suis en train d'organiser à Philadelphie, conclut M. Brooks. Nous avons depuis longtemps une institution connue sous le nom de *Girls high and normal school*, dont le principal objet est l'éducation des institutrices de la cité. Elle comprenait deux cours : un cours *scholastic* et un cours professionnel. Ces deux cours sont maintenant séparés et forment deux écoles distinctes. A la *high school* il y a trois cours : un cours d'études générales, un cours classique, et un cours d'enseignement commercial. Les élèves qui aspirent à devenir institutrices suivent pendant trois ans le cours d'études générales; puis elles passent dans la *normal school*, où pendant deux ans leur est fait un cours de pédagogie, qui est strictement professionnel. A l'École normale sont d'ailleurs annexées une école d'observation et une école de pratique, où l'on apprend non plus la science, mais l'art de l'enseignement. »

Écoles annexes d'observation et de pratique. — Remarquons en passant cette institution intéressante de deux écoles

1. Dans le même sens, un autre congressiste, M. Palmer, principal de l'École normale de Fredonia (N. Y.), déclare que l'instruction générale des futurs instituteurs ne saurait être acquise ailleurs qu'à l'École normale, dans des conditions aussi satisfaisantes et d'appropriation aussi complète. (*Proceedings*, p. 128.)

annexes, l'école d'observation et l'école de pratique. Dans la première, qui est une école modèle, dont on confie la direction aux maîtres les plus expérimentés et les plus habiles, où l'on emploie les méthodes les plus estimées, où l'on s'inspire des progrès les plus récents, le normalien va simplement écouter, prendre des notes sur ce qu'il a observé; il s'instruit d'après des modèles aussi parfaits que possible. Dans la seconde, qui est une école d'application, l'élève-maître n'est plus simplement un témoin : il agit, il enseigne lui-même, pendant quelques heures chaque jour, sous la direction et le contrôle incessant des maîtres [1].

Le Normal College de l'État de New York. — Ce n'est pas seulement à Philadelphie qu'on a réalisé ce nouveau type d'une École normale de pure pédagogie. En 1890, l'École normale d'Albany a été réorganisée sur un plan entièrement nouveau sous le nom de *Normal College* de l'État de New York; elle a écarté de son programme les branches ordinaires d'enseignement pour se consacrer exclusivement aux études professionnelles. Elle comprend deux cours, un *english course* de deux ans, qui conduit à un simple diplôme, et un cours classique de deux ans aussi, qui aboutit au grade de bachelier en pédagogie.

Le programme d'études embrasse la philosophie et l'histoire de l'éducation, les systèmes pédagogiques, l'administration scolaire (*school economy*), les méthodes d'enseignement dans les différentes branches, et enfin tous les sujets qui se rapportent directement à l'œuvre professionnelle des maîtres. Une école modèle, qui comprend quatre départements : — un jardin d'enfants, une école primaire, une école de grammaire et une *high school*, — est annexée au *Normal College*.

Mais nous nous écarterions de notre sujet si nous entrions plus avant dans l'étude des Écoles normales des États-Unis [2].

1. En général, il n'y a qu'une école, qui suffit aux deux objets : observation et pratique. Il faut d'ailleurs ajouter que nombre de pédagogues américains ne croient pas à l'utilité de l'école annexe d'application et voudraient qu'on ne conservât que l'école modèle d'observation.

2. Voir à ce sujet le fascicule publié par le Bureau d'éducation : *Rise and growth of the normal school idea in the United States*, par M. Gordy, professeur de pédagogie à l'Université de l'Ohio, à Athènes, 1891. Voir aussi

Quoiqu'elles portent parfois le titre ambitieux d'*académie normale*, de *collège normal*, et même d'*Université normale* (par exemple l'*Illinois State normal University*, la *Tougaloo University* (Missouri, etc.), leur office propre est de préparer des maîtres pour les écoles élémentaires : ce n'est qu'exceptionnellement qu'elles visent plus haut, et qu'elles s'occupent de former des professeurs pour les écoles secondaires. Ce n'est point à elles que s'adressent les collèges, et encore moins les Universités pour assurer le recrutement de leur personnel enseignant ; et il faut bien reconnaître qu'à ce point de vue les États-Unis n'ont pas encore d'organisation appropriée. On n'y trouve rien qui soit comparable à notre École normale supérieure d'enseignement secondaire. Le titre d'agrégé, qui représente chez nous l'aptitude à exercer les fonctions de professeur dans les lycées, y est totalement inconnu. Il ne faudrait pourtant pas croire que le recrutement soit tout à fait livré au hasard. A défaut de grades professionnels, on exige des professeurs de collège ou d'Université les grades académiques de bachelier ès arts, de maître ès arts, de docteur en philosophie, ou les grades analogues. En outre une tendance générale se manifeste à créer dans les Universités des cours spéciaux de haute pédagogie, et par suite à créer un grade nouveau, celui de docteur en pédagogie. Dans la préface qu'il a placée en tête de la monographie du professeur Gordy, sur *les Origines et le développement de l'idée de l'École normale*, M. Harris écrivait en 1891 : « Depuis que cette publication a été préparée, il y a dix-huit mois environ, de nombreux changements se sont produits qui montrent qu'on tend à mieux comprendre l'importance de l'éducation considérée comme une étude d'Université (*as University study*). L'école de pédagogie établie à l'Université Clark, la réorganisation de l'École normale d'Albany, la nouvelle distribution des études pédagogiques à Harvard sont des témoignages suggestifs des progrès accomplis. »

Que le professeur doit savoir plus de choses qu'il n'en enseigne. — Remarquons d'abord qu'en fait, à l'heure actuelle, les professeurs appelés à enseigner dans un établissement

les chapitres consacrés au même sujet dans le rapport de M. F. Buisson, sur l'Exposition de Philadelphie.

d'instruction d'un degré quelconque sont généralement pourvus des grades que délivrent les établissements du degré immédiatement supérieur. « Que sont, dit M. Gordy — en ajoutant d'ailleurs qu'il ne parle que de la généralité des cas, — que sont nos professeurs des *high schools* et des académies? Des gradués de collège. — Que sont nos professeurs de collège? Des gradués d'Université, des hommes qui ont suivi pendant deux ou trois ans un *post-graduate course* et qui ont mérité le titre de docteur en philosophie. — Que sont nos professeurs d'Université? Des hommes d'un talent supérieur, qui ont fait une étude approfondie de leur spécialité dans les meilleures Universités du monde.... Quelle est la signification de tous ces faits? C'est que, en vertu d'un principe universellement reconnu, le professeur doit savoir plus de choses qu'il n'en enseigne. Le professeur de sciences dans une *high school* a étudié les sciences avec une attention particulière pendant qu'il suivait les cours du collège. Le professeur d'une science spéciale dans un collège a consacré deux ou trois ans, après sa graduation, à étudier cette science dans les cours de l'Université. Enfin le professeur d'Université a employé beaucoup de temps à approfondir le sujet de son enseignement; il s'est élevé degré par degré à sa situation présente, à mesure que ses écrits et ses leçons ont prouvé qu'il y était passé maître, et qu'il possédait les qualités requises pour l'enseigner à son tour devant un auditoire de spécialistes [1]. »

C'est donc la possession des grades académiques qui garantit la valeur professionnelle des maîtres de l'enseignement dans les collèges et Universités des États-Unis. C'est en outre la loi de gradation qui leur est souvent imposée de passer successivement d'un degré à un autre dans la hiérarchie des fonctions : du rang d'*assistant* à celui d'*instructor*; l'*instructor* devenant ensuite un *assistant professor*, et le professeur adjoint à son tour étant promu à la dignité de professeur titulaire nommé à vie.

Il est pourtant manifeste, rien qu'à consulter les listes des professeurs dans les plus importantes des Universités améri-

1. Gordy, *op. cit.*, p. 128.

caines, qu'on n'est pas toujours très sévère sur la condition des grades, ni sur la question des spécialités, certains professeurs n'étant pourvus que de la maîtrise ès arts ou du baccalauréat, d'autres ne l'étant que d'un grade qui n'a point de rapport direct avec l'enseignement qui leur est confié. Prenons par exemple le tableau des professeurs de la Faculté des arts et des sciences de Harvard. Nous sommes très surpris, avec nos habitudes françaises, de constater que le président, M. Eliot, que M. Whitney, professeur de géologie, M. Cooke, professeur de chimie, M. Toy, professeur d'hébreu, M. Smith, professeur de latin, ne sont ni docteurs en philosophie, ni docteurs ès sciences, mais simplement docteurs en droit (LL. D.). D'autre part, plusieurs professeurs, entre autres le doyen de l'école des gradués, c'est-à-dire des cours d'Université, n'a que le grade de maître ès arts (A. M.); un professeur de latin n'est que bachelier ès arts (A. B.). A Yale nous trouvons, quoique en plus petit nombre, des anomalies semblables. M. Newton, docteur en droit, est professeur de mathématiques. La Faculté de philosophie de Columbia College compte sans doute deux docteurs en droit, douze docteurs en philosophie, mais aussi deux professeurs de littérature et de rhétorique qui ne sont que bacheliers. A Johns Hopkins, les choix paraissent être plus sévères que partout ailleurs, au point de vue des grades; presque tous les professeurs sont docteurs en philosophie.

Le doctorat en pédagogie. — Le congrès de Chicago s'est longuement occupé de la question du doctorat en pédagogie (*Ped. D.*) et des conditions qu'il convient d'imposer pour la collation de ce grade. Jusqu'à présent d'ailleurs ce nouveau titre est peu accrédité. Dans la plupart des Universités qui ont constitué sérieusement l'enseignement de la science et de l'art de l'éducation, à Yale, par exemple, à Ann Arbor, où pour la première fois des cours de pédagogie ont été introduits dans le *curriculum* des études, c'est au doctorat en philosophie que cette culture spéciale donne accès. Columbia College, qui fait des bacheliers et des maîtres en pédagogie (*Ped. B.* et *Ped. M.*), n'a pas de docteurs en pédagogie. Il n'y a que l'Université de la cité de New York qui depuis quelques années a établi un cours d'études pédagogiques aboutissant soit au titre de maître en pédagogie, soit à celui de docteur en pédagogie [1].

Ce sont naturellement des professeurs de l'Université de New York, MM. Jérôme Allen et Edward R. Shaw, qui ont exposé au congrès leurs vues sur l'organisation de ce nouveau diplôme.

Dans la pensée de M. Allen, le candidat au doctorat en pédagogie n'a pas seulement à faire preuve de connaissances acquises. Il faut d'abord, pour mériter ce grade, posséder des qualités que ne garantissent pas, que ne procurent pas même les études les mieux faites : « une forte personnalité associée à une parfaite intégrité et à un caractère moral élevé ». Les études elles-mêmes doivent porter sur six sujets : — 1° l'histoire de l'éducation, « qui montre comment les méthodes ont changé sous l'influence des races, des religions et des gouvernements, et qui est l'étude des causes éducatrices et de leurs effets » ; — 2° la psychologie pédagogique (*educational psychology*), qui enseigne comment les facultés de l'esprit se développent, et qui expose aussi les principes de l'éducation morale et même de l'éducation physique ; — 3° la méthodologie, c'est-à-dire la science des procédés à employer dans chaque branche d'enseignement ; — 4° la littérature pédagogique ; cet article, qui semble en un sens faire double emploi avec le premier, s'en distingue en ce qu'il vise la lecture des textes eux-mêmes : il s'agit de faire directement connaissance avec les œuvres les plus importantes de la pédagogie de tous les temps. Nous avons le regret de constater que les auteurs français ne figurent guère sur la liste proposée par M. Allen, liste qui s'ouvre par Platon, Aristote et Quintilien, en continuant par Ascham, Locke, Comenius et Milton, pour finir par Arnold, Spencer et Harris. M. Allen recommande en outre : *Léonard et Gertrude* de Pestalozzi, et son antécédent, l'*Émile* ; l'*Éducation de l'homme* de Frœbel ; la *Philosophie de l'éducation* de Rosenkranz ; la *Méthode de l'éducation* de Rosmini et un certain nombre d'ouvrages

1. En Angleterre, M. James Sully a proposé, en 1891, au *Governing Board* de l'Université de Londres d'établir des grades pédagogiques. La motion n'a été repoussée, à égalité de voix, qu'à raison de la voix prépondérante du président.

américains : Page, *Théorie et pratique de l'enseignement*; Horace Mann, *Rapports*; Boone, l'*Éducation aux États-Unis*; de Garmo, les *Principes de la méthode*; — 5° l'organisation scolaire en Europe et en Amérique, les progrès récemment accomplis en France, en Allemagne et en Angleterre

« Quelques-uns des meilleurs éducateurs du vieux monde étudient les questions pédagogiques en vue de chercher les moyens d'améliorer la condition des classes laborieuses. Ces questions, depuis vingt-cinq ans, sont devenues des questions vitales pour notre pays, et le docteur en pédagogie doit être en état d'y répondre. Nos écoles, dans l'avenir encore plus que dans le passé, doivent être les facteurs de la civilisation du peuple. Leur mission est d'enseigner directement l'art de vivre, non seulement en distribuant les connaissances nécessaires, mais aussi en exerçant leurs élèves dans les arts pratiques qui seuls peuvent assurer le bien-être et le bonheur des familles et de la collectivité. »

— 6° La dernière condition que M. Allen impose au docteur en pédagogie, c'est d'avoir fait des recherches personnelles dans quelque branche de la psychologie de l'enfant et de la psychologie expérimentale, en vue de déterminer la valeur éducative des diverses matières enseignées dans les écoles.

« L'habitude de faire des recherches originales et de s'appuyer sur les faits est des plus précieuses pour l'homme qui veut exercer utilement son activité dans le champ de l'éducation. Elle lui apprendra à écarter les vaines théories et à n'accepter pour vrai que ce qui a été l'objet de son expérience personnelle. »

On voit quel beau programme est proposé aux docteurs en pédagogie, qui, d'ailleurs, après avoir suivi ce large cours d'études, ont à présenter une thèse assez étendue sur un sujet d'éducation psychologique, pratique ou historique, afin de faire la preuve de leurs aptitudes aux travaux originaux et personnels.

Dans le mémoire qu'il a soumis au congrès, M. Shaw se sépare sur quelques points de son collègue. Il n'est pas d'avis, par exemple, qu'il faille commencer par l'histoire de l'éducation. D'accord avec le Dr Harnack du *Pedagogium* de Vienne, il estime que c'est par elle, au contraire, qu'il conviendrait de finir. Il désirerait, en outre, qu'avant d'étudier la psychologie dite pédagogique, on étudiât, dans deux cours distincts, la psychologie rationnelle et la psychologie physiologique. Il demande aussi qu'avant d'être admis à suivre les cours de préparation au doctorat, le candidat, pourvu d'ailleurs du diplôme de bachelier, ait fait un stage professionnel et acquis l'expérience de l'enseignement au moins pendant quatre ans. Enfin il ne croit pas à l'utilité d'une exposition didactique des règles de la méthodologie, « les méthodes devant s'adapter aux besoins des individus et étant aussi nombreuses que les enfants qu'on élève »; et en revanche il propose d'ajouter au programme commun et fondamental, — psychologie pure et expérimentale, principes de l'éducation, histoire de l'éducation, — une série de cours électifs sur la morale, l'histoire de la philosophie, les divers systèmes en usage, l'esthétique dans ses rapports avec l'éducation.

Quoi qu'il advienne du titre de docteur en pédagogie, il n'est pas douteux que la science de l'éducation ne soit destinée à un brillant avenir en Amérique et que l'étude n'en soit déjà poussée très avant. Nous le montrerons par quelques exemples.

Peabody normal College. — Le *Peabody normal College* de Nashville (Tennessee) a droit à une mention particulière, à raison de son importance et de son caractère [1]. Depuis plus de cinquante ans, dès 1837 environ, la vieille Université de Nashville s'était proposé, comme fonction essentielle, de préparer des élèves « pour les différentes sphères de l'effort pédagogique ». En 1875, l'ancienne institution s'est scindée en deux branches : de l'une est issue l'Université Vanderbilt; de l'autre une École normale d'État, qui, en 1889, à son nom d'Université de Nashville a ajouté celui de *Peabody normal College* [2]. Son président

1. Qu'il me soit permis d'ajouter que j'ai des raisons personnelles pour m'intéresser à un établissement qui a pour chef un des hommes de l'Amérique les plus sympathiques aux efforts de la pédagogie française, M. William H. Payne, qui a vulgarisé aux États-Unis par des traductions très bien faites plusieurs de mes ouvrages.

2. On sait que M. Peabody, dont le Collège normal de Nashville porte le nom, est un des plus généreux bienfaiteurs de l'enseignement aux États-Unis. Le *Peabody Fund*, dont la disposition est confiée à un conseil de *Trustees*, a été constitué en 1867, par M. Peabody (qui avait alors 70 ans),

et chancelier actuel est M. William H. Payne, chancelier de l'Université et président du collège, qu'il dirige depuis 1887.

Le but qu'on y poursuit est plus élevé que celui des Écoles normales ordinaires. Sans doute on n'y néglige pas de préparer des maîtres pour le service des écoles primaires; mais on a aussi des ambitions plus hautes. « Notre but supérieur, dit le programme officiel de l'établissement, est de former un corps d'éducateurs professionnels, qui aient des idées claires sur les problèmes complexes de la pédagogie, qui puissent résoudre les questions à l'ordre du jour dans un esprit de sage et judicieuse philosophie; dont l'influence ne soit pas limitée à une école isolée, mais qui agissent sur l'éducation publique en dehors des salles de classe et façonnent l'opinion sur une plus large échelle. En d'autres termes, le but de notre école est de former des hommes et des femmes qui se distinguent dans l'œuvre de l'éducation, de même que d'autres écoles professionnelles se sont attachées à élever des hommes éminents dans le droit, la médecine et la théologie [1]. »

Le Normal College de Nashville comptait, en 1892-93, 560 élèves (garçons et filles), et 28 *instructors* de tout ordre. Cinq ans auparavant, il n'avait que 177 élèves et 11 instructors. Le progrès est sensible.

Le collège délivre d'abord des diplômes de licencié (*licentiate in instruction*), après deux ans d'études, et de bachelier (arts, sciences, lettres), après quatre ans. On remarquera que le grade de licencié, qui est peu connu en Amérique, représente ici un degré inférieur à celui de bachelier. Il donne d'ailleurs droit, d'après la législature du Tennessee — qui a été adoptée par le Texas et par d'autres États, — à occuper un emploi de *teacher* dans les écoles publiques, sans autre examen à subir.

La préparation à la licence comporte dix-huit cours complets (*full courses*), — un cours complet comprenant cinq heures

pour l'éducation du plus grand nombre possible de jeunes enfants. De 1873 à 1888 le total des sommes distribuées s'est élevé à 1 293 204 dollars, dans les proportions suivantes : pour les Écoles normales 44 p. 100, pour les écoles publiques 51 p. 100, pour les académies et séminaires, etc., 3 p. 100 enfin pour les journaux d'éducation 2 p. 100.

1. Voir le *Catalogue* de *Peabody normal College*, 1892-1893, p. 59.

d'exercices (classes, leçons, travaux de laboratoire), par semaine, pendant un semestre. La préparation aux divers baccalauréats en comporte vingt-cinq.

Ces cours traitent des matières suivantes : latin, grec, philosophie, pédagogie, mathématiques, langue anglaise, littérature anglaise, français ou allemand, histoire et géographie, chimie, physique, biologie, beaux-arts, musique. La pédagogie est obligatoire pour tout le monde; le latin aussi, sauf pour les candidats au baccalauréat ès lettres; le grec ne l'est que pour les bacheliers ès arts. Chacun de ces enseignements ne figure pas d'ailleurs pour la même proportion dans le total des dix-huit ou des vingt-cinq cours exigés.

Voici par exemple la distribution des études pour les aspirants à la licence *of instruction* :

Latin	2,2/5
Philosophie	3/5
Pédagogie	1,2/5
Mathématiques	3,3/5
Langue anglaise	2
Littérature anglaise	1
Histoire et géographie	2
Chimie	3/5
Physique	3/5
Biologie	3/5
Beaux-arts	1/5
Musique	1/5
Total	16,2/5

Pour le restant, soit un cours et 3/5 — afin de compléter leurs dix-huit cours, — les candidats à la licence choisissent à leur gré parmi les autres enseignements que distribue le collège.

Dans les cours que suivent les aspirants à la licence, aucune prépondérance n'est pourtant donnée à telle ou telle étude : il s'agit seulement de préparer le futur maître au *general work* des écoles publiques. Mais dans les cours préparatoires au baccalauréat, on insiste plus particulièrement sur une ou plusieurs branches d'enseignement, soit les mathématiques et les langues anciennes, pour le B. A., soit les sciences physiques, pour le B. S., soit la littérature et les langues modernes pour le B. L.

Le *Peabody normal College* confère aussi les grades de maîtres ès arts, ès lettres et ès sciences, aux bacheliers de chacune de ces catégories qui suivent les *post-graduate courses*. Les étudiants de cet ordre, peu nombreux d'ailleurs, sept seulement en 1892-93, doivent choisir trois séries d'études, l'une *major* et les deux autres *minors* : par exemple l'histoire de l'éducation (*major*), l'économie politique et le latin (*minor*). Ils poursuivent chacune de ces trois études sous la direction d'un des *instructors*, et à la fin de l'année ils présentent une *thèse* relative à leur *major subject*, en même temps qu'ils subissent un examen oral sur cette matière et sur les deux autres. Ils ne sont pas astreints à suivre les cours du collège, et c'est dans la bibliothèque de l'Université qu'ils réalisent la plus grande partie de leur travail, par leurs recherches personnelles.

L'instruction, au *Peabody normal College*, est donc une instruction générale analogue à celle des autres collèges; elle n'en diffère que par la place importante qui y est faite à l'étude de la philosophie appliquée à l'éducation et à celle de la pédagogie proprement dite.

Voici le programme de ces deux cours :

PHILOSOPHIE.

L'étude de la philosophie commence dès la première année (*junior year*), par un cours obligatoire de psychologie (3 heures par semaine pendant un semestre). Le but de ce cours est double : 1° faire connaître à l'élève les lois fondamentales de l'esprit dans leurs rapports avec la pratique de l'enseignement; 2° le préparer à une étude plus approfondie de la psychologie, étude qu'on aborde dans le second semestre. Le travail scolaire comprend la lecture du *text-book* (Compayré, *Psychologie*); des leçons, des discussions et des récitations. D'autres cours de philosophie sur la morale et sur la logique sont électifs.

PÉDAGOGIE.

Le but de cet enseignement est de procurer les connaissances professionnelles qui distinguent un vrai maître d'un simple *scholar*. A cet effet le programme comprend l'étude de l'éducation dans ses trois phases : pratique, scientifique et historique. Les cours professés sont les suivants (on remarquera que le sujet de quelques-uns d'entre eux est simplement indiqué par le titre du *text-book* qui y est étudié).

1. Page, *Théorie et pratique de l'éducation*; 2. Payne, *Esquisse des doctrines de l'éducation*; 3. Compayré, *Leçons de pédagogie*; 4. *Science de l'éducation*; 5. *Histoire de l'éducation*; 6. *Administration des écoles*; 7. *Méthodes de l'enseignement primaire*; 8. *Études sur la République de Platon*.

Au collège est naturellement annexée une « École modèle » ou école d'observation; mais on ne croit pas utile de recourir aux procédés des écoles d'application, où les enfants ne sont pour des instituteurs novices que des sujets d'expérimentation.

Ce qui fait la force et le succès de l'Université de Nashville, c'est que d'abord la pensée éducatrice y est dominante : on n'y sépare point l'étude des méthodes et celle des principes ou de la doctrine, « parce qu'on sait qu'en les séparant on *mécanise* l'instruction, on enchaîne l'école à la routine ». C'est aussi que, grâce à la générosité des *Trustees of Peabody Education Fund*, 204 bourses (*scholarships*) ont été fondées, qu'on distribue avec soin, et en prenant toutes sortes de précautions pour le choix des bénéficiaires [1].

Voici par exemple quelques-unes des conditions imposées :

— « Une bonne santé est une des conditions indispensables. Tout candidat atteint d'une infirmité chronique, telle que la faiblesse des poumons, ou la faiblesse des yeux, doit être éliminé. L'usage du tabac, sous n'importe quelle forme, est considéré comme une cause d'incapacité (*of disqualification*). Le candidat doit s'engager à enseigner pendant deux ans au moins après sa graduation. Les personnes d'un tempérament paresseux ou indolent, d'habitudes peu rangées, et de dispositions vicieuses, sont écartées d'emblée. Lorsqu'on a à choisir entre un jeune homme et une jeune fille d'un mérite égal, c'est le jeune homme qui doit être préféré, non qu'on ait l'intention d'établir par là un préjugé contre la jeune fille, mais parce que les jeunes hommes sont plus aptes à persévérer dans la carrière de l'enseignement. »

Les candidats aux bourses doivent d'ailleurs être âgés de dix-sept ans, tandis que les autres élèves sont admis à seize ans. Les connaissances littéraires qu'on exige d'eux sont la

1. L'instruction est d'ailleurs gratuite pour tous les étudiants.

langue et la composition anglaises, l'histoire des États-Unis, la géographie, les mathématiques, les éléments du latin.

La bourse est de 100 dollars par an; elle est conférée pour deux ans; en outre on délivre aux boursiers des billets de chemin de fer, valables aussi pour deux ans, et qui leur permettent de se rendre de chez eux à Nashville, et réciproquement, « par la route la plus directe ».

La pédagogie à l'Université Leland Stanford. — L'Université de Nashville est donc presque exclusivement une Université de pédagogie; mais ce qui n'est pas moins intéressant à constater, c'est que dans presque toutes les Universités la science de l'éducation constitue une section spéciale d'études. Ce qui est une rareté en France, où nous n'avons encore que quelques chaires isolées dans un tout petit nombre de Facultés des lettres, est la règle en Amérique.

Sans pouvoir signaler ici tous les efforts déjà accomplis, voici ce qui se fait à Leland Stanford [1]. Le département de l'éducation est placé sur le même rang que les autres sections d'enseignement, mathématiques, grec, etc., c'est-à-dire que l'étudiant en pédagogie, pour le même nombre d'années passées à l'Université, peut aspirer aux grades comme ses camarades des autres départements. Un tiers de son temps de travail est consacré aux études spéciales d'éducation, et, pour les deux autres tiers, il choisit à son gré; — le principe suivi à Stanford étant encore plus qu'ailleurs le principe des cours électifs. On exige seulement qu'il sache lire le français et l'allemand, et qu'il ait suivi certains cours de psychologie et d'hygiène.

« Le but de notre travail, dit M. Earl Barnes, professeur de pédagogie, est en premier lieu de donner une éducation libérale. Nous ne prétendons pas imposer tel ou tel système de philosophie pédagogique: mais nous cherchons à diriger les études de nos élèves, en les exerçant à la recherche historique et scientifique, de manière à obtenir des résultats aussi favorables que ceux qu'on obtient dans les autres départements de l'Université. »

En d'autres termes, l'étudiant qui se spécialise dans la pédagogie, en y joignant d'ailleurs d'autres études, est considéré

1. Voir dans l'*Educational Review* l'article de M. Earl Barnes, *The study of education in Stanford University*, novembre 1893.

comme l'égal des étudiants des autres sections; comme eux, il est un étudiant de la *higher education*.

« Notre second but est de pousser les recherches originales assez loin pour ajouter quelque chose à la somme des connaissances déjà acquises. Rien ne stimule professeurs et élèves comme la recherche de vérités nouvelles.

« En troisième lieu, nous aspirons à faire connaître à nos élèves tout ce qui a été pensé et écrit de meilleur sur les questions d'éducation. »

Deux cours sont professés sur l'histoire de l'éducation : un sur le développement de « l'intelligence européenne » (*European intellect*), et un autre cours parallèle, au même point de vue, sur l'Amérique. « C'est comme l'histoire de la civilisation, étudiée dans ses rapports avec les problèmes pédagogiques; ces études sont faites d'ailleurs, en majeure partie, d'après les sources originales. »

Un *séminaire* de pédagogie se réunit une fois par semaine, pour approfondir quelques points spéciaux : par exemple le développement des Universités américaines; les précurseurs de Comenius; l'histoire des jardins d'enfants, etc.

On attache une importance particulière à l'étude de la psychologie de l'enfant, que M. Stanley Hall et quelques autres écrivains ont popularisée en Amérique, et qui a été, au congrès de Chicago, l'objet de plusieurs communications remarquables. Et pour assurer à cette étude toutes les ressources dont elle a besoin, on a établi une école expérimentale, comme un « service d'enfants à observer », analogue au service des enfants malades à soigner dans les hôpitaux.

« Des enfants de deux à douze ans sont reçus dans notre école expérimentale, dit M. Barnes : ils sont logés dans les bâtiments de l'Université, entretenus aux frais de l'Université; et ils ont avec notre *department* de recherches pédagogiques les mêmes relations qu'un hôpital avec le *department* d'études médicales. »

On ne se contente pas des observations recueillies dans ce laboratoire psychologique, d'un genre pourtant original. Par application des procédés de l'*University extension*, on a organisé des classes de professeurs dans une dizaine de villes de la

Californie. Ces classes, qui correspondent avec l'Université, lui ont adressé déjà plusieurs milliers d'observations sur le développement physique, sur le sens de la couleur, sur la peur, sur les idées religieuses de l'enfance, etc. C'est, avec plus de précision et avec des moyens plus pratiques, quelque chose d'analogue à ce que M. Binet tentait récemment chez nous en adressant à diverses personnes un questionnaire auquel elles devaient répondre sur certains points de la psychologie enfantine.

D'autres cours didactiques enseignent aux élèves les principes de l'organisation des écoles, les méthodes des diverses branches d'enseignement. Et, comme toujours en Amérique, on a des façons nouvelles de préparer ces diverses leçons. Pour le cours relatif à l'organisation des écoles, on a réuni plus de quatre mille rapports et catalogues provenant d'autant d'établissements.

Enfin, dans d'autres cours encore, on compare les systèmes pédagogiques de l'Europe; on étudie en français l'*Émile*, et en allemand *Léonard et Gertrude*.

C'est donc un ensemble complet d'études théoriques et pratiques d'éducation que l'Université Stanford a réussi à combiner dès ses premières années d'existence. Et l'on ne saurait s'étonner qu'avec de telles ressources elle ait l'ambition de former, non seulement des professeurs pour les écoles de grammaire et les *high schools*, mais des maîtres d'un ordre plus élevé, qui deviennent des *leaders* dans l'œuvre de l'éducation.

CHAPITRE IX

Les Universités nègres.

La question des nègres (negro question) au point de vue scolaire. — Il serait tout à fait intéressant d'étudier dans le menu détail la question des nègres en Amérique au point de vue de l'éducation. Nous nous bornerons à considérer brièvement ce que l'opinion publique augure de l'avenir scolaire d'une race qui, émancipée depuis quelques années, fait un effort méritoire et touchant vers l'instruction et la lumière, qui aspire à profiter de sa liberté naissante et des droits dont elle a été si longtemps déshéritée, pour se faire une place honorable dans la société; à examiner aussi quelles sont les ressources dont elle dispose, pour organiser son système spécial d'enseignement, et enfin à quels résultats elle est déjà parvenue.

Ce qu'on pense en Amérique de l'instruction des nègres. — Il n'est pas douteux que l'opinion des Américains n'est pas encore complètement gagnée à l'idée de l'émancipation des nègres par l'instruction. Sans doute, au congrès de Chicago, nous avons entendu le président Angell s'écrier aux applaudissements de l'auditoire : « Il sera éternellement juste d'élever le nègre, d'élever et de christianiser le nègre[1] ».

1. *Proceedings*, p. 35.

Le christianiser, personne, je crois, n'y fait objection. Mais ce que l'on discute encore, c'est la possibilité, c'est surtout l'utilité d'une haute instruction pour lui. Chaque nègre qu'on instruit, dit-on sèchement, c'est un ouvrier de moins pour le travail des champs. A quoi bon d'ailleurs cultiver son intelligence, alors que dans la société les positions libérales, les occasions de gagner la vie autrement que par le travail des mains, lui sont si rarement accessibles? Depuis le peu d'années qu'ils sont libres, les nègres n'ont pas eu le temps de devenir riches; les familles sont trop pauvres pour supporter les frais d'un long entretien au collège et à l'Université. Enfants, ils ne trouvent à la maison paternelle, si tant est qu'ils aient une maison paternelle, ni livres, ni journaux, rien de ce qui prépare de bonne heure l'éducation des enfants de race blanche. L'expérience enfin ne montre-t-elle pas que trop souvent le nègre instruit échoue dans la vie et devient un déclassé [1]?

A ces objections et à beaucoup d'autres du même genre, les amis de la race nègre, ou pour mieux dire, les amis de l'humanité, ne sont pas en peine de répondre en invoquant les droits de la justice ou les devoirs de la charité. Ils s'attachent d'ailleurs à montrer par les faits que la race nègre n'est ni indigne, ni incapable de recevoir une instruction supérieure.

Sans doute, dit-on, beaucoup de nègres à demi instruits ou mal instruits (*half taught or unwisely taught*) tournent mal et cherchent à gagner de l'argent dans des chemins de traverse. Mais en cela, ajoute-t-on vertement, les nègres ne font que démontrer leur parenté avec leurs semblables de race blanche!... Pas plus pour les blancs que pour les nègres, l'instruction n'est une garantie de vertu. Il faut simplement conclure, sur ce point, que les deux races ont besoin l'une et l'autre d'une éducation meilleure que celle qui leur a été donnée jusqu'à présent. Sans dissimuler que, pour quelques qualités, la race nègre est intellectuellement inférieure, qu'elle a, par exemple, peu de goût pour les abstractions, que ses facultés linguistiques sont pauvres, on fait observer en revanche qu'elle montre une

1. Voir les *Reports* du Bureau d'éducation, où un chapitre distinct est consacré chaque année à l'*Education of the colored race*.

grande ardeur au travail, qu'elle sent vivement le prix de l'instruction[1], qu'enfin elle témoigne d'aptitudes heureuses pour certaines professions libérales. « Le nègre instruit aspire surtout à la prédication et à l'enseignement : à la prédication d'abord, parce qu'il peut y déployer sans obstacle son besoin instinctif de parler. Le nègre est orateur par instinct. » Il suffit d'avoir voyagé en Amérique pour n'en pas douter. Plus d'une fois nous avons trouvé sur notre route, dans les rues de Chicago, ou dans la campagne, aux environs de Niagara-Falls, des nègres, prédicateurs ambulants, qui haranguaient la foule sur une borne ou sous une tente. L'enseignement proprement dit convient aussi, et pour les mêmes raisons, au naturel des nègres. Leurs Écoles normales sont nombreuses et populeuses. Leurs Universités produisent surtout des professeurs. L'*Atlanta University*, en Géorgie, a fait en seize ou dix-huit ans 200 gradués, dont les deux tiers exercent des fonctions d'enseignement. Mais ce n'est pas seulement comme prédicateurs et comme professeurs que les nègres capables se distinguent; comme médecins aussi, ils font honneur à l'instruction qu'ils ont reçue, par exemple, à Nashville, au *Maharry medical department*, ou dans la Caroline du Nord, au *Leonard medical College*. « La

1. Voici quelques témoignages très favorables aux capacités intellectuelles des nègres : « Je désire qu'on sache, dit M. Baker, surintendant de Savannah (Géorgie), que, d'après le résultat de mon observation qui a été très étendue, je suis maintenant convaincu que les noirs sont extrêmement préoccupés (*anxious*) de l'éducation de leurs enfants. Dans les écoles de Savannah, les enfants nègres font de rapides progrès. Ils ne montrent pas seulement leur aptitude à apprendre ce qu'on appelle les « branches élémentaires », mais ils paraissent saisir sans difficulté les enseignements que comprend l'éducation dite secondaire. Je tiens à le dire parce que j'avais soutenu autrefois l'opinion opposée. »

De même, le surintendant de Fleming County (Kentucky) déclare que « dans les écoles nègres les enfants progressent aussi rapidement que ceux de la moyenne des écoles blanches; l'expérience nous révèle que les enfants nègres peuvent être aussi bien élevés, et à peu près dans le même laps de temps, que les enfants de race blanche. »

On va parfois jusqu'à affirmer que parfois le nègre se montre supérieur au blanc. « Les enfants de couleur prennent plus d'intérêt aux études et avancent plus rapidement dans les classes primaires que ne le font les blancs. » Et encore : « Les hommes de couleur sentent vivement le prix des bienfaits de l'éducation, et étant données les circonstances, ils ont fait plus de progrès que n'en ont fait les blancs ». (*Report*, etc., 1888-89, p. 1418.)

grande majorité des gradués de ces écoles, dit le Dr Haygood, réussissent admirablement dans la pratique de la médecine. Ils sont une bénédiction pour leur race, et en même temps des citoyens utiles et heureux. »

De tels résultats justifient amplement la participation des nègres aux études secondaires et supérieures. Mais un tableau que M. Harris a pris soin de faire dresser va nous indiquer, avec plus de précision, quelles fonctions occupent les gradués des Universités de race noire[1].

Professions exercées par les nègres gradués. — Sur 1 289 gradués sortis de 17 établissements particulièrement importants, 693 appartiennent à l'enseignement comme instituteurs; 116 sont hommes de loi (*attorneys at law*, etc.); 117 sont ministres de différents cultes; 163 exercent la médecine : — ce sont là les gros contingents; — le reste se répartit ainsi : professeurs de collèges et d'Universités, 27; éditeurs, 5; commerçants, 15; fermiers, 12; charpentiers, 1; employés du gouvernement, 30; droguistes, 5; dentistes, 14; bibliothécaires, 2; imprimeurs, 2; mécaniciens, 2; bouchers, 2; étudiants d'Universités, 46, etc.

Il ne saurait donc être question d'interdire aux nègres les plus larges et les plus hautes études, puisqu'un certain nombre d'entre eux y réussissent. Néanmoins, dans les conditions sociales particulières que leur créent, soit leur pauvreté personnelle, soit les préjugés de race et de couleur, leurs meilleurs amis estiment qu'ils doivent modérer leurs prétentions scolaires; que le *curriculum* ordinaire des collèges n'est pas l'instruction qui leur convient le mieux, et que l'apprentissage du travail industriel, sous toutes ses formes, doit faire partie intégrante du programme des études, même dans les collèges et les Universités qui leur sont propres. Et de fait, toutes les institutions auxquelles appartiennent les 1 289 gradués dont nous parlions tout à l'heure, ne croient pas déroger en enseignant les métiers de cordonnier, de tailleur, de maçon, etc. Les Universités nègres préparent des peintres en bâtiments, en même temps que des médecins et des légistes, des couturières

1. *Education Report*, etc., 1889-90, p. 1082.

aussi bien que des institutrices. Et, détail à noter, un grand nombre des 693 *teachers* gradués que nous recensions plus haut, ayant profité pendant leur séjour à l'Université de l'enseignement technique qui y est donné, s'empressent, quand leur classe est en vacances, de reprendre leur métier manuel[1].

Même quand ils sortent bacheliers de l'Université, les nègres se contentent, faute de mieux, des conditions les plus modestes : un bachelier ès arts qui a quitté l'Université Fisk en 1890 est tout simplement gardien de « Sleeping car » (*a Sleeping car porter*) !

Ressources dont dispose l'instruction des nègres. — Un des grands obstacles que rencontre le progrès de l'instruction des nègres, c'est l'insuffisance des ressources pécuniaires. « C'est l'éternelle barrière, dit le chef de l'un de leurs collèges; nous avons été obligés encore cette année de refuser du monde : nous n'avions pas de place pour loger plus d'élèves. » Et cependant ce n'est pas par le luxe, par l'excès des dépenses que pèchent les Universités nègres. Nulle part ailleurs l'instruction n'est à aussi bon marché. A l'Université Claflin, dans la Caroline du Sud, les dépenses totales s'élèvent par an à 52 dollars, soit un peu plus de 250 francs. L'étudiant nègre est logé pour 1 dollar par mois, le blanchissage lui coûte autant, 1 dollar : « Vous pouvez penser que ce sont là des prix raisonnables, dit un journal américain, *the Charlestown News and Courier*. Mais vous vous demanderez certainement comment un être vivant peut être nourri pour 3 dollars et demi par mois, soit 17 ou 18 francs, comme le sont les étudiants de Claflin ! Et cependant ils sont bien nourris ! »

Les rétributions scolaires sont minimes : 50 *cents*, c'est-à-dire 2 fr. 50 par mois à Claflin; 1 dollar, à Fisk University; et ce n'est point de ce côté que les Universités nègres peuvent se procurer les ressources dont elles ont besoin[2]. Heureusement des associations puissantes les protègent et elles reçoivent, soit

1. Dans quelques établissements, les élèves indigents sont exercés dans différentes branches de l'industrie, afin de trouver tout de suite, dans le produit de leur travail, de quoi défrayer leurs dépenses.

2. Le produit des *fees* pour les 22 collèges et Universités nègres n'a été en 1889-90 que de 41 216 dollars.

des États, soit de quelques bienfaiteurs privés, de larges subventions.

Au premier rang se place l'*American Missionary Association*, qui soutient de ses libéralités six collèges et Universités : *Fisk University*, *Atlanta University*, *Talladega College*, *Tougaloo University*, *Straight University*, *Tillotson normal Institute*, et 21 autres établissements, *normal and graded schools*. Une autre association religieuse de l'Église méthodiste épiscopale, la *Freedmen aid and Southern Education Society* contribue aussi au budget de l'instruction publique nègre.

Les États interviennent, mais d'une façon irrégulière. En 1889-90, trois seulement sont venus en aide à leurs Universités : la Louisiane, à la *Southern University* de la Nouvelle-Orléans, pour 7 500 dollars; l'Ohio, à la *Wilberforce University*, pour 6 000 dollars, et la Caroline du Sud à la *Claflin University*, pour 10 800 dollars.

De généreux citoyens, M. John F. Slater, M. Daniel Hand, ont constitué au profit de ces pauvres Universités des donations assez importantes. De 1883 à 1891, 321 991 dollars ont été déboursés sur le fond Slater [1]. Le *Daniel Hand fund* a été mis à la disposition de la *Missionary Association* en 1888, « pour assurer l'éducation des nègres d'Afrique établis dans les anciens États à esclaves, de tous ceux du moins qui, pauvres et indigents, témoignent par la vigueur et la force de leur corps et de leur esprit que l'éducation peut leur être utile dans cette vie et dans l'autre ». La donation était de 1 000 894 dollars 25 cents. Le revenu distribué en 1889-1890 s'est élevé à 47 428 dollars 72 cents [2].

Les ressources dont nous venons de parler ne s'appliquent qu'aux établissements secondaires ou supérieurs. En ce qui concerne les écoles primaires, pour les nègres comme pour les

1. La donation de M. Slater est attribuée exclusivement aux écoles industrielles et professionnelles.

2. C'est à l'âge de quatre-vingt-huit ans que M. Daniel Hand, de Madison (Connecticut), ayant perdu sa femme et ses enfants, a fait don d'une partie de sa fortune à la *Missionary Association*; après avoir d'abord songé à en faire bénéficier quelques collèges du Nord, il s'est décidé en faveur de l'éducation des nègres dans les États du Sud, où il possédait d'immenses propriétés.

blancs, ce sont les États qui pourvoient à la dépense. Excepté dans le Delaware et le Maryland, où les nègres sont un peu moins favorablement traités, le revenu scolaire annuel de chaque État est réparti également entre tous les enfants qui fréquentent les écoles, sans distinction de couleur, à raison de tant par tête d'enfant. Au point de vue de l'instruction élémentaire, il ne faut donc pas s'étonner que les résultats soient des plus satisfaisants et qu'ils excitent l'admiration des Américains : « C'est un fait merveilleux que trente-trois ans après la révolution qui leur a donné la liberté, environ deux millions de noirs sachent lire ». De même, et avec une sorte d'enthousiasme, un surintendant du Kentucky s'écrie : « Qu'une race humaine, qui descend, après un petit nombre de générations, des tribus sauvages adoratrices des serpents dans les déserts de l'Afrique, ait pu, une vingtaine d'années après son émancipation, avoir un système d'éducation régulièrement organisé et conduit par un millier d'instituteurs et d'institutrices de sa race (il ne s'agit que du Kentucky), c'est une merveille dans l'histoire de la morale et de l'ethnologie, et dans l'éducation des nations;... c'est la promesse d'une ère nouvelle dans l'histoire de l'humanité [1] ».

Statistique des écoles primaires nègres. — Arrivons à des statistiques précises. La population nègre, dans les 17 États à esclaves, était en 1890 de 6 934 840 [2], contre 13 070 725 blancs. Les élèves inscrits dans les écoles étaient au nombre de 1 289 944, en 1889, soit une proportion de 18,5 pour cent : la proportion pour les blancs n'est pas de beaucoup supérieure, 22,1 pour cent. De même la fréquentation ne laisse pas beaucoup plus à désirer chez les nègres que chez les blancs : 63,3 pour cent chez les blancs, 62,4 pour cent chez les nègres. Le nombre des instituteurs et institutrices est de 24 009 (chiffres de 1889).

Statistique des établissements d'instruction supérieure. — En 1889-90, on comptait pour l'instruction des nègres 39 Écoles normales, avec 256 maîtres et 6 201 élèves, 71 éta-

1. *Report*, etc., 1888-89, p. 1416.
2. Elle était au total, dans l'ensemble des États-Unis, de 7 470 040, en 1890. Voir Bryce, *American commonwealth*, chapitre xciii : *Present and future of the negro*.

blissements d'enseignement secondaire (qui portent presque tous le titre d'académie ou d'*institute*), avec 415 maîtres et 12 420 élèves [1], et enfin 22 collèges et Universités [2].

Collèges et Universités. — Les collèges et les Universités nègres n'aspirent pas sans doute, pour la plupart, à prendre rang parmi les établissements d'enseignement supérieur. Le plus grand nombre bornent leurs prétentions à donner l'enseignement secondaire sous ses deux formes (*college* et *preparatory to college*). Mais quelques-uns comprennent des écoles de droit et des écoles de médecine, et presque tous enseignent la théologie.

Écoles de théologie. — Il est même à remarquer que les écoles de théologie nègres dépassent le nombre des collèges et des Universités, puisqu'elles ne sont pas moins de 24. Quelques-unes constituent des établissements distincts, ou bien sont annexées à des académies, à des écoles secondaires du premier degré. La théologie est manifestement une des vocations de la race nègre. Ces 24 écoles comptent 71 professeurs et 734 élèves. Une seulement, *Theological department of Howard University*, à Washington, se déclare non confessionnelle; les autres se répartissent ainsi qu'il suit dans les diverses confessions religieuses : baptistes, 8; méthodistes épiscopaux, 6; méthodistes épiscopaux africains, 2; congrégationalistes, 3; presbytériens, 4.

Écoles de droit. — Les écoles nègres de droit sont au nombre de 5, avec 11 professeurs et 57 élèves; en outre six étudiants nègres suivent les cours de droit dans les Universités de race blanche.

Écoles de médecine. — La médecine a plus de succès, et dans quatre écoles de médecine, d'art dentaire et de pharmacie, on ne compte pas moins de 247 étudiants, instruits par 52 professeurs (en outre 63 étudiants nègres sont inscrits dans les écoles *designed for whites*).

En résumé les collèges et Universités nègres ne sont pas

1. Dans ce chiffre de 71 académies, etc., sont compris les *preparatory departments* des Universités; les établissements secondaires distincts ne sont par conséquent pas plus de cinquante.

2. Exactement, 5 collèges et 17 Universités.

moins de vingt-deux, dont voici le tableau [1], avec le nombre de professeurs et des élèves en 1889-90.

SITUATION	DÉNOMINATION	CONFESSION	PROFESSEURS	ÉLÈVES
Selma (Alabama).	*Université de Selma.*	Baptiste.	5	9
Little Rock (Arkansas).	*PhilanderSmithCollege.*	Méth. Episc.	3	12
Washington (D. C.).	*Howard University.*	Non sect.	6	22
Atlanta (Georgia).	*Atlanta University.*	Non sect.	7	18
—	*Clark University.*	M. E.	5	7
Berea (Kentucky).	*Berea College.*	Non sect.	9	33
Nouvelle-Orléans.	*Leland University.*	Baptiste.	7	21
—	*New Orleans University.*	M. E.	4	7
—	*Southern University.*	Non sect.	3	7
—	*Straight University.*	Congrég.	5	3
Holly Springs (Missouri).	*Rust University.*	M. E.	1	40
Rodney (Missouri).	*Alcorn agricultural and mechanical College.*	Non sect.	7	62
Charlotte (Caroline du Nord).	*Biddle University.*	Presb.	9	45
Raleigh (Caroline du Nord).	*Shaw University.*	Baptiste.	1	42
Salisbury (Caroline du Nord).	*Livingstone College.*	A. M. E.	4	20
Wilberforce (Ohio).	*Wilberforce University.*	A. M. E.	6	7
Lincoln.	*Lincoln University.*	Presb.	10	96
Columbia (Caroline du Sud).	*Allen University.*	A. M. E.	1	11
Orangeburg (Caroline du Sud).	*Claflin University.*	M. E.	6	16
Nashville (Tennessee).	*Central Tennessee College.*	M. E.	7	9
—	*Fisk University.*	Congrég.	7	49
—	*Roger Williams University.*	Baptiste.	5	31
			127	572

En outre, 238 élèves suivaient les cours de divers collèges et Universités dans les États du Nord : c'est au total, pour 1889-90, au moins 810 élèves de race nègre. Examinons en détail une de ces Universités.

L'Université Fisk. — L'Université Fisk est établie à Nashville, la cité qu'on appelle l'Athènes du Sud, à côté de l'Université de Nashville (*Peabody normal College*) et de l'Université Vanderbilt. Elle a été fondée en 1865, et comprend un collège d'enseignement classique, une École normale, une école de théologie, une école de musique, etc.

« Dès le début de l'entreprise (qui eut pour initiateurs les membres de la *Missionary Association* de New York), on a annoncé hautement le dessein d'établir, pour les enfants de couleur des États du Sud, une Université qui leur procurât tous

1. *Education Report* de 1889-90, p. 1088.

les avantages d'une éducation chrétienne, en quelque sphère que l'énergie et la capacité de la race demandent à s'étendre dans l'avenir... Et ç'a été le ferme propos de la *Missionary Association* et de ses représentants au sein de l'Université, de réaliser dans la lettre et dans l'esprit cette audacieuse et large promesse faite à la race émancipée, au brillant matin de sa vie nouvelle. »

Dix ans après sa fondation, l'Université Fisk a vu ses premiers gradués : deux jeunes hommes et deux jeunes filles ont reçu le diplôme de A. B., en 1875. La même année, l'École normale faisait trois brevetés.

Aujourd'hui le corps enseignant de l'Université Fisk se compose dans son ensemble de plus de trente personnes, dont les ecclésiastiques forment un tiers environ, et des professeurs femmes les deux autres tiers. Le *college department* a dans sa Faculté 10 professeurs et 51 élèves; le *normal department*, 10 professeurs aussi et 101 élèves; le *college preparatory department*, 60 élèves; et l'Université, au total, en y comprenant un cours élémentaire, appelé *common english department*, compte une population de 533 élèves, dont 208 garçons et 325 filles.

Programme des études classiques. — Il ne faut demander à l'Université Fisk rien qui ressemble à un enseignement supérieur proprement dit. Tout se réduit à des études de collège ou préparatoires au collège. Pas de cours électifs : on ne dispose pas d'assez de professeurs pour multiplier les enseignements. Mais on fait des efforts louables pour comprendre dans un programme unique tout l'essentiel. On en jugera d'ailleurs en parcourant le plan d'études du cours classique de l'Université Firk [1].

FRESHMAN YEAR : *Latin* : Virgile, *Énéide*, trois chants. Cicéron, *De Senectute*. Cours de composition latine (trois mois). — *Grec*, l'*Iliade* (les trois premiers chants). Thucydide, VIIe livre de la *Guerre du Péloponèse*. — *Mathématiques* : algèbre, géométrie, lever des plans.

SOPHOMORE YEAR : *Grec* (pendant un trimestre) : *Mémorables* de Xénophon, le *Phédon* de Platon. — *Latin* (deux trimestres) : Horace, *Odes*, *Satires*, *Épîtres*. — *Rhétorique* (un trimestre). — *Mathématiques* (idem).

1. Il y a aussi un cours scientifique, qui ne diffère du cours classique que par l'omission du grec.

Français (toute l'année); thèmes et versions, littérature française. — *Gouvernement civil* (un trimestre). — *Botanique* (un trimestre).

JUNIOR YEAR : *Latin* (un trimestre) : Tacite, *Agricola*, ou la *Germanie*. Histoire romaine. — *Grec* (deux trimestres); Demosthène, *Pour la couronne*. Sophocle, *Antigone*. Lectures de traductions des classiques. *Allemand* (toute l'année). — *Physique, physiologie, botanique* (chacune un trimestre).

SENIOR YEAR : Plus de latin, ni de grec, ni de langues vivantes. — *Psychologie, logique, morale* (un trimestre chacune). — *Littérature anglaise* (un trimestre). — *Chimie, zoologie, minéralogie, géologie* (chacune un trimestre). — *Économie politique* (deux trimestres).

L'argent manque pour faire tout ce qu'on rêverait d'accomplir. On a souvent annoncé l'intention d'ouvrir une école de médecine et une école de droit; mais l'établissement de ces écoles professionnelles a dû être ajourné. « L'obstacle le plus redoutable (*the most formidable obstacle*) qu'ait rencontré l'œuvre de l'éducation pour la jeunesse nègre du Sud dérive de la pauvreté des élèves.... Heureusement l'ardeur des parents à se sacrifier pour l'éducation de leurs enfants, et le désir intense de s'instruire dont témoignent un grand nombre de jeunes hommes et de jeunes filles qui ne peuvent compter que sur leurs propres efforts, sont une source permanente de surprise et d'admiration. »

Malgré la modicité relative de ses ressources — les *tuition fees* ne s'élèvent qu'à 13 dollars par an, et les revenus des *permanent productive funds* ne dépassent pas 6 000 dollars, — l'Université Fisk est cependant installée dans des conditions confortables. Signalons par exemple son *Jubilee hall*, réservé aux filles; la « Maison des jeunes femmes », *the Home of young women*, qui est entourée de huit acres de terre, plantés d'arbres et d'arbrisseaux. L'éducation des femmes n'est pas le moindre souci des pédagogues de couleur, qui déclarent que « les plus hauts intérêts de toute race humaine sont liés à l'intelligence, à la sobriété, à la vertu, aux nobles aspirations des femmes ».

CHAPITRE X

L' « University extension ». — L'idée d'une Université nationale. — L'avenir des Universités d'Amérique.

I. — L'University extension.

Définition de l' « University extension ». — L'*University extension*, ce mouvement si intéressant, dont il faut chercher le point de départ en Angleterre et en Écosse, vers 1850, se développe aussi en Amérique, où il a trouvé les sympathies les plus actives et un succès marqué [1]. Voici comment on le définit : « C'est le mouvement qui tend à mettre l'éducation supérieure (*higher education*) à la portée de toutes les classes de la nation, à la portée de tous ceux qui ne sont pas en état de fréquenter les Universités ». Et l'on reprend aussi la définition donnée par le professeur Moulton de l'Université de Cambridge [2]. « C'est l'éducation d'Université pour la nation entière, organisée sous la forme d'un enseignement ambulant. »

Aux États-Unis, c'est seulement en 1887 que l'action des Universités circulantes, si l'on peut les appeler ainsi, a commencé à se manifester sous la forme qu'elle a revêtue en Europe. Mais, plusieurs années auparavant, des entreprises

1. Voir *Education Report* de 1889-90, p. 827 et suiv.
2. Aujourd'hui professeur de l'Université de Chicago.

analogues avaient été essayées, qui ont frayé la voie à l'œuvre nouvelle, et qui même en ce moment collaborent avec elle.

La « Chautauquan education ». — On parle beaucoup en Amérique de ce que l'on appelle la *Chautauquan education*, dont l'organisation, qui remonte à une vingtaine d'années, est due à l'évêque J.-H. Vincent. Dans l'été de 1874, eut lieu à Chautauqua (New York) une première réunion des adhérents; et c'est là, sur les bords du petit lac Chautauqua, au sud du lac Erié, qu'ont lieu tous les ans, en juillet et en août, les meetings de l'association. Le but primitif était tout religieux : il s'agissait de répandre la connaissance de la Bible. Mais l'on n'a pas tardé à élargir le cadre de l'entreprise, et à y faire entrer les études laïques, aussi bien que les études sacrées. Au retour d'un voyage en Europe, où ses idées prirent corps, l'évêque Vincent exposait ainsi ses plans :

« Mon but était d'instituer un cours de lectures et d'études qui embrassât les principaux sujets du *curriculum* des collèges — en laissant de côté nécessairement la connaissance des langues et des mathématiques, — afin de donner au lecteur américain un aperçu de l'ensemble des sciences et de lui faire connaître les chefs-d'œuvre de la littérature ancienne et moderne. Ce cours devait être assez simple pour engager les masses populaires à le suivre sans qu'elles fussent découragées par des difficultés ou une étendue excessives, mais cependant assez approfondi pour ne point paraître superficiel même aux yeux des hommes les plus instruits. Par-dessus tout, mon dessein était de mettre les six jours laïques de la semaine (*secular days*) en harmonie avec le jour du Sabbat, non seulement en donnant à la Bible une place parmi les matières de l'enseignement, mais surtout en faisant circuler et pénétrer dans toutes les parties du cours l'esprit de respect et de foi. »

C'est en 1878 que fut définitivement organisé le *Cercle littéraire et scientifique de Chautauqua*.

« Près de 150 000 personnes, disait en 1879 un des fondateurs, ont été enrôlées dans notre cercle depuis son institution, et nous avons eu en tout temps 50 000 adhérents qui suivaient fidèlement les cours. C'est notre conviction qu'il y a des milliers de personnes qui sont désireuses de se livrer à un travail intellectuel régulier, et qui n'ont besoin pour cela que d'une direction appropriée. »

Voici quelques détails sur cette entreprise, qui rayonne à travers toute l'Amérique, en même temps qu'elle tient une session annuelle dans la petite ville qui en a été le berceau.

Programme du cours. — On a d'abord établi un plan d'études de quatre années (par assimilation avec les quatre années des collèges).

COURS D'ÉTUDES DE QUATRE ANS
DU « CERCLE LITTÉRAIRE ET SCIENTIFIQUE DE CHAUTAUQUA »

1889-90	1890-91	1891-92	1892-93
Histoire romaine. Littérature latine. Nature humaine. Économie politique. Art. Philosophie. Physique. Géographie physique. Éléments des mathématiques. Littérature religieuse.	Histoire d'Angleterre. Littérature anglaise. Composition anglaise. Astronomie. Géologie. Pédagogie. Lectures d'auteurs français. Questions sociales. Littérature religieuse.	Histoire d'Amérique. Littérature américaine. Histoire et littérature du Far East. Psychologie et Hygiène. Questions d'intérêt public. Littérature allemande. Littérature religieuse.	Histoire grecque. Littérature grecque. Mythologie grecque. Mœurs de l'ancienne Grèce. Classification des sciences. Zoologie. Chimie. Philanthropie. Littérature religieuse.

On remarquera que l'étude de la religion, d'après les intentions du fondateur, est la seule qui figure au programme dans les quatre années. Pour tout le reste, chacune des quatre années comprend des enseignements différents, qui portent sur les sciences physiques et naturelles, sur l'histoire, sur la littérature, sur la philosophie, sur la politique et les questions sociales.

En outre, on a édité un certain nombre de volumes appropriés aux besoins de cet enseignement, qui veut rester élevé, tout en devenant populaire. On délivre enfin, à la fin du cours, non des grades, mais des certificats, à tous ceux des adhérents qui ont régulièrement accompli leurs travaux de lecture dans les diverses parties du programme, et qui ont pris soin de remplir les carnets, les *memoranda papers*, qu'on leur envoie pour qu'ils y notent de mémoire, ou d'après les livres qu'ils consultent, le résumé méthodique de ce qu'ils ont appris.

A l'origine, c'était surtout le travail individuel, la lecture à la maison (*lecture at home*), que les organisateurs avaient en vue et qu'ils se contentaient de diriger par leurs avis. On voulait fournir à tous ceux qui n'ont pas les moyens d'étudier dans les collèges de faire eux-mêmes leur éducation (*to educate themselves*). Mais peu à peu, dans les villes et les cités, les lecteurs se sont associés et ils y ont formé des cercles locaux, des clubs de lecture (*reading clubs*). En résumé, c'est sur les lectures, sur le travail personnel, qu'elle éclaire et dirige par correspondance, qu'agit surtout la nouvelle institution.

Mais il ne faut pas oublier qu'elle donne aussi chaque année, à Chautauqua même, des cours réguliers qui durent six semaines (du 5 juillet au 15 août en 1893). L'ensemble de ces cours porte le titre de *Chautauqua College*. M. William R. Harper, président de l'Université de Chicago, en était le *principal* ou le chef en 1893. Cette année-là, en raison de l'Exposition de Chicago, les cours ont été divisés en trois séries de deux semaines chacune, de sorte que l'étudiant pût ne séjourner à Chautauqua que quinze jours et suivre pourtant en entier une subdivision du sujet traité. Toutes les matières de l'enseignement ordinaire des collèges figurent au programme de ce collège d'été, improvisé pour deux mois, dans des constructions légères, et pour ainsi dire sous la tente.

Outre l'enseignement des collèges, on trouve à Chautauqua des écoles de littérature sacrée, de musique, d'éducation physique, etc., et aussi un enseignement pédagogique, ce qu'on appelle la retraite des professeurs, *the teachers' retreat*.

Rien n'est négligé d'ailleurs pour rendre attrayante cette colonisation momentanée d'étudiants et de professeurs. La circulaire qui annonçait les cours de 1893 fait valoir la présence à Chautauqua d'un « fameux » écrivain scientifique, M. H. Drummont, de Glasgow; d'un conférencier des plus artistiques et des plus agréables (*delightful*), M. Ragan, de New York; d'un orateur « type » du Sud (*Southern typical orator*), M. Graves; d'un monologuiste remarquable, M. Underhill, de New York, etc., etc. Et la circulaire, tournant à la réclame, promet des récréations de tout genre aux visiteurs, comme ferait un prospectus de saison thermale : les bicyclettes et les chevaux, les concerts et les déclamations dramatiques.

L'éducation dite *Chautauquan* a eu les honneurs d'un Congrès spécial à Chicago [1]. On y a discuté la question sous plusieurs aspects : *Chautauqua et l'école du dimanche.* — *Chautauqua et les Églises.* — *Chautauqua et les écoles.* — *Chautauqua et l'University extension.* — *Chautauqua et l'enseignement par correspondance*; enfin — car le système a des adhérents et pour ainsi dire des missionnaires, au Japon, dans l'Inde, en Afrique, dans les iles Hawai, — *Chautauqua à l'étranger* [2].

L' « University extension ». — Le système Chautauqua est, pour ainsi dire, le *College extension* : l'enseignement qu'il prétend distribuer répond en partie à celui des collèges. Il est donc comme le prélude de l'*University extension*, qui voudrait aller plus loin et populariser les études des Universités.

Premiers essais d' « University extension ». — C'est de Johns Hopkins qu'est venu en 1887 le premier effort pour étendre en dehors de l'Université elle-même l'action enseignante de l'Université. Un gradué de Johns Hopkins, le Dr Edward W. Bemis, fit cette année-là un cours de douze leçons sur les questions économiques du jour, dans une des salles de la bibliothèque de Buffalo (New York).

L'auditoire était nombreux : 250 personnes en moyenne, dont 200 restaient après la leçon pour assister à la discussion qui la suivait. L'année suivante, en 1888, un gradué de Harvard, M. Edward C. Lunt, ouvrit un cours sur l'histoire politique de l'Amérique, dans la même bibliothèque de Buffalo, et M. Bemis reprit sur un autre théâtre, à Canton (Ohio), son cours d'économie politique. A Baltimore même, où siège l'Université Johns Hopkins, l'œuvre commença, dans l'hiver de 1887-1888, par des leçons faites « dans la salle de lecture d'une belle église moderne » à un certain nombre de jeunes gens; le sujet traité par le professeur, M. Charles M. Andrews, était l'histoire du XIXe siècle. Puis on s'enhardit davantage : douze universitaires de Johns Hopkins, « douze apôtres », organisèrent pour les ouvriers des environs de Baltimore une série de douze leçons

1. C'est au premier des deux congrès pédagogiques de Chicago qu'on s'est occupé de la *Chautauquan education* : la première séance (18 juillet 1893) a été ouverte par un discours de l'évêque John H. Vincent.

2. Un *reading club*, sur le modèle du système Chautauqua, a même été organisé en Angleterre.

sur les progrès du travail; ils se transportèrent tour à tour dans trois villes industrielles du voisinage de Baltimore, chaque orateur répétant sa conférence devant trois auditoires distincts.

Les méthodes suivies dans cet enseignement péripatéticien furent d'ailleurs les mêmes que celles des Universités ambulantes de l'Angleterre.

« A chaque séance, le professeur mettait aux mains de ses auditeurs un *syllabus*, un plan, un résumé de sa conférence : la leçon était suivie d'interrogations et d'une discussion. »

Le succès de cette expérience ne fut d'ailleurs que médiocre, et l'auteur américain à qui nous empruntons ces détails, l'explique par le caractère trop spécial d'un enseignement exclusivement destiné à des ouvriers. « Je suis convaincu, écrit-il, que les « hommes d'Université » font preuve d'un zèle mal entendu, quand ils entreprennent d'ouvrir des cours pour les ouvriers seuls, ou pour n'importe quelle classe distincte de la société. L'*University extension* doit s'adresser à tous les citoyens, sans tenir compte de leurs occupations particulières. »

Mais, sous d'autres formes, l'initiative des universitaires de Johns Hopkins a été plus heureuse. A Baltimore et à Washington, après s'être assuré le concours des associations de professeurs et des associations chrétiennes de la jeunesse, ils ont fait sur l'histoire d'Amérique, sur l'économie politique et les sciences sociales, des cours, des classes plutôt, avec programmes imprimés, devant des auditoires variant de 150 à 1 000 personnes. De même les *University men* de Johns Hopkins ont organisé un cours de trois ans sur l'histoire d'Angleterre : « Ce cours, conçu dans l'esprit et avec les méthodes de l'enseignement supérieur (*graduate course*), a été suivi régulièrement par plus de 1 000 élèves, qui auparavent avaient déjà terminé leurs cours de quatre ans dans les cercles littéraires et scientifiques du système chautauqua. » D'autres cours sur l'histoire ancienne et moderne ont obtenu le même succès; et le caractère pratique, la portée effective de cet enseignement, qui n'est pas seulement une vaine parade devant des auditeurs désœuvrés, mais qui s'efforce de former de vrais élèves, s'est développé de plus en plus : chaque mois sont remises aux professeurs des compositions écrites, que lisent et corrigent les gradués de Johns Hopkins.

En Pensylvanie, ce mouvement a pris aussi une certaine ampleur. En 1890, a été organisée à Philadelphie une société pour *the extension of University teaching*. Le prévôt de l'Université de Pensylvanie, M. William Pepper, en a pris la direction. On a fait appel à une souscription pour couvrir les premières dépenses; on a envoyé un délégué en Angleterre pour y étudier sur place les moyens employés.

Il est difficile de prévoir encore quels seront les résultats d'un mouvement qui n'en est encore qu'à ses débuts; mais on peut compter sur l'activité américaine. Déjà des congrès ont eu lieu et diverses associations se sont fondées.

L'University extension au congrès de Chicago. — Au premier des deux congrès pédagogiques de Chicago, l'*University extension* a été longuement examinée. Un congrès spécial s'est occupé de la question; et dans des communications assez nombreuses, presque tous les aspects du sujet ont été envisagés: les origines du mouvement en Angleterre et en Amérique, le *syllabus* (c'est-à-dire le programme de la leçon); la *classe* (les exercices d'interrogation et les compositions écrites), la *bibliothèque circulante*; la *coordination de l'University extension avec les efforts locaux*; les *fonctions des centres locaux*; les *Universités et les ouvriers*; l'*University extension et les instituts de « Teachers »*, l'*University extension et les instituts de fermiers*.

D'autre part, des sociétés d'action générale et nationale s'efforcent de seconder le mouvement, non seulement en faveur de la haute instruction, mais pour tous les degrés de l'enseignement. Telle est, par exemple, la *National Home Reading Union*, et aussi la société pour *the University and school extension*. Dans la circulaire que cette dernière société a publiée en 1889-90, nous trouvons des renseignements précis sur le but qu'elle poursuit et les moyens qu'elle emploie. On se propose de compléter et de fortifier l'œuvre des Universités et des écoles, d'accroître le savoir des *teachers*. Mais on ne travaille pas seulement pour les professeurs : on s'adresse aussi à toutes les personnes des deux sexes qui ont l'âge requis (dix-huit ans au moins pour les *ladies* et vingt pour les *gentlemen*). On les invite à suivre chaque année, sous la direction et le contrôle d'une Université, un ou deux enseignements qui soient, dans la mesure du possible, l'équivalent des études faites sur les mêmes sujets dans les meilleures Universités. En même temps on poursuit l'œuvre de l'extension des écoles, en propageant la connaissance des matières de l'enseignement primaire et aussi celle des méthodes relatives à cet enseignement. Comme moyens d'instruction, on emploie d'abord la lecture personnelle et le travail à la maison, puis les conférences, les classes, enfin l'instruction par correspondance, les bibliothèques. Il y a aussi des examens publics; on distribue des prix, des certificats, mais jamais de grades. Chaque membre régulièrement inscrit reçoit un des *syllabus* (programmes), préparés par les soins de professeurs de Columbia, Harvard, Yale et Princeton; il peut se procurer les autres en s'adressant au secrétaire de la société.

Chaque *syllabus* indique aux lecteurs quels sont les ouvrages à consulter sur le sujet traité. Ces programmes, au nombre de 25, résument autant de cours d'études, qui portent sur les matières suivantes : littérature, histoire, psychologie, science politique, français, allemand, mathématiques, astronomie, géographie physique, géologie, physique, chimie et philosophie de l'éducation. Les adhérents, en se groupant, peuvent former des classes qui doivent comprendre de trois à douze personnes. A New York, à Brooklyn et ailleurs, le secrétaire général de l'association intervient en personne pour organiser les groupements. Ces classes se réunissent de temps en temps, et elles sont l'occasion, non seulement d'une conversation agréable, mais de lectures sérieuses faites en commun, de discussions, et de corrections de devoirs. En donnant ou en prêtant chacun un ou plusieurs livres, les membres d'une classe peuvent former de petites bibliothèques circulantes. S'il n'y a pas possibilité de constituer une classe, l'étudiant isolé poursuit seul ses études, aidé et soutenu par la correspondance qu'il entretient avec l'Université dont il est en quelque sorte l'élève libre. On forme aussi des *classes par correspondance*, qui sont placées sous la direction personnelle d'un professeur de l'Université; les études qu'elles comprennent sont, outre celles que nous avons indiquées plus haut, le latin, le grec, l'algèbre, la trigonométrie, etc.

Il ne semble pas que jusqu'à présent les professeurs des Universités d'Amérique aient beaucoup suivi l'exemple de leurs collègues d'Écosse et d'Angleterre : ils se déplacent peu. L'*University extension* américaine opère surtout par correspondance. Dans la circulaire que nous avons citée, on constate qu'en 1889-90 il n'y a eu à New York et à Brooklyn qu'un petit nombre de leçons et de conférences.

Les frais d'études exigés de ces étudiants d'un nouveau genre sont d'ailleurs minimes : 1 dollar, pour un étudiant seul ou une petite classe, représente les frais d'inscription (*registration*); on demande 5 dollars aux classes nombreuses. Les frais de l'enseignement par correspondance sont de 10 dollars pour chaque matière. Une classe qui a acquitté son droit d'inscription de 5 dollars a droit gratuitement à l'envoi de 12 *syllabus* : on peut se procurer les autres programmes au prix de 25 *cents* chacun, ou de 1 dollar, si l'on en prend 6 à la fois.

On voit que tout est minutieusement réglé, et il y a lieu d'espérer un certain succès pour le mouvement de l'*University extension* en Amérique. Nous avons vu ailleurs que la jeune Université de Chicago comptait cette partie de l'œuvre universitaire au premier rang de ses fonctions.

L'*University extension* ne suppose pas seulement un peu de zèle chez les maîtres, et de l'ardeur chez les élèves : elle nécessite aussi des frais considérables, et toutes les fois qu'il s'agira d'œuvres coûteuses, on peut être certain que l'Amérique saura les mener à bonne fin.

« L'*University extension*, écrivait récemment M. Harris, a un grand rôle à jouer en se mettant en rapport avec les bibliothèques publiques qui se constituent partout dans les cités, et en formant des classes d'hommes et de femmes d'un esprit sérieux, qui aspirent à continuer leurs études dans l'intérêt de la culture générale de leur intelligence ou d'une préparation spéciale dans les différents arts [1]. »

1. *Education Report*, 1889-90, p. XXII. Tout récemment on a, sous une nouvelle forme, recommandé ce qu'on appelle l'*University participation*, où il s'agirait surtout de coordonner les ressources des Universités pour l'éducation professionnelle des *teachers*.

II

Idée d'une Université nationale. — Les Universités existantes, quels que soient leurs succès, leur éclat, et aussi leurs efforts pour étendre dans tous les sens leur activité, ne satisfont pourtant pas encore tous les Américains, et quelques-uns d'entre eux rêvent de fonder à Washington, dans la capitale fédérale, une Université modèle qui ne serait pas seulement supérieure à toutes les autres par l'étendue de ses ressources, par la prodigalité encore plus grande de ses enseignements, mais qui s'en distinguerait surtout en ce qu'elle serait une Université nationale.

Contraste curieux et qui pourtant, à la réflexion, s'explique tout naturellement : tandis qu'en France, dans notre pays de centralisation, nous aspirons à créer en province des centres vivants et puissants d'instruction supérieure, afin de lutter contre l'omnipotence de Paris, qui absorbe à lui seul la majorité des forces vives du pays, et afin de réagir contre l'uniformité absolue des études, en Amérique, à raison d'un mal contraire et par un mouvement inverse, on a le désir de remédier au particularisme, à la dispersion des efforts, à l'absence de cohésion, en établissant au-dessus de toutes les Universités locales une grande Université nationale.

Le moment est favorable, disent les nouveaux partisans de l'idée, — qui est vieille, puisqu'elle date de la fin du XVIIIe siècle. Le provincialisme est mort, dit M. Hoyt, de mort naturelle, d'ailleurs; ce sont les chemins de fer qui l'ont tué [1]. Les États-Unis n'ont jamais été plus riches, ni plus puissants. Il est temps de leur donner une Université digne de leur grandeur, qui couronnera le premier siècle complet de leur existence nationale; une Université qui « conduira le monde », et qui assurera aux États-Unis une véritable suprématie intellectuelle parmi les

1. Voir la brochure intitulée *Memorial in regard to a National University*, par John W. Hoyt; cette brochure, présentée au Sénat en août 1892, a été publiée à 5 000 exemplaires, sur l'ordre et aux frais du Sénat.

peuples de la terre (*a true intellectual supremacy among the nations of the earth*).

Historique de la question. — C'est à Washington et à ses contemporains que l'on fait remonter la première idée de cette Université nationale. Après la guerre, en 1775, l'économiste Samuel Blodget disait au fondateur de l'indépendance américaine : « J'espère que nous élèverons une noble Université nationale ». Et Washington lui répondait : « Jeune homme, vous êtes un prophète ! » A la Constituante de 1787 (*Constitutional Convention*), Madison, Franklin et d'autres voulaient que, dans la Constitution même, on insérât un article relatif à la création d'une Université nationale. Les hommes politiques de ce temps-là songeaient, il n'y a pas à en douter, à développer dans la jeune nation qu'ils organisaient un esprit national, largement et solidement trempé aux sources du droit et de la politique, dominant les préjugés locaux et les rivalités provinciales. Ajoutons qu'il n'y avait pas alors en Amérique, comme aujourd'hui, un grand nombre d'Universités locales, qui, par l'importance réelle de leurs services, rendent moins nécessaire l'établissement d'une Université centrale. Enfin, à l'origine, l'union était plus étroite entre les diverses parties d'un territoire moins étendu. Depuis, à mesure que l'Amérique a grandi, les tendances, sinon séparatistes, du moins particularistes, des divers États se sont accentuées, malgré les chemins de fer, et quoi qu'en dise M. Hoyt.

Quoi qu'il en soit, Washington a certainement caressé la pensée de cette grande création d'une Université nationale. Donnant l'exemple à tous les donateurs qui l'ont suivi, et qui ont comblé de leurs bienfaits les Universités américaines, il écrivait : « Je ferai donation à perpétuité, pour doter la future Université, de 50 actions de la navigation du Potomac ». Un instant, il fut question, pour passer des projets aux actes, et pour constituer comme un noyau littéraire et scientifique, de négocier le transfert en Amérique de l'Université de Genève. C'est Jefferson qui en fit la proposition, que Washington accueillit avec faveur. La question fut sérieusement discutée; une correspondance échangée avec un savant de Genève, M. d'Ivernois. On y renonça non sans regret. On aurait voulu, non seulement emprunter à l'Europe des professeurs expérimentés, mais aussi attirer sur une terre libre les jeunes gens « que les horreurs de la guerre et les sévices de la tyrannie devaient engager, pensait-on, à quitter leur pays d'origine »[1].

Dès cette époque, dans ces temps héroïques de la fondation des États-Unis, il y eut au cœur des Américains du XVIIIe siècle un sentiment de passion pour l'instruction — pour une instruction appropriée aux besoins d'un peuple libre, — dont leurs descendants n'ont pas dépassé l'ardeur. Et l'instruction leur apparaissait déjà avec ses doubles attributs moraux et utilitaires, comme devant être à la fois la source des nobles idées, des aspirations vers la liberté, et la condition du bien-être, du bonheur social. Washington se plaignait qu'on fût obligé d'envoyer en Europe les jeunes Américains pour y compléter leur éducation; il redoutait qu'on ne leur y enseignât des principes contraires aux principes républicains. Et d'autre part, dans un de ses messages au Congrès, il disait : « Je suis convaincu que vous serez d'accord pour penser avec moi qu'il n'y a rien qui réclame vos soins plus que le développement de la science et de la littérature. L'instruction est partout le plus sûr principe du bonheur. » Le mot bonheur revient sans cesse sur les lèvres des Américains. Ils ne craignent pas d'avouer qu'ils en font le but de la vie. « Tandis qu'en Europe les éducateurs en sont encore à prendre pour sujet de leurs leçons les ruines de Palmyre et les antiquités d'Herculanum, tandis qu'ils discutent sur les particules de la langue grecque, sur l'accent et la quantité des mots de la langue latine, il faut que la jeunesse d'Amérique s'occupe d'acquérir les connaissances spéciales qui auront pour résultat d'accroître les commodités de la vie, de diminuer les misères humaines, de faire progresser notre pays, de développer sa population, d'élever l'esprit humain et enfin d'assurer le bonheur dans la famille et dans la société »; ainsi parlait la *Gazette de Pensylvanie* en 1788.

1. Aujourd'hui encore les étudiants étrangers ne sont pas nombreux dans les Universités américaines; à Columbia College, en 1893-94, il n'y en avait que 22, de nationalités diverses : 10 du Canada, 4 de Cuba, 2 de Costa Rica et 1 de chacun des pays suivants : Colombie, France, Japon, Mexico, Nicaragua, Amérique du Sud.

Dans son testament, qui date du 9 juillet 1799, Washington recommande une dernière fois à ses compatriotes l'idée qui lui était chère. « Mon ardent désir, disait-il, eût été de voir se développer un plan d'éducation libérale qui aurait contribué à répandre des idées systématiques à travers toutes les parties de cet empire naissant. Et pour y parvenir, il m'a toujours paru que la meilleure mesure à prendre était d'établir une Université au centre des États-Unis; une Université où seraient envoyés de toutes les parties du pays, pour y achever leur éducation, les jeunes gens riches et intelligents; ils s'y perfectionneraient dans les arts et les sciences, dans la connaissance des principes de la politique et du gouvernement (matière d'une importance infinie à mes yeux); et en s'associant les uns aux autres, en contractant dans leurs années de jeunesse des liens d'amitié, ils s'affranchiraient de ces préjugés locaux, de ces jalousies habituelles, qui, si elles se développaient à l'excès, pourraient compromettre l'avenir de ce pays. » Et en conformité avec ces principes, Washington faisait donation positive, pour assurer l'exécution de son projet, de 50 actions de 500 dollars chacune.

Il sembla d'abord que les successeurs de Washington eussent à cœur de recueillir ses dernières volontés et de poursuivre l'accomplissement de son projet. Une souscription fut ouverte, qui, en 1805, s'élevait à 30 000 dollars. Le Président Jefferson, dans son message de 1800, le Président Madison, dans son message de 1818, insistaient sur les avantages qu'il y aurait, « sans déposséder les entreprises privées qui suffisent pour les branches ordinaires de l'instruction, à fonder une institution publique de haute science, un séminaire d'enseignement organisé par le pouvoir législatif national ».

L'idée de « l'uniformité de l'instruction », d'une uniformité relative, qui contribuerait à « cimenter l'union », se faisait jour de temps en temps dans les discours politiques, dans les écrits des professeurs. Néanmoins, l'oubli, le silence se firent peu à peu sur la question, qui ne devait renaître avec éclat que dans ces dernières années.

Vers 1850, cependant, quelques nouveaux efforts furent tentés pour reprendre la pensée de Washington. On songea à créer à Albany, dans l'État de New York, une grande Université nationale, une université *of the highest type*, dont les principes directeurs auraient été : « 1° la concentration de toutes les forces enseignantes pour toutes les branches de la connaissance humaine; 2° la liberté la plus complète accordée aux étudiants pour suivre à leur choix une ou plusieurs de ces branches d'études ». On se plaignait encore à cette époque que les jeunes Américains fussent obligés de passer l'Atlantique pour achever leurs études. De toutes parts on répétait qu'une « grande Université, avec la complète organisation de ses Facultés des lettres et des sciences était pour le pays le besoin essentiel (*the leading want*) ».

La guerre de la sécession interrompit la campagne entreprise, mais elle a recommencé dans ces vingt ou trente dernières années, avec plus d'ardeur que jamais. M. John W. Hoyt, commissaire des États-Unis à l'Exposition de Paris de 1867, s'y est employé avec un zèle, avec un enthousiasme retentissant. Dans son rapport sur les Universités européennes, il concluait, non sans quelque illusion, que l'Université de l'avenir, en Amérique, ne devait ressembler à aucun des types réalisés en Europe; qu'elle devait être « plus riche dans ses ressources, plus large dans son dessein, plus complète dans son organisation, plus philosophique et plus pratique à la fois dans ses règlements intérieurs, ouvrant de nouveaux continents de vérités à la grande armée du progrès, dirigeant la nation dans sa marche en avant, et contribuant à élever le niveau de la race humaine tout entière ».

Un grand nombre de personnalités marquantes dans la pédagogie américaine ont fait cause commune avec M. Hoyt; les grandes associations d'éducation aussi [1].

En 1870, le général Eaton, commissaire du Bureau d'éducation, disait : « C'est à Washington qu'il faut établir l'Université fédérale et réaliser le rêve du Père de ce pays ».

En 1874, la *National educational Association* votait à l'unanimité la motion suivante : « L'association renouvelle ses déclarations antérieures en faveur de l'établissement d'une Université

1. Voir la brochure déjà citée de M. Hoyt, p. 63.

nationale, qui soit consacrée, non à une instruction de collège, mais à une œuvre d'Université (*University work*). La *Ligue de la liberté humaine* (*Human freedom League*), récemment fondée, déclarait en 1891 qu'il était nécessaire « de reprendre l'idée de Washington et d'établir une Université nationale, qui serait d'ailleurs ouverte aux jeunes gens de tous les pays ».

Nous en avons assez dit pour montrer qu'il y a réellement un mouvement d'opinion, en Amérique [1], en faveur de cette Université nationale, dont on prophétise les brillantes destinées, qui serait, dit-on quelquefois, l'analogue de l'Institut de France, et à laquelle on songe à donner un conseil de régents où siégerait en personne le Président des États-Unis. La question a été portée devant le Sénat. Ellle y a rencontré des sympathies, mais aussi l'opposition de l'esprit particulariste des divers États. Se résoudra-t-on finalement à une entreprise de centralisation relative, qui n'est guère dans les habitudes et les tendances des États-Unis? Se laissera-t-on convaincre par les arguments de M. Hoyt, quand il dit : « Tous les citoyens intelligents comprennent maintenant que, si la centralisation politique ressemble à une congestion cérébrale, fatale si elle atteint certaines limites, la centralisation pédagogique, au contraire, est comme la centralisation du fluide vital dans le cœur, une condition nécessaire de cette diffusion de connaissances, qui seule peut garantir la santé et la force à toutes les parties du corps politique. » Il y a aussi la question d'argent. La donation de Washington, avec ses intérêts accumulés, représente bien la somme d'un million et demi de dollars. Mais qu'est-ce que cette petite somme pour une construction scolaire qu'on rêve magnifique et supérieure à toute autre? A vrai dire l'Université nationale de Washington n'attend peut-être, pour exister, qu'un autre Leland Stanford.

1. Citons encore, parmi les adhérents, M. White, l'ex-président de l'Université Cornell, le président Grant, le président Hayes et aussi M. Harris.

III

Il est malaisé, surtout pour un observateur étranger, de préjuger ce qu'il adviendra du projet de création d'une Université nationale. Mais il ne semble pas que cette création, en tout cas, dût modifier sensiblement la situation présente. L'Université nationale aurait beau attirer à elle une partie de la clientèle universitaire, drainer, comme le fait déjà Johns Hopkins, des élèves de tous les États de l'Union : elle n'absorberait pas — et ce serait d'ailleurs un grand mal qu'elle y parvint — les Universités existantes. Elle pourrait tout au plus, sur quelques points, leur servir de guide et de modèle. Les Universités locales, si puissantes, les unes par leurs traditions, les autres par la vigueur même de leur jeunesse, toutes par leur richesse, n'en demeureraient pas moins des centres et des foyers de haute éducation.

C'est donc dans le progrès, dans le développement certain de ces institutions particulières qui ne songent pas à mourir, ou qui viennent à peine de naître, plutôt que dans l'apparition hypothétique d'un établissement national, qu'il faut chercher l'avenir des Universités d'Amérique. L'enseignement supérieur est relativement chose récente aux États-Unis, au moins en ce qui concerne les lettres et les sciences. En vingt ans, les progrès ont été remarquables. Ils donnent le droit d'en attendre et d'en espérer de plus grands encore, avec l'aide du temps, dont l'opulence américaine peut bien se passer quand il s'agit simplement d'improviser des palais scolaires, mais qui est indispensable pour établir des traditions, pour créer des courants intellectuels et une atmosphère morale.

Dans quel sens peut-on prévoir que s'orientera le développement futur des Universités américaines? Il faut bien avouer que l'examen des faits actuels et l'analyse des opinions en vogue ne permettent pas de trancher nettement la question, au milieu de tendances diverses et même contradictoires.

Y a-t-il lieu de compter par exemple que l'Université se distinguera de plus en plus du collège? que l'enseignement supérieur se différenciera de l'enseignement secondaire? On n'en douterait pas, si M. Stanley Hall, l'organisateur de l'Université scientifique Clark, était le maître. « Dans l'ère nouvelle du développement des Universités où la nation entre maintenant, disait-il en 1890, il est d'une importance essentielle pour le succès de ce grand mouvement, qu'à la place d'une monotone uniformité, à la place des doubles emplois et des imitations serviles qui ont jusqu'à présent prévalu, les institutions scolaires se différencient l'une de l'autre [1]. » En d'autres termes, les Universités se renfermeraient strictement dans l'œuvre propre de l'enseignement supérieur; et en outre elles s'appliqueraient chacune plus spécialement à une partie de cette œuvre; les unes, comme Clark, aux recherches de science pure, d'autres aux études historiques ou philologiques.

Mais M. Stanley Hall rencontre plus d'un contradicteur, et il n'est pas prouvé que ses conseils soient suivis, que ses espérances soient justifiées par l'événement. La plus récente fondation universitaire, celle de Leland Stanford, est déjà un démenti donné par les faits à la théorie de la différenciation. L'Université Leland Stanford, loin de se spécialiser dans la haute culture et d'imiter Clark, n'a eu, dès ses débuts, qu'une ambition, celle de rivaliser avec les vieilles universités composites de l'Est, avec Yale, avec Harvard; d'être, comme elles, un « composé de collège et d'Université » (*compound of college and University*), et de les dépasser même par l'universalité encyclopédique de ses études de toute espèce. Et ce n'est pas inconsciemment que l'on a maintenu à l'Université nouvelle de la Californie ce caractère hybride, qui faisait dire récemment à un Américain, M. Von Holst : « Il n'y a pas aux États-Unis une seule Université, au sens qu'on attribue à ce mot en Europe [2] ». Un professeur de Leland Stanford, M. Elliot Howard, prend énergiquement la défense du vieux système [3]. « Pourquoi aurions-nous besoin en Amérique, dit-il, d'Universités conformes au type européen? Pourquoi nous croirions-nous

1. *University Clark, first annual Report*, 1890, p. 18.

2. *The needs of Universities in the United States* (*Educational Review*. 1883, p. 113).

3. *The American University and the American man*, par M. George Elliot Howard, professeur d'histoire à l'Université Leland Stanford.

astreints au régime traditionnel des quatre Facultés? Pourquoi n'aurions-nous pas cinq, ou dix, ou trente Facultés?... L'Université américaine doit être le libre produit de la pensée nationale et de l'expérience nationale. » Et loin de se montrer sensible aux inconvénients qui découlent du système de la concentration, de la réunion dans un seul établissement des *graduate* et des *collegiate departments* — pour ne parler que de ceux-là, — M. Howard insiste sur quelques-uns des avantages de cette fusion : un même esprit, une même méthode, dans les Universités et collèges, présidant aux deux séries d'études successives; les élèves n'ayant pas, comme dans le système allemand ou français qui sépare le gymnase ou le lycée de l'Université, à passer du régime d'une contrainte rigoureuse à celui d'une liberté absolue, etc.

A un autre point de vue — je veux dire le caractère plus ou moins théorique ou pratique des études de l'Université, — la diversité des opinions n'est pas moindre. Les uns désireraient que l'esprit de pure spéculation dirigeât de plus en plus les professeurs et les étudiants de l'enseignement supérieur. Sans se refuser aux applications utiles, aux études professionnelles, l'Université Clark se préoccupe avant tout de la science pure, des recherches désintéressées. « La plus importante partie de notre œuvre, dit M. Stanley Hall, c'est la recherche; et notre désir est que l'on puisse bientôt nous juger d'après la valeur de nos contributions à l'ensemble des connaissances humaines. » Et ailleurs : « La valeur de toutes les écoles professionnelles ou industrielles dépend de la force et de la prépondérance de la Faculté de philosophie, qui est le cœur d'une vraie Université, qui est le principe de leur vie, la source de la lumière qui les éclaire, et où la connaissance est poursuivie pour elle-même, pour l'action éducatrice qu'elle exerce sur l'esprit. »

M. Stanley Hall n'est pas seul à penser ainsi, et il y a certainement en Amérique quelques symptômes heureux des progrès de l'esprit spéculatif scientifique [1]. Mais les tendances utili-

1. Ce n'est pas l'avis de tous les observateurs : dans le *Correspondant* du 10 septembre 1894, M. L. Lacroix écrivait : « L'Américain a peu d'aptitudes pour les spéculations de l'esprit. Il aura beau créer des Universités et leur faire des dotations princières; il est à présumer que, dans les dif-

taires ne désarment pourtant pas; et ce qu'on demande, de certains côtés de l'opinion, c'est que l'enseignement des Universités devienne de plus en plus pratique. « L'Université de l'avenir, dit le professeur de Leland Stanford que nous avons déjà cité, doit représenter l'éducation de l'action (*the dynamic culture*), c'est-à-dire les arts pratiques, les arts utiles... Au risque de passer pour un Philistin, ajoute-t-il, j'ai peur, il faut que je l'avoue, que tous ces efforts pénibles qui tendent à la « science pure », « à savoir pour savoir », que toute cette spiritualité extrême d'éducation n'aboutisse pratiquement qu'à une mystification.... »

Cette opposition de vues et de tendances pourrait av·ir quelque gravité dans un pays d'unité et de centralisation, comme le nôtre, où, une alternative étant posée, il faut nécessairement écarter l'un des deux termes pour choisir l'autre, qui devient la règle commune. Mais en Amérique, où l'initiative est libre, où il n'y a pas un État tout-puissant qui jette dans un seul et même moule toutes ses institutions, où chaque Université est maîtresse de suivre sa voie comme elle l'entend, les aspirations les plus opposées peuvent coexister sans inconvénient. Il est probable qu'aucune des deux opinions que nous avons exposées ne prévaudra tout à fait, de façon à éliminer absolument sa rivale : elles subsisteront l'une et l'autre, suscitant des efforts dans les deux directions. Il y aura de nouvelles Universités Clark pour soutenir les droits de la curiosité scientifique et présider à des investigations qui sont leur but à elles-mêmes. Et il y aura aussi de nouvelles Universités Stanford pour chercher de préférence dans la science acquise ce qu'elle renferme de puissance utilisable pour le bien de la société.

Ce n'est pas d'ailleurs au bien-être matériel que les Américains entendent faire aboutir seulement le travail des Universités. Ils voient en elles autre chose que des ouvrières d'invention et d'application industrielles; ils les considèrent comme des agents de moralité publique, d'ordre et de progrès

férentes branches de l'enseignement supérieur, il restera longtemps au-dessous de la vieille Europe. »

dans la société. Nul doute que ce rôle social des Universités américaines ne soit destiné à s'étendre de plus en plus. C'est à ce but qu'aspirent les plus récentes d'entre elles, comme Leland Stanford; c'est ce but aussi qu'on propose à celles qui n'existent encore qu'en imagination, comme l'Université nationale de Washington.

« La fonction de l'Université américaine, à mes yeux, écrit M. Howard, doit être de diriger une société consciente d'elle-même dans la double tâche de sa régénération et de son développement (*self regeneration and self development*). Et de ces deux éléments, la régénération est, pour l'heure présente, celui qui s'impose avec la plus pressante nécessité. Quel redoutable horizon se déroule aujourd'hui devant le jeune homme et la jeune fille qui sont près de choisir leur place dans le commun laboratoire de la société! La première impression que peut ressentir une âme réfléchie est terrible, écrasante. Jamais il n'y avait eu autant de graves problèmes réclamant une solution; jamais on n'avait eu un aussi grand besoin de compter sur l'intrépidité d'esprits cultivés et conservateurs.... A tort ou à raison, toutes les choses sacrées ou profanes ont été mises en question.... »

Et l'auteur énumère toutes les théories ou utopies sociales qui contestent la légitimité du mariage, celle de la propriété. « Sommes-nous destinés à nationaliser la terre et à retourner ainsi en arrière jusqu'au communisme arien des premiers âges? » Il énumère aussi les maux, les misères de la société, et il s'écrie : « En vérité, il n'est pas besoin que le jeune homme dont le cœur est enflammé du zèle du missionnaire et du martyr cherche des yeux les lointaines régions de l'Afrique. Dans l'Amérique, plus ténébreuse encore (*darkest America*), il trouvera un ample domaine pour donner carrière à son esprit de sacrifice et de dévouement. »

Ce n'est donc plus seulement à une œuvre d'études paisibles et désintéressées, au besoin d'orner et de parer l'esprit, que doivent répondre et satisfaire les Universités. En Amérique, comme chez nous, on rêve de les associer au mouvement général des idées, de les intéresser aux questions les plus brûlantes du jour, aux questions sociales et politiques. « L'Université, dit M. Harris, ou plus exactement la *higher education*, est en train de devenir plus pratique, en ce sens qu'elle étudie les problèmes du peuple (*the problems of the people*), et qu'elle s'efforce de les résoudre dans ses laboratoires. »

Et cette action dirigeante dans le sens de l'ordre et du progrès, qu'on propose aux Universités comme une partie de leur mission, est d'autant plus nécessaire que le problème social est plus compliqué, plus grave, plus plein de périls aux États-Unis qu'en aucun autre pays du monde. Nulle part n'est poussée plus loin, soit la concentration de la population, soit la concentration de la fortune. En outre, les États-Unis n'ont pas, pour se défendre contre les utopies, la force de résistance que garantit à la vieille Europe son long passé historique, que lui assure la tendance conservatrice des anciens éléments sociaux. En Amérique, tout est jeune, et cette jeunesse, en quelque sorte, se renouvelle chaque année du fait de l'introduction dans la nation d'un nombre considérable de nouveaux venus. Il est particulièrement difficile, disent les Américains eux-mêmes, « d'assimiler ces blocs d'immigrants ».

Mais il ne paraît pourtant pas à craindre que les Universités d'Amérique, de plus en plus préoccupées, soit des applications de la science, soit de leur mission sociale, se désintéressent de leur rôle essentiel, de la recherche et de la distribution des vérités et des connaissances théoriques. « Le haut enseignement, dit M. Bryce, n'est pas en danger aux États-Unis. Les grandes Universités de l'Est, et aussi une ou deux grandes Universités de l'Ouest, commencent à être les rivales des plus anciennes Universités d'Europe.... De toutes les institutions des États-Unis, les Universités sont celles qui me paraissent pour le moment accomplir les plus rapides progrès et pour qui l'avenir annonce les plus brillantes promesses. »

De plus en plus, ces jeunes Universités — car, nous ne saurions trop le redire, elles sont toutes jeunes, même celles qui existent en apparence depuis deux siècles, mais qui n'ont été longtemps que des collèges d'enseignement secondaire — s'attachent aux études spéculatives. La distribution des connaissances professionnelles ne saurait leur suffire. Elles considèrent que leur œuvre ne sera accomplie que si la « constitution » intellectuelle et morale de leurs étudiants reçoit de leurs leçons une empreinte ineffaçable. « La science, dit M. Holst, est par elle-même un bien.... Penser correctement est un devoir envers soi-même et aussi un devoir envers les autres. » Et pour former des esprits à la fois instruits et indépendants, qui possèdent tout le savoir traditionnel, mais qui y ajoutent le goût des découvertes nouvelles, les Universités américaines accroissent sans cesse le nombre de leurs chaires d'enseignement et de leurs laboratoires de recherches. En France, c'est toute une affaire de créer dans les Facultés une ou deux chaires nouvelles. En Amérique, aidées par des générosités inépuisables, ces fondations se multiplient avec une merveilleuse abondance.

En même temps, je ne crois pas que l'esprit de liberté soit nulle part poussé aussi loin, sauf peut-être en Angleterre [1]. « L'indépendance de la pensée, et le sentiment de la responsabilité individuelle, dit encore M. Holst, voilà les deux piliers d'une société démocratique. » Et les Universités américaines s'efforcent d'être en effet des écoles d'émancipation intellectuelle et d'apprentissage moral. Mais, quel que soit l'enthousiasme qu'excitent les nouveautés de la science, dans un pays qui a fait ses preuves en matière d'originalité inventive, les vieilles études, les traditions classiques ne perdent pas leur empire. Sans doute, on tend à réclamer l'égalité des enseignements, à mettre sur le même rang les langues anciennes et les langues vivantes, les humanités et les sciences; on incline à penser que plusieurs routes peuvent conduire au même but : à une haute culture. Mais on ne rompt pourtant pas avec le passé; et le président Seth Loth le déclare hautement : « A Columbia, nous ne sommes pas encore prêts à croire qu'un homme puisse être considéré comme ayant reçu une éducation libérale, s'il n'a pas appris à connaître l'antiquité, telle que nous la révèlent les langues classiques de la Grèce et de Rome. »

Nous n'hésitons pas à le dire, en terminant ce long rapport : nous avons beaucoup à apprendre à l'école des Universités

1. Dans un article intitulé *The University of the future* (voir *Education Report*, 1888-89, p. 615), M. Moulton, de l'Université de Cambridge (Angleterre), pose entre autres questions celle-ci : « Quelle doit être la discipline de l'Université? — Il ne doit y en avoir absolument aucune, répond M. Moulton, car on doit lui substituer : 1° l'influence personnelle du maître; 2° la complète *self responsability* de l'étudiant. »

américaines. Regardons du côté de l'Amérique, si nous voulons régénérer et réformer nos mœurs et nos institutions universitaires. Là est la vie, la puissance; là sont les initiatives heureuses, les générosités fécondes, le mouvement et le progrès. Nous ne pouvons espérer la même richesse : mais pourquoi n'emprunterions-nous pas aux Américains un peu de leur liberté? Liberté dans l'administration de chaque maison; liberté dans les méthodes; liberté surtout dans les études, grâce à cet admirable système des cours à option, qui mériterait bien d'être suivi partout où l'on aurait assez de ressources pour l'appliquer; liberté enfin dans la vie scolaire et dans l'éducation personnelle du caractère!... Quelles que soient les lacunes, quels que soient les défauts des Universités américaines, l'impression finale qui subsiste est celle de l'admiration pour leur vitalité, pour leurs forces matérielles et morales, celle de la sympathie pour leurs efforts présents et aussi pour leurs espérances et leurs ambitions, — ambitions et espérances justifiées, et que ne démentira pas certainement l'avenir d'une nation dont on a pu dire : « L'enfant est déjà né qui verra le territoire des États-Unis occupé par une population de 120 à 150 millions d'hommes! »

TABLE DES MATIÈRES

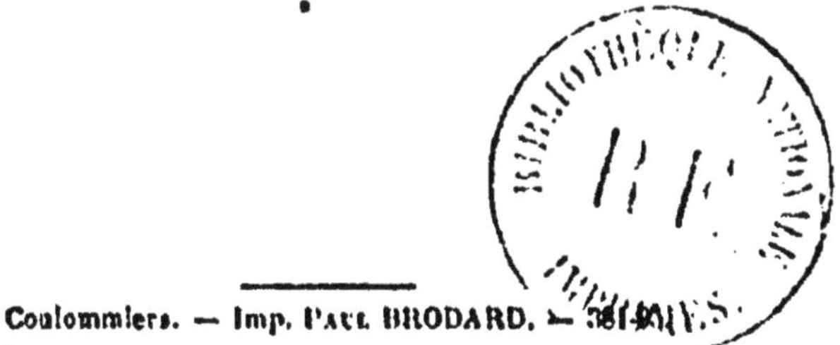

Coulommiers. — Imp. PAUL BRODARD. — [illegible]

ses applications se multiplient, des mots nouveaux se créent, quelques-uns datent d'hier, qui ont déjà pénétré dans le langage courant : tels sont, par exemple, les mots qui se rapportent aux applications industrielles de l'électricité.

Après dix ans, des doctrines qui partageaient encore les savants ont triomphé ou disparu : nul triomphe, peut-être, n'aura été aussi éclatant et aussi définitif que celui des idées de M. Pasteur, qui tendent à transformer la chirurgie, la médecine et l'hygiène ; que de choses nouvelles il y avait à dire, à indiquer tout au moins, combien d'autres n'y faudra-t-il pas ajouter dans quelques années !

Dans toutes les sciences, bien des faits nouveaux ont été acquis ; nous n'avons pas à les énumérer ici, mais il convient de signaler la nécessité où l'on se trouvait d'adopter, en chimie, la notation atomique que l'on a substituée partout, dans l'enseignement, à la notation des équivalents. Il n'y a là, bien entendu, qu'une question de mots, non une question de doctrine.

Les doctrines transformistes et évolutionnistes ne sont encore et ne seront peut-être jamais que des hypothèses : il nous a paru cependant qu'il fallait leur faire prudemment quelque place, et ne pas les traiter par le dédain. Si elles sont loin d'être établies expérimentalement, si elles n'apportent pas pour le problème des origines une solution définitive, qui ne semble pas être du domaine de la science, elles fournissent des explications partielles qui ne sont pas à dédaigner et qui permettent, en les rapprochant, d'éclairer quelques phénomènes. Elles ont d'ailleurs pénétré dans l'enseignement, et il n'est pas permis de les ignorer. Il va sans dire qu'on a scrupuleusement respecté les tendances philosophiques et religieuses de l'ouvrage original.

Déjà, depuis sa publication, le dictionnaire de M. Bouillet avait dû subir des remaniements importants, qui avaient été l'œuvre de savants très autorisés. Cette fois, pour diriger le travail de refonte, nous nous sommes adressés à M. Jules Tannery, pour la partie scientifique, et à M. Émile Faguet, pour la partie littéraire.

L'un et l'autre se sont entourés de collaborateurs qui occupent des situations considérables dans la science, dans les lettres ou dans les arts, et dans l'enseignement.

---

13 Mai 20

on a respecté pieusement ce que M. Bouillet y avait mis d'essentiel : le respect des croyances religieuses, l'impartialité dans les jugements politiques, le souci exclusif de la vérité.

La 31e édition du *Dictionnaire universel d'Histoire et de Géographie* de M. N. Bouillet, ainsi renouvelée, doit donc répondre aux exigences du public contemporain ; elle devra nécessairement remplacer partout les anciennes éditions du même ouvrage.

DICTIONNAIRE
UNIVERSEL
DES CONTEMPORAINS

CONTENANT

TOUTES LES PERSONNES NOTABLES

DE LA FRANCE ET DES PAYS ÉTRANGERS

AVEC LEURS NOMS, PRÉNOMS, SURNOMS ET PSEUDONYMES
LE LIEU ET LA DATE DE LEUR NAISSANCE, LEUR FAMILLE, LEURS DÉBUTS, LEUR PROFESSION
LEURS FONCTIONS SUCCESSIVES, LEURS GRADES ET TITRES, LEURS ACTES PUBLICS
LEURS ŒUVRES, LEURS ÉCRITS ET LES INDICATIONS BIBLIOGRAPHIQUES QUI S'Y RATTACHENT
LES TRAITS CARACTÉRISTIQUES DE LEUR TALENT, ETC.

OUVRAGE RÉDIGÉ ET TENU A JOUR

AVEC LE CONCOURS D'ÉCRIVAINS DE TOUS LES PAYS

PAR G. VAPEREAU

AGRÉGÉ DE PHILOSOPHIE
ANCIEN PRÉFET, INSPECTEUR GÉNÉRAL HONORAIRE DE L'INSTRUCTION PUBLIQUE

SIXIÈME ÉDITION, ENTIÈREMENT REFONDUE
(avec un supplément 1895)

Un volume grand in-8 à deux colonnes

Prix broché . . . . 35 fr. »
— cartonnage percaline gaufrée, tranches jaspées . . . . 37 fr. 75
— relié en demi-chagrin, tranches jaspées . . . . 40 fr. »

Supplément à la 6e édition du Dictionnaire des Contemporains,
1 vol. in-8°, broché . . . . 2 fr. »

Coulommiers. — Imp. Paul Brodard.

www.ingramcontent.com/pod-product-compliance
Ingram Content Group UK Ltd.
Pitfield, Milton Keynes, MK11 3LW, UK
UKHW012014240726
13965UKWH00002B/357